Hermann Scheer

Zurück zur Politik

Die archimedische Wende gegen den Zerfall der Demokratie

Piper
München Zürich

ISBN 3-492-03782-8

Umschlag: Büro Hamburg
Gesetzt aus der Times-Antiqua
Satz: Uwe Steffen, München
Druck und Bindung: Clausen & Bosse, Leck
Printed in Germany

Inhalt

Einleitung
Krise ohne Alternative?

Am Anfang der 90er Jahre des zu Ende gehenden 20. Jahrhunderts herrschte politische Euphorie. Die Auflösung des Ostblocks erschien wie ein »deus ex machina« zur Lösung aller Probleme. Nun werde sich alles zum »Guten« wenden, die historische Bahn sei frei – so als habe alles Übel der Welt am Osten gelegen. Der politische Weltenhimmel öffnete sich für die nun ungetrübte Sonne des Westens. Wie die Hand aufs Herz paßte Fukuyamas »The End of History and the Last Man«. Gemeint war, daß die westliche Demokratie möglicherweise den »Endpunkt der ideologischen Evolution der Menschheit« und die »endgültige menschliche Regierungsform« darstelle: »Während frühere Regierungsformen schwere Mängel und irrationale Züge aufwiesen, die schließlich zu ihrem Zusammenbruch führten, ist die liberale Demokratie bemerkenswert frei von solchen fundamentalen inneren Widersprüchen.«[1] Die Zeit schien gekommen für das nun nicht mehr aufzuhaltende globale Durchsetzen von liberaler Demokratie und Kapitalismus nach überlegenem westlichen Muster. Doch schon wenige Jahre später haben sich wieder dunkle Wolken, aus allen Himmelsrichtungen kommend, am Horizont zusammengezogen. Die hochtönenden Deklamationen über die neue Zeit haben einen dumpfen Klang bekommen.

Existentielle Gefahren kumulieren und kulminieren, verschärfen sich gegenseitig und breiten sich wie Buschfeuer aus. »Endzeit«, so ein Buchtitel des amerikanischen Schriftstellers Joseph Heller, wird vermutet, befürchtet, vorausgesagt oder als schon gekommen konstatiert. Eine solche Sicht beruht – im eklatanten Unterschied zu früheren kulturpessimistischen Perioden – nicht nur auf Einbildung, sondern auf alarmierenden Fakten über lebensgefährliche reale Vorgänge. Keine geballte politische Anstrengung der verantwortlichen Kräfte gegen bisher einzigartige Krisen ist zu sehen:

- allem voran ein sich weiter beschleunigender Raubbau an der Ökosphäre des Erdballs; die immer hemmungslosere Ausbeutung von Ressourcen und deren Umwandlung, Verwertung und Ablagerung – aus dem Erdreich auf die Müllkippen – machen die lebenswichtigen Elemente Wasser und Boden in rasant steigender Geschwindigkeit unbrauchbar sowie Luft und Klima für eine wachsende Zahl von Menschen unverträglich;
- die diesen Prozeß verstärkende sogenannte Bevölkerungsexplosion, hemmungslose Kahlschläge an Weltwaldbeständen, Artenvernichtungen, die sich ausweitende Öffnung des Ozonlochs und die rapide Ausbreitung von Wüstengegenden, die, nach dem Unicef-Report von 1995, millionenfache Ausweitung der Zahl obdach- und elternloser Kinder, die wachsende Kinderarbeit, der zunehmende Hunger in der Welt, täglich anschwellende Massenfluchtbewegungen von den ländlichen Räumen der Entwicklungsländer in die städtischen Slums, die die Vorhöllen der Menschheit sind, und in die Wohlstandszentren der »Ersten Welt«;
- der Ausbruch kaum noch zu zählender Kriege – in Europa ebenso wie in Afrika und Asien –, in denen mit modernen Waffentechniken die Messer mittelalterlicher Religionsstreitigkeiten und ethnisch-nationalistischer Konflikte des 19. Jahrhunderts gewetzt werden;
- der Zerfall gewachsener Kulturräume und nachkolonialer Staatengebilde in der »Dritten Welt« und in der bereits daraus abgestiegenen »Vierten Welt«;
- willkürlich vagabundierende internationale Kapitalbewegungen, entkoppelt von der realen Entwicklung der Volkswirtschaften, wobei die Spekulanten an den Finanzmärkten schon mehr Einfluß auf die Geschicke der Weltwirtschaft haben als ganze »Weltwirtschaftsgipfel«;
- in der »Ersten Welt« sinkende Einkommen der Massen und des Staates, aber zunehmende Staatsverschuldung durch Ansteigen der Staatsausgaben, die Schleifung sozialer Sicherungssysteme und die Ausbreitung von Armut, verfallende

Großstädte, Arbeitslosigkeit und panikartige wirtschaftliche Existenzängste, die massenhafte Zunahme von Drogenabhängigkeit und verrohtem Jugendradikalismus in den »unteren« Schichten;
- nach dem Ende des »Kalten Krieges«, mit seiner dauernden militärischen Bereitschaftsstellung und seiner ideologischen Konfrontation, nun die Mobilisierung der Industriestaaten und der Schwellenländer zu einem »Heißen Wirtschaftskrieg«.

Die dunklen Wolken, die den Alltag schon vor dem Zerfall der »Zweiten Welt« in den 70er und 80er Jahren überall schleichend verdüstert hatten, haben die Politik eingeholt – ergänzt durch die Lawinengefahren aus dem Debakel der ehemaligen Sowjetunion. Während die frohe Botschaft der westlichen Demokratie die globale Runde macht, degeneriert diese Demokratie in ihren traditionellen Zentren zusehends. Interesse und Beteiligung der Menschen daran nehmen ab, Legitimations- und Glaubwürdigkeitskrisen der politischen Führungen nehmen zu. Faschistische Bewegungen erleben eine ungeahnte Renaissance, gemeingefährliche Heilssekten gewinnen an Boden. Zunehmend mehr Entscheidungsmöglichkeiten werden den demokratischen Verfassungsorganen aufgrund internationaler Verträge entzogen – bis hin zur Vorschrift über die Apfelgrößen, die auf den Märkten zugelassen werden;

Wohl gibt es auch wichtige hoffnungsvolle Ereignisse und Entwicklungen:
- das Ende des Apartheid-Regimes in Südafrika;
- das Verschwinden der Trennlinie in Europa, Demokratisierungen in Osteuropa, weitere europäische Integrationsversuche, die deutsche Einheit;
- der Friedensprozeß im Mittleren Osten, der Beginn des Abbaus atomarer Waffen der beiden atomaren Supermächte und konventioneller Rüstungen in Europa, der Vertrag zum weltweiten Verbot chemischer Waffen;
- Weltkonferenzen über Umwelt und Entwicklung, zum Schutz der Wälder, des Klimas und der Biodiversität, zur Entwicklung der Weltbevölkerung und zur sozialen Entwicklung – wenn auch ohne verbindliches Ergebnis, doch immerhin mit

dem Ergebnis der Kultivierung gemeinsamer globaler Verantwortung;

- Fortschritte in der Überwindung von Analphabetismus und Verbesserungen der medizinischen Versorgung in der »Dritten Welt«; ein zunehmendes Engagement von Nichtregierungsorganisationen in vielen Teilen des Erdballs;
- beachtliche Fortschritte in der Umwelttechnologie und auch ein globaler ökologischer Bewußtseinswandel;
- seit den 70er Jahren ein kultureller Durchbruch in den westlichen Demokratien zur Frauengleichberechtigung;
- die Vermehrung der politischen Ordnungen, die zu Demokratie und zivilen Gesellschaftsformen übergegangen sind;
- eine neue Massenpopularität zivilen Widerstands gegen inhumane Entwicklungen, von den deutschen Lichterketten gegen Ausländerhaß bis zu den Protestaktionen gegen Tiertransporte und zur Massensolidarisierung mit der Greenpeace-Aktion gegen die Versenkung von Ölplattformen und den Aktionen gegen französische Atomtests im Südpazifik;
- ein Wiedererwachen sozialer Revolten gegen Ausbeutung und Unterdrückung, von den Chiapas in Mexiko bis zu den Bauern in Indien;
- eine Wiederbelebung gemeinschaftlichen demokratischen Bürgersinns – wofür es das neue Modewort des »Kommunitarismus« gibt – auf der lokalen Ebene der westlichen Demokratien und ein sich neu bildendes, aufgeklärtes Bewußtsein über die Erhaltung kultureller Werte.

Ausdrücklich nicht genannt ist hier das neue Welthandelsabkommen. Es wurde als großer Durchbruch zu mehr weltweitem Wohlstand – als »all-winners'-way« – gefeiert. Doch die meisten Anzeichen deuten darauf hin, daß es eher ein »all-losers'-way« sein wird.

Nun soll hier nicht der Versuch gemacht werden, die Maxima und Minima der politischen Entwicklung aufzuzählen und die überquellende Informationsflut durch weitere Fakten zu verstärken. Die wirklich schwerwiegenden Probleme haben nichts mit Informationsmängeln zu tun, sondern mit der Frage, warum bestimmte Faktoren beachtet beziehungsweise nicht beachtet – vor allem aber: wie sie bewertet werden. Eine Alternative kann nicht entwickelt werden, wenn ihr nicht eine alternative Sicht der Dinge vorausgeht, die Perspektiven erkennt, wo wir erblindet sind, und die die dunklen Stellen eines Vorgangs auch dann zu erkennen versucht, wenn er uns als glanzvoll dargestellt wird.

Die Absicht dieser Schrift ist es keineswegs, ein weiteres Katastrophengemälde zu zeichnen. Horrorszenarien, und wenn sie noch so richtig sind, tragen nur dazu bei, daß die einen sich die Ohren zuhalten und die anderen alle Hoffnungen verlieren – solange keine adäquaten Alternativen sichtbar werden. Es geht weder um »Pessimismus« noch um »Optimismus«, beides sind Schlagworte für Schwarzmaler und Weißmaler. Blanke Optimismuseinstellungen sind meist unecht und tarnen Informationsmangel oder Verdrängung, während pessimistische politische Grundhaltungen in der Regel Mutlosigkeit, Ermüdung, Frustration oder Strategiemangel gegenüber den sich türmenden Problemen widerspiegeln. Optimismus und Pessimismus sind psychologische Kategorien, keine politischen. Es geht hier aber auch nicht um ein wohlausgewogenes Einerseits-Andererseits, die Standardmethode politischer Glättung und Geschmeidigmachung, sondern um die entscheidende realitätssichtende Frage, welche Tendenzen überwiegen: die gefahren- und krisenverschärfenden oder die gefahren- und krisenüberwindenden. Hinter welcher Tendenz steckt die größere Dynamik, hinter welcher steht die größere Durchsetzungskraft? Welche materiellen und ideellen Antriebskräfte produzieren diese Tendenzen?

Um die zentrale Bewertung vorwegzunehmen: Krisenverschärfende Tendenzen sind weitaus bestimmender als krisenüberwindende Ansätze – vor allem, weil sie eine Geschwindigkeit angenommen haben, mit der demokratische, soziale und ökologische Reformversuche nicht Schritt halten können. Immer klarer ist zu erkennen, daß die globale Zivilisation in die tiefste Krise der Menschheitsgeschichte stürzt und unter den lawinenartig anwachsenden Folgeschäden zu zerbrechen droht. Die Errungenschaften des demokratischen Verfassungsstaats stehen dabei auf dem Spiel – sogar weniger aufgrund einer Bedrohung durch antidemokratische Strömungen, sondern eher dadurch, daß seine Gestaltungsfunktion verlorengeht, daß sich seine Institutionen selbst entwerten, umfunktionieren und verrotten, so daß sich immer weniger Menschen um diese Institutionen scheren.

Diese Gefahr zwingt uns, die heute dominierenden Sichtweisen und Handlungsmuster grundsätzlich in Frage zu stellen und nach den zentralen politischen Schlüsseln zur Krisenüberwindung zu suchen. Eine Zeitenwende ist zwingend geworden, bevor Erschütterungen und Brüche an voraussehbaren wie an unerwarteten Stellen alle zivilisatorischen Fortschritte ziel- und ersatzlos zunichte machen. Doch so dramatisch die Lage geworden ist, so schwierig ist es offenbar, die Schlüssel zu finden, die die Tür zu einer dauerhaft überlebensfähigen Gesellschaft öffnen können. Die Grunddefizite in der politischen Gestaltung rühren nicht aus einem Mangel an Vorschlägen zur Besserung, sondern eher aus einer unübersehbaren und widersprüchlichen Fülle von solchen Vorschlägen, die eine Auswahl nach ihrer strategischen Relevanz erschwert. Bevor wir aber nicht die Hierarchie der Probleme und damit die zentralen Ansätze zu ihrer Überwindung analysiert haben, können wir keine Strategie formulieren.

Die archimedischen Punkte

»Gebt mir einen Platz, wo ich stehen kann, und ich werde die Erde bewegen«, lautet der berühmte Satz des Archimedes, der nicht nur einer der genialen Mathematiker der Antike war, sondern der auch in die Geschichte einging als der Konstrukteur von Hebeinstrumenten und des legendären solaren Brennspiegels, mit dem vor Syrakus die römische Flotte verbrannt wurde. In der Physik bezeichnet der archimedische Punkt die Stelle in einer Flüssigkeit, in der ein Gegenstand aufgetrieben wird – wo die diese Flüssigkeit verschiebende neue Kraft zu wirken beginnt. Auf die gesellschaftliche Entwicklung übertragen: Wo sind die Kräfte im Medium des Gesellschaftsgeschehens, die einen neuen Auftrieb bewirken könnten? Wo liegen die archimedischen Punkte, an denen gegen die Schwerkraft der gesellschaftlichen Entwicklungen angesetzt werden kann? Mit welchen politischen

Brennspiegeln lassen sich die Bedrohungen bekämpfen und mit welchen Hebekräften ein neues Niveau gesellschaftlicher Entwicklung erreichen? An welchen Brennpunkten und mit welchen Trägern eröffnet sich die Möglichkeit einer archimedischen Wende in der Gesellschaft?

Mißlungener Umbruch und versäumte Wende

Schon lange vor dem Ende des Ost-West-Konflikts waren gezielte Umbrüche überfällig. Signale dafür gab es genug – der alle Beteiligten überfordernde Rüstungswettlauf, die morschen Systeme des Ostens, die sozialen Brüche in den Wirtschaftsentwicklungen des Westens, die Schwindsucht des Südens, und generell – auf alle bezogen – die nicht mehr zu ignorierenden ökologischen Schranken, die die Fortschreibung der bisherigen wirtschaftlichen Entwicklung – erst recht aber ihre Ausweitung – als rationale Zukunftsoption ausschließen. Die Notwendigkeiten von Umbrüchen waren also in Ost und West nicht mehr zu übersehen.

Ein selten diskutierter Unterschied zwischen den beiden Weltsystemen bestand darin, daß der getrennt von der übrigen Weltwirtschaft vor sich hindümpelnde Ostblock seine Abfälle – im wörtlichen und im übertragenen Sinn – bei sich selbst abladen mußte, während die westlichen Zentren die Chance hatten, den Müll in Außenräume zu verlagern und davon zu profitieren. Der Westen hat von der Dritten Welt besonders seit dem Ende des Kolonialismus auch sonst extrem profitiert, während der Osten für sein Weltmacht-Engagement zuzahlen mußte – trotz seiner mangelhaften wirtschaftlichen Effizienz, der unzureichenden Befriedigung individueller Bedürfnisse nach Konsum und Freiheiten. Die nicht mehr zu heilende Legitimationskrise der Ostblockregimes mußte dazu führen, daß die Verfallsprozesse der industrialisierten Weltsphäre im Osten begannen. Daß ein Umbruch ebenso im Westen, bevor es auch hier zu spät ist, eingeleitet werden muß, hat trotz aller genannten Unterschiede vielfach ähnliche Gründe. Ost und West ähnelten sich nicht nur in ihren Rüstungsstrukturen, sondern auch in ihrer Ausrichtung auf ein megamaschinelles Industriesystem, in den Schwerpunkten von Forschung und Technologie (Weltraum- und Luftfahrt, Atom- und Fusionsenergie, Substitution natürlicher Stoffelemente). In beiden Systemen waren Technosysteme zum Selbstzweck geworden, die Mensch und Ökosphäre in eine zerstörerische Richtung programmieren, für »systemfremde« Bedürfnisse und Ziele dagegen immer schwerer zu nutzen sind. In beiden Systemen war also die Notwendigkeit einer archimedischen Wende angelegt, die Forderung, neue Grundlagen für eine auch langfristig tragfähige ökologisch-ökonomische und menschengerechte Entwicklung zu schaffen.

Ein entscheidender Umbruch fand zwar im politischen Osten statt, nicht jedoch im Westen. Aber dieser muß im Zentrum des Ostens – der ehemaligen Sowjetunion – als mißlungen bezeichnet werden. Die »Perestroika« setzte durchaus an den neuralgischen Existenzpunkten der Sowjetunion an. Doch weil der Umbruch keinem durchdachten strategischen Entwurf entsprang (und wegen der jahrzehntelang unterdrückten Reformdiskussion auch kaum noch entspringen konnte), dazu ohne ernsthafte und politisch durchdachte Unterstützung blieb, wurde daraus für die Sowjetunion ein in Geschwindigkeit und Ausmaß geschichtlich beispielloser Einsturz mit höllengefährlichen Dimensionen. Aus der einstigen »Zweiten Welt« ist eine »Fünfte Welt« geworden: ein hochexplosives Gemisch aus hohem Bildungsstand der Menschen und ausgebrannten Werten; von Restbeständen einer verrosteten Planwirtschaft und sich epidemisch verbreitender Mafiawirtschaft; aus der Infrastruktur eines Industrielandes und der Massenarmut eines Entwicklungslandes; aus Anarchie und autoritärer Erziehung; aus separatistischen Bestrebungen und zentralistischen Strukturen; aus zerstörtem Selbstbewußtsein und der Verfügungsmacht über Atomwaffen. Was auch immer in diesem Zusammenhang noch geschehen mag: Die Auflösung der Sowjetunion 1991 hat deutlich mehr neue Gefahren hervorgerufen als alte überwunden. Eine archimedische Wende scheiterte.

Währenddessen wurde eine eigene strategische Wende im Westen weniger denn je zuvor für nötig gehalten. Der Zerfall der

»Zweiten Welt« wurde zur Ersatzbefriedigung für den ausgefallenen eigenen Umbruch. Statt dessen starteten genau die Megamaschinen durch, deren Funktionsweise einen grundlegenden Wandel so notwendig macht. Statt die ausgefahrenen Gleise auszuwechseln, erhöht der Westen sein Tempo auf diesen Gleisen noch und nennt das dann Strukturwandel – wobei er sich sogar noch wundert, wenn so die Zerfallsprozesse beschleunigt werden. Die »Erste Welt« wird mehr und mehr von den Folgen tiefgreifender innerer und internationaler Krisen heimgesucht und nimmt dabei kaum noch wahr, daß deren Ursachen vielfach in ihr selbst liegen. Ihr Absturz kann schneller kommen, als alle denken, weil hoch arbeitsteilige Gesellschaften besonders verletzungsanfällig sind, wenn an entscheidender Stelle ein unkorrigierbarer Funktionsausfall stattfindet. Und: Ein Niedergang muß um so schmerzlicher ausfallen, je höher das Niveau ist, von dem aus er erfolgt.

Die Notwendigkeit, Alternativen zu finden, wird objektiv immer deutlicher, aber sie wird von den tragenden Subjekten in der dominierenden Hemisphäre des Erdballs verleugnet. In ihren äußeren Erscheinungsformen sind die Krisen erkannt, aber die Entscheidungseliten verdrängen die Ursachen aus ihrem Bewußtsein. Während schreiende Widersprüche immer hörbarer werden, formiert sich im Westen – unabhängig von den Realitäten – ein breiter Konsens über die Verlaufsrichtung von Politik und Wirtschaft, was Perry Anderson zur Bemerkung führt: »Das Ende der Geschichte steht nicht für den Ausbruch eines vollkommenen Systems, sondern für das Ausscheiden jeder besseren Alternative.«[2]

Eine Krise ohne Lösungsalternative scheint gegeben. Ihr hervorstechendes Merkmal ist, daß man schon den Gedanken an eine über Detailkorrekturen hinausgehende Veränderung als illusionär denunziert. Die Neugier auf Alternativen fehlt weitgehend, geistige Anstöße für große Entwürfe stoßen meist auf Desinteresse oder werden gar als unseriös hingestellt. Die Gesellschaft erscheint zunehmend als abgestumpft. Um so nötiger ist es, die denkbaren Spielräume und Ansätze für krisenüberwindende und gefahrenabwendende Veränderungen zu erkunden und zu versuchen, die demokratische Kultur wieder zu beleben.

Konsensdiktatur und Widerspruchsleugnung

Die wachsenden ungelösten Probleme überfordern nicht nur die einzelnen Menschen, sondern auch ihre politischen Institutionen und Organisationen. Die Entwicklungen innerhalb der Staaten der Trilaterale – die USA, Japan und die Staaten der Europäischen Union – zeigen mittlerweile jene Merkmale einer Zerfallskrise, wie sie der Historiker Christian Meier in seiner Schrift »Res publica amissa« anhand der antiken römischen Republik beschrieben hat: Die inneren Auseinandersetzungen »drehen sich regelmäßig um Minima, während die ganze Verfassung bedroht ist«. Dies geschieht in einer Lage, »in der alle potentiell Mächtigen mit dem System zufrieden und die Unzufriedenen über einzelne Situationen hinaus machtlos sind, in der die Reformen sich zumeist so schädlich auswirken wie die Mißstände, in der Effizienz und verfassungsmäßiges Handeln zu Gegensätzen geraten«. Eine tiefe Krise erfaßt die Politik, denn »die eigentlichen Veränderungen sind politisch nicht einzufangen«. Die Diskrepanz zwischen »dem relativ geringen Umfang des Strittigen« und »dem großen Umfang des Sich-Wandelnden« wächst, ein »Niedergang wider Willen der Beteiligten« vollzieht sich. Diese sind nicht mehr »Herr über das, was in ihrer Mitte sich vollzieht«. Die Indizien des inneren Verfalls sind tiefgreifende soziale Mißstände, die zwar von niemandem geleugnet werden, doch auch kaum mehr mit den gegebenen Rezepten bewältigt werden können; ein sich ausbreitender Verfall der öffentlichen Moral der Eliten, die bei ihrem öffentlichen Wirken vorwiegend ihr privates Haus bestellen – wozu auch die Ausbreitung von Korruption gehört; nicht etwa eine wachsende Bereitschaft zu großen Reformen, sondern wachsende Widerstände dagegen, gepaart mit einer um sich greifenden Lethargie; häufige, überhastet und nicht sorgfältig vorgenommene Gesetzesänderungen, unverblümter Gesetzesbruch und ständige Verfassungsaufweichungen. Die Dynamik des Verfalls beschleunigt sich durch das »Ausleiern fester Beziehungen«, generell durch eine »Erschlaffung der Funktion des Politischen«[3].

Der aktuelle Niedergang der Res publica

Diese Fallstudie eines politischen Niedergangs beschreibt auch die gegenwärtige Entwicklung der westlichen Zentren. Es ist nichts Neues in der Geschichte, daß Gesellschaften Phasen des Aufstiegs und des Niedergangs erleben, und nicht wenige sind vollständig untergegangen. Aber erstmalig haben wir in der Weltgeschichte die Situation eines in der Tat planetarischen, im Gleichschritt operierenden, politisch, ökonomisch, ideologisch und kulturell untereinander existentiell abhängigen Oligopols – mit der Folge, daß sein Niedergang die gesamte Weltgesellschaft mitreißen wird. Es handelt sich um ein Oligopol, das genug Machtmittel hat, um die Weltgesellschaft nach seinen Maximen auszurichten, aber unfähig geworden ist, die von ihm angerichteten Schäden noch ausgleichen zu können.

Seine international wirksame Macht kontrastiert mit der eigenen inneren Desorientierung und Destabilisierung. Diskrepanzen zwischen – bewußt falschen oder sich selbst täuschenden – programmatischen Absichtserklärungen, Zielvorstellungen und Möglichkeiten einerseits und realen Ergebnissen andererseits treten klar zutage. Auch wenn es den redlichen Willen gibt, neue Wege zu gehen, vollziehen sich doch allzuoft gegenteilige Entwicklungen: Alle reden von Dezentralisierung, aber die Zentralisierung von Politik und Wirtschaft vollzieht sich schneller denn je. Alle reden vom Umwelt- und Klimaschutz, doch ungebremst grassieren Flächenbrände an der Umwelt: So gibt es zum Beispiel globale Investitionsschübe für neue fossile Kraftwerke in bisher nicht gekannten Größenordnungen. Alle reden von der Schaffung neuer Arbeitsplätze, während immer mehr Plätze verlorengehen. Alle reden dauernd über alles in allen denkbaren Varianten und Tönen, aber es bewegt sich kaum etwas.

Doch wäre es allzu oberflächlich, dies alles auf ein kollektives Versagen verantwortlicher einzelner Regierungschefs zurückzuführen. Die Gründe müssen tiefer gesucht werden, da vergleichbare Diskrepanzen nicht nur in politischen Institutionen anzutreffen sind. Wir verfügen heute über einen noch bis vor wenigen Jahrzehnten ungeahnten wissenschaftlichen Kenntnisstand über die natürlichen Kreisläufe – aber der eskalierende Weltkrieg gegen die Natur zeigt, wie wenig die politischen und wirtschaftlichen Eliten dieses Wissen konstruktiv nutzen können. Zwar ist die Freiheit der Wissenschaft politisch durchgesetzt worden – doch hat eine wachsende Zahl von Wissenschaftlern diese Freiheit weggeworfen und ist käuflich geworden. Noch nie gab es so viele hochspezialisierte Experten und hochbezahlte Berater auf so vielen Gebieten – aber die Schleifspur ihrer folgenreichen Irrtümer und Fehler wird immer breiter. Noch nie standen den Entscheidungsträgern so viele Informationen zur Verfügung – aber ihre Hilflosigkeit gegenüber den substantiellen Gefahren wird immer offensichtlicher. Die Größe öffentlicher Verwaltungen und der Sicherheitsorgane ist überall angewachsen – aber ihre Fähigkeit, die öffentlichen Angelegenheiten sorgfältig und umsichtig zu regeln, Rechtsstaatlichkeit zu sichern und die wachsende Kriminalität zu bekämpfen, schwindet dennoch. Die Fähigkeit, Langzeitprognosen anzustellen, ist hochentwickelt, dennoch häufen sich kurzsichtige Entscheidungen. Die Anforderung an die politische Gestaltungsfähigkeit hat zugenommen – und dennoch läßt überall die politische Gestaltungskompetenz nach. Daß verstärkt nach »dem Staat« gerufen wird, widerspricht der Tendenz, daß man ihn immer mehr ablehnt. Während sich mit den modernen Medien die Informationsbasis ausweitet, reduzieren sich die demokratischen Mitbestimmungsmöglichkeiten. Kreativität, Pluralität, Mut sind Modewörter unserer Zeit – aber tatsächlich erleben die Menschen immer mehr Konformismus und freiwillige Gleichschaltung ihrer politischen und wirtschaftlichen Repräsentanten. Sonderinteressen haben mehr Einfluß denn je – das geht inzwischen bis zur direkten Kontrolle von Massenmedien –, während die Bereitschaft zum freiwilligen Einsatz für gesamtstaatliche Angelegenheiten nachläßt. Menschliche Solidaritätsbereitschaft ist wichtiger als je zuvor, aber vor allem Egoismus und der Rückzug ins Private sind zur Massenbewegung geworden.

Der Konsensdrang

Diese Entwicklungen sind in allen angestammten Demokratien der westlichen Zentren und auch in Japan festzustellen, relativ unabhängig von der Frage, welche Partei gerade regiert. Überall breitet sich das Gefühl aus, es gebe keine wesentlichen Unterschiede mehr. Die politische Verantwortung verschwindet hinter äußeren, nicht mehr beeinflußbaren Sachzwängen. Gedanken an grundlegende Alternativen unterdrückt man häufig schon freiwillig oder ironisiert sie – falls sie doch geäußert werden – als irrational oder abseitig. Spiegelfechtereien zwischen einzelnen politischen Richtungen können immer weniger davon ablenken, daß es – trotz der sich zuspitzenden Probleme und der sich aufladenden gesellschaftlichen Spannungen – in konkreten Entscheidungsfragen ein wachsendes Konsensbedürfnis unter den Entscheidungseliten gibt. Die moderne Konsenssuche erscheint als Fortschritt zu einer mehr dialogischen Demokratie, doch in Wahrheit spiegelt sie eher eine strategische Konzeptionslosigkeit und das Unvermögen wider, ausgefahrene Gleise zu verlassen.

Bei der Frage nach einer Alternative stößt man auf eine »Erste Welt«, die sich trotz aller inneren Konflikte und Interessengegensätze weitgehend gleichgeschaltet hat, unter einer freiwillig akzeptierten Konsensdiktatur – so als gebe es nur *eine* Entwicklungsrichtung des Systems, und seien dessen inhärente Gefahren auch noch so groß. Diese Konsensdiktatur hat sich in einer Zeit der größten Herausforderungen ideologisch dogmatisiert – zu einem westlichen Fundamentalismus, der sich selbst als einzig denkbare, politische und wirtschaftliche rationale Möglichkeit wahrnimmt. Eine für die demokratische Gesellschaft bisher einmalige Verengung des geistigen Zuschnitts der Politik ist eingetreten. Im Rahmen dieses westlichen Fundamentalismus finden radikale Veränderungen statt, jenseits seiner Maximen gibt es Zersplitterung und Lähmung.

Was sind die ideellen und die materiellen Gründe für diese Entwicklung, welche Antriebskräfte bewegen sie? Wohin wird das voraussichtlich führen? Und wo sind die archimedischen Punkte einer politischen Wende? Wer könnte diese tragen? »Krisen entstehen«, so Jürgen Habermas, »wenn die Struktur eines Gesellschaftssystems weniger Möglichkeiten der Problemlösung zuläßt, als zur Bestandserhaltung des Systems in Anspruch genommen werden müßten.«[4] In diesem Zustand befinden wir uns. Er verlangt nach einer grundlegenden strukturellen Revolution. Gegen wen muß sich diese richten? Welche Stoßrichtung muß sie haben? Und wer kann und muß sie tragen?

Teil I
Der westliche Fundamentalismus

Mit dem Begriff des Fundamentalismus wird gewöhnlich das politische oder (pseudo)religiöse Verhalten extremistischer oder sektiererischer Richtungen gemeint, die ihre Ideen kompromißlos durchzusetzen versuchen. Seit der Errichtung eines Gottesstaats im Iran und ähnlicher Orientierungen in der islamischen Staatenwelt wurde der islamische Fundamentalismus zu einer politischen Bewegung, die weit über eine Randrolle hinausgewachsen ist und zu internationalen Konflikten in der islamischen Staatenwelt und mit dem westlichen Kulturkreis geführt hat: Er richtet sich gegen die freiheitliche Werteordnung der westlichen Demokratien, gegen den religionsneutralen Staat. Es ist kein Zufall, daß dieser Fundamentalismus auf eine grundsätzlich positive Resonanz der klerikal-konservativen Strömungen des Vatikans stößt, der in der säkularisierten freiheitlichen Werteordnung stets einen permissiven Verfall der Gesellschaft gesehen hat.

Dieser neue religiöse Totalitarismus steht gegen bereits völkerrechtlich verankerte Menschenrechte und gegen eine Geisteshaltung der Aufklärung. Eine weitverbreitete Lesart im Westen ist, daß hier ein neuer Irrationalismus gegen den westlichen Rationalismus stehe. Doch erkennt ein Fundamentalist den Vorwurf der Irrationalität nicht an oder nimmt seine eigene Irrationalität nicht wahr. Wenn aber der islamische Fundamentalismus dem Westler dennoch als irrational erscheint, dann wegen der ausschließlichen geistigen Fixierung auf einen einzigen, als abseitig oder für eine moderne Gesellschaft ungeeignet angesehenen Wert und wegen der aggressiven Verneinung anderer Werte – also wegen seiner extremen ideologischen Einseitigkeit, die für alle Beteiligten und Betroffenen mehr Schaden als Nutzen stiftet. Dank unserer Vernunftethik erkennen wir plurale Wertvorstellungen an. Diese beziehen auch gegenläufige Ansichten ein und würdigen konkurrierende Interessen. Dazu gehört, daß wir unterschiedliche Informationen beachten und mit der Fehlbarkeit eines Programms rechnen. So der Anspruch.

Handelt jedoch der aufgeklärte Westen nach seinen eigenen Vernunftkategorien? Als die ökologische Sackgasse unserer Wirtschaftsweise offenkundig wurde und in der Zeit des »Zweiten Kalten Krieges« – nach der Entspannungsperiode der 60er und 70er Jahre – die atomaren Selbstzerstörungsgefahren wieder verstärkt ins Massenbewußtsein rückten, gab es Interpretationen, nach denen diese Gefahren als Produkte der Aufklärung betrachtet wurden, die uns in eine tödliche Sackgasse geführt hätten. In Wahrheit waren es aber doch eher Mißgeburten der Aufklärung, Resultate eines falsch verstandenen oder in absurder Weise fehlgelenkten Rationalismus: Ein Handeln, das die Vernichtung natürlicher Lebensgrundlagen oder die thermonukleare Verbrennung allen Lebens riskiert, kann nicht ernsthaft für sich in Anspruch nehmen, vernunftgesteuert zu sein. Derartige Einstellungen sind Folge einer höchst einseitigen, gerade nicht umsichtigen Fixierung auf einen Punkt, wobei andere Wertvorstellungen, Interessen und Informationen ignoriert und mögliche selbstzerstörerische Folgen verantwortungslos in Kauf genommen werden. So gesehen, wandelten Ost und West selber auf irrationalen Pfaden.

Statt spätestens mit dem Ende der jahrzehntelangen Ost-West-Konfrontation die Chance zu nutzen, diese Pfade zu verlassen, entwickelt der – Rationalität vor allem für sich selbst beanspruchende – Westen einen Fundamentalismus eigener Art. Seine politische und wirtschaftliche Ordnung hält er – nicht im Detail, aber aufs Ganze betrachtet – mittlerweile für unfehlbar. Vorbei sind die Zeiten, in der gedanklich durchaus toleriert wurde, daß es auch andere Möglichkeiten demokratischer Organisierung der Gesellschaft geben könne als die der parlamentarischen Demokratie, wie es etwa Macpherson herausgearbeitet hat[5]. Vorbei auch die Zeiten, in denen im Westen über unterschiedliche Formen wirtschaftlicher Ordnung gestritten wurde, die sich zwischen den Extremen von Planwirtschaft oder Kapitalismus entwickeln könnten. Vorbei scheinen die Zeiten, in denen der Dritten Welt Entwicklungsrichtungen zugestanden wurden, die kein Abziehbild einer etablierten westlichen Industriegesellschaft sein mußten oder konnten. Nahezu vergessen ist offenbar die Erkenntnis, daß das Modell der westlichen Konsumgesellschaft aus vielerlei Gründen nicht auf die gesamte Weltgesellschaft übertragbar ist, statt dessen heißt es nun endgültig »wie im Westen so auf Erden« (Wolfgang Sachs), aus dem einst »verdeckten Plan zur Verwestlichung der Welt« ist ein offener geworden[6]. Auffallend ist, daß zweifelhafte Rüstungsprojekte, militärpolitische Doktrinen und Strukturen inzwischen über jeden Zweifel erhaben scheinen und über Marginalfehler hinausgehende Kritik daran – die innerhalb des Westens selbst in den Hochzeiten des Kalten Krieges freimütig geäußert wurde – durch freiwillige Selbstkontrolle nahezu tabuisiert ist. Im Westen hat sich eine Art Autismus entwickelt, die Wahrnehmung nur noch der wirklich oder vermeintlich guten Seiten seiner selbst, die lediglich von allen anderen übernommen werden müßten. Die eigenen Irrationalismen auf unserer Seite gelten als nebensächliche und gelegentlich unvermeidliche Fehlentwicklungen oder werden der Verantwortung anderer zugeschrieben.

Nur scheinbar folgt der Westen weiter seinem einmal eingeschlagenen Erfolgsweg, wobei in den eigenen Reihen kaum auffällt, wie sehr er sich inzwischen selbst verengt hat und den eigenen Wertepluralismus und die politische Umsicht und Voraussicht verliert – während er schleichend den Charakter seines Systems verändert. Die Rede ist von einem westlichen Fundamentalismus, der auf dem abschüssigen Weg ist, elementare Prinzipien und Notwendigkeiten höchst einseitigen und kurzsichtigen Postulaten unterzuordnen: der von allen Rücksichten befreiten, radikalisierten wirtschaftlichen Entfaltung, die in entstellender Weise mit Freiheit verwechselt wird; den Interessen transnationaler Unternehmen im globalen Wettbewerb, was fälschlicherweise mit Marktwirtschaft gleichgesetzt wird; der Überzeugung, militärisch unantastbar zu sein, die dem Fehlschluß unterliegt, daß das zwar nicht unbedingt die Sicherheit aller, aber doch wenigstens die eigene Sicherheit gewährleiste.

Diesen Einseitigkeiten zuliebe wird zunehmend das zurückgestellt oder vernachlässigt, was einen vielgestaltigen Systemcharakter ausmacht und »sustainable development« – eine tragfähige Entwicklung – sicherstellen kann: Demokratische Staatsformen, die gerechte Verteilung wirtschaftlicher Erträge, Solidarität als Lebensform, kulturelle Errungenschaften, ökologische Vorsorge weichen den Erfordernissen des globalen Wirtschaftskriegs. Eine internationale Friedensordnung, die die Belange der anderen berücksichtigt, wird zugunsten des Ausbaus eines westlichen Hochsicherheitstrakts vernachlässigt. Dort entwikkelt sich eine Festungsmentalität, die ausgeprägter ist als zu Zeiten des Ost-West-Konflikts und im krassen Widerspruch zur umfassenden wirtschaftlichen und militärischen Dominanz des Westens steht.

Vielleicht ahnt man schon, daß alles sehr viel mehr gefährdet sein könnte, als es nach außen hin scheint. Doch noch zieht man aus den Erfahrungen des Einsturzes der Sowjetunion keinerlei Schlußfolgerungen für sich selbst. Welchen Selbstgefährdungen der Westen ausgesetzt ist, ist auf den anderen Seiten der Medaillen zu erkennen, mit denen er sich schmückt. Wir müssen die Fehler, Grenzen und Widersprüche der »herrschenden Lehre« des Westens aufspüren, um den ausgetrockneten Boden der politischen Landschaft wieder fruchtbar zu machen und die Phantasie für strategische Alternativen zu entwickeln. Um analytische Grundlagen für eine solche offensichtlich notwendige Alternative zu erarbeiten, muß man beobachten, welche anderen als die eingeschlagenen Wege ebenfalls begehbar gewesen wären oder noch begangen werden können.

Wir wollen hier nicht einfach besserwisserisch nachtarocken. Hinterher ist man bekanntlich immer klüger als vorher. Wichtig ist nicht das Wiederkäuen des Geschehenen, sondern die systematischen und anhaltenden folgenschweren Einseitigkeiten und nachhaltigen Versäumnisse zu analysieren, um zu beobachten, wie Dogmen entstehen und Fehlschaltungen wirken. Wir können nur das ändern, was wir verstanden haben und was wir erklären können. Seit dem Abtritt des selbstnominierten »realen Sozialismus« gehört es zur politischen Pflicht in Ost und West, gebetsmühlenartig alles Neue im Osten – und wenn es noch so erschreckend ist – für prinzipiell besser als alles Frühere dort zu erklären. Wo diese Erklärung schwierig wird, setzt das Kettengebet von der kommunistischen Erblast ein. Wer von diesen Grundtönen abweicht, sieht sich schnell als unverbesserlicher Gestriger hingestellt. In einer solchen Atmosphäre psychologischer Einschüchterung müssen sich Analysefehler und politische Irrtümer zwangsläufig einstellen und häufen. Deshalb ist es nötig, sich den Blick nicht von den neo-antikommunistischen Vorurteilen trüben zu lassen, die fast die gesamte politische Öffentlichkeit davon abhalten, kritische Fragen zum Handeln und Denken der »Sieger« zu stellen.

Siegerhybris und Verwandlung

Daß der Westen in der Zeit nach dem Zerfall des Ostblocks an seine eigenen Probleme nicht rührte, war zunächst psychologisch durchaus verständlich. Man schien eine Insel der Stabilität zu sein in einem Meer von abrupt eingetretenen Turbulenzen, der einzige noch solvente Geldgeber, der Lieferant der modernsten Technologien, der Teil der Welt, der demokratische Legitimation seiner Führung besaß. Im Interesse der Welt schien das Risiko viel zu groß, an der eigenen Stellung zu rütteln. Aber dies entschuldigt allenfalls den Konservatismus des Westens in der weltpolitischen Umbruchskrise des Ostens, nicht jedoch seine Hybris.

Mit dem Zusammenbruch der Sowjetunion wurde eilfertig eine falsche und unnötige Frage gestellt, zu der ebenso eilfertig gleich zwei falsche Antworten mitgeliefert wurden. Auf die Frage, wer »gewonnen« habe, wurden der »Kapitalismus« und die »Politik der Stärke« angeführt. Man machte sich nicht einmal die Mühe zu differenzieren, welcher Kapitalismus denn gewonnen haben könnte: der des »Reaganismus« und des »Thatcherismus« oder der der westeuropäischen Wohlfahrtsstaaten? Außer Betracht blieb meist auch, daß die Entspannungspolitik, das strategische Gegenstück zur Politik der Stärke, diesen Prozeß mehr als alles andere ermöglicht haben könnte.

Im Gegenteil: Es wurde Mode, mit der »Erledigung« des Ostblocks nachträglich auch die Entspannungspolitik zu denunzieren. Das einfältigste Argument, von Helmut Kohl und anderen vorgetragen, war, der NATO-Doppelbeschluß habe der Sowjetunion den entscheidenden Stoß versetzt. Die Auflösung des sowjetischen Weltreichs wurde als große Chance verstanden, aber im selben Atemzug mißverstand man – mit den falschen Antworten auf die falsche Frage – die Richtung der Chance: Fortan ging es nur noch darum, dem Osten alles zu geben, zu raten oder abzuverlangen, was scheinbar westliches Erfolgsrezept war – in einer bestürzenden Oberflächlichkeit auch des Westens gegenüber sich selbst. Seitdem wurde besten Gewissens auf einen Kapitalismus gesetzt, wie er in Bilderbüchern, aber nirgendwo in der Realität anzutreffen ist. Darüber hinaus erlebte die internationale Politik eine Militarisierung der Außenpolitik.

Im ökonomischen Siegesrausch machten die Modelltheoretiker einer kapitalistischen Marktwirtschaft in Reinkultur den Ostblock – vor allem aber Rußland – zum Labor eines beispiellosen und abenteuerlichen Großversuchs. In der Siegerhybris wurden darüber hinaus den bereits Gefallenen noch ideologische Rechnungen präsentiert, die eher an die 50er als an die 80er Jahre erinnerten. So kam es, daß der Ostblock – teils wegen des Fehlens einer eigenen Reformdiskussion seit der Niederschlagung des Prager Frühlings, teils aber auch, weil der Westen eifrig nachhalf – von einem Extrem ins andere fiel. Der Sprung einer gesamten Volkswirtschaft ins kalte Wasser eines rigorosen Kapitalismus wurde ja nicht nur propagiert und als Möglichkeit angeboten, man machte ihn zur Auflage für westliche Kredite und andere Hilfen. Dabei vernachlässigte oder übersah man, daß dies zumindest durchdachte Steuergesetze und Steuerbehörden voraussetzt; daß sich ein Staat in Windeseile vollends ruiniert, dessen Einnahmen aus planwirtschaftlichen Unternehmensabgaben entfallen, ohne daß Steuereinnahmen aus privatwirtschaftlichen Aktivitäten an deren Stelle treten; daß Menschen zu Freiwild werden, wenn sie im Zuge der personellen »Gesundschrumpfung« der Betriebe entlassen werden, ohne daß es auch nur den Ansatz einer Sozialversicherung gibt.

Man zog nicht einmal konzeptionell in Betracht, daß es – auch auf der Grundlage von Marktwirtschaft – den Zwischenweg über gemischtwirtschaftliche Strukturen hätte geben können, wie es sie im Westen doch in vielfacher Weise gibt. Von einem »Marshall-Plan« war zwar viel die Rede, aber bei diesen Reden blieb es auch. Nicht einmal ein ambitioniertes Sofortprogramm zur Instandsetzung der maroden, ökologisch katastrophalen Öl- und Gaspipelines auf dem Territorium der ehemaligen Sowjetunion existiert, auch kein nennenswertes Programm zu breit angelegter Energieeinsparung mit modernen Technologien, um rasch die akute Abhängigkeit von den Atomkraftwerken mit fahrlässiger Sicherheitstechnik dort zu überwinden. Wir können nicht wissen, ob und wie schnell ein guter strategischer Plan zu positiven Veränderungen der östlichen Hemisphäre realisierbar gewesen wäre. Aber wir dürfen – um der Entwicklung geeigneter Alternativen willen – nicht länger ignorieren, daß der Einsturz gerade durch westliche Hilfskonzepte beschleunigt wurde.

Besonders in Rußland haben sich die verkommensten Elemente des Westens mit den verkommensten Elementen des Ostens zu hemmungslosen Ausbeutungs- und Absahngemeinschaften auf Kosten der Allgemeinheit zusammengetan. Alles wurde und wird blindlings verscherbelt: die Staatsunternehmen – auch ohne offizielle Privatisierung –, Wissenschaftseinrichtungen, Universitätsinstitute, öffentliche Wohnungen, Armeebestände, Wälder, Rohstoffe, Geheimdienstdossiers. Wenn etwas schiefgeht, wird es auf die Erblast des Kommunismus geschoben. Immer schwieriger wird es aber für die Menschen dort, zu verstehen, warum alles – abgesehen von Wahlen und Meinungsfreiheit – für die überwältigende Mehrheit der Bevölkerung immer noch schlechter wird. Wenn die Menschen nicht nur den Glauben an die alten sozialen Werte verloren haben, sondern wenn diese Werte sogar mittlerweile als prinzipiell unvereinbar mit Freiheit und Demokratie abgetan werden und wenn sie dann Freiheit vor allem als Freiheit der Schakale und Hyänen erfahren, welche »Werte« bleiben ihnen noch?

Zynisch und beängstigend leichtfertig ist es zu sagen, daß diese Opfer an »Blut, Schweiß und Tränen« unvermeidlich seien – und ein Land einem derartigen Experiment auszusetzen, dessen Menschen immerhin die Erfahrung von sozialer Sicherung und von breit angelegter Ausbildung gemacht haben. Auch daß man sich auf die Parallele zum Frühkapitalismus beruft, der leider erst einmal durchschritten werden müsse, ist unangebracht. Im Frühkapitalismus waren keineswegs alle Wirtschaftseinrichtungen paralysiert und privatisiert worden. Zwar hat man damals Menschen aus der wirtschaftlichen Leibeigenschaft ohne Hilfen auf die ökonomische Wildbahn gesetzt und Kapital- und Gewerbefreiheit für neue wirtschaftliche Aktivitäten unter ausbeuterischen Spielräumen eingeführt, aber es handelte sich dabei keineswegs um eine Vollprivatisierung vorhandener Wirtschaftseinheiten und auch nicht um Freibeuterei, wie jetzt in der ehemaligen Sowjetunion. Es ist kaum auszudenken, was in der ehemaligen Sowjetunion los wäre, gäbe es nicht wenigstens einen hergebrachten großen Wohnungsbestand und eine üppige Versorgung an wärmender Energie – wenigstens für die Menschen Rußlands.

Auch der vermeintliche außenpolitische Sieg stimulierte die Hybris des Westens, die Belange der Besiegten geringzuschätzen und immer weniger Rücksicht auf sie zu nehmen. Es war kurzsichtig, nicht mit allen Kräften Gorbatschow in seinen Bemühungen massiv zu unterstützen, die Sowjetunion als sich reformierende Staatengemeinschaft zu erhalten. Immerhin konnte sich dieser Versuch auf das breite Votum einer demokratischen Volksabstimmung stützen, die noch im März 1991 stattfand, bevor Jelzin die Union mit einem Federstrich im Dezember desselben Jahres beseitigte. Der westlichen Empörung über den Putschversuch im August 1991 folgte keine politische Reaktion auf den Auflösungsputsch wenige Monate später. Obwohl abzusehen war, daß das zu höchst riskanten weiteren Verwerfungen und neuen internationalen Spannungen führen mußte, verfolgte man die Vorgänge fast ungerührt. In diesem – sich über Monate hinziehenden – langfristig wichtigsten Konflikt ließ man Gorbatschow weitgehend allein oder ließ ihn sogar schon fallen. Derselbe Mann, der der Welt und seinem Land so viele neue Chancen eröffnet hatte, blieb international ohne Chance. Den Erinnerungen Gorbatschows zufolge schien nur der französische Staatspräsident Mitterrand die Tragweite der Folgen erkannt zu haben.

In der »zweiten Garnitur« des Westens dagegen löste die dekretierte Auflösung der Sowjetunion »Genugtuung und teilweise auch Frohlocken aus«[7]. Konzeptionelle Leichtfertigkeit, Häme, Unterschätzung und mangelnde Vorstellungskraft, was die Gefahren anging, eine Atmosphäre westlicher Indifferenz und bewußter oder unbewußter Hybris bestimmten die westliche Politik in einer historischen Wendesituation.

Dies zeigt sich noch deutlicher an der seit 1993/94 von westlicher Seite aus forcierten NATO-Osterweiterung, die bis zu den bereits deklarierten Absichten geht, die Ukraine in die NATO einzubeziehen, was eine weniger problematische Mitgliedschaft Polens, Ungarns oder der Tschechei psychologisch für Rußland noch schwerer verdaulich macht. Naßforsche Westpolitiker erklären, Rußland dürfe kein Vetorecht über NATO-Mitgliedschaften haben – doch nie wurde ein Dritter gefragt, wenn andere eine militärische Allianz eingingen. Die Folgen von Brüskierungen stellten sich regelmäßig später ein. Das autonome Bündnisrecht freier Völker, so heißt es, dürfe nicht angetastet werden. Aber ist die NATO denn gezwungen, alle Beitrittswünsche zu akzeptieren? Die NATO-Osterweiterung liege, so heißt es weiter, »im wohlverstandenen Interesse« Rußlands – womit sich westliche Politiker anheischig machen, den Russen öffentlich zu erklären, wie sie gefälligst ihre Interessen zu verstehen haben. Es ist dem Westen kaum einen Gedanken wert, welchen verhängnisvollen Einfluß es auf die innere Entwicklung des künftigen Rußlands haben muß, wenn es spürt, wie achtlos seine Gegenargumente und Einwände beiseite gewischt werden – was man gegenüber dem stalinistischen Regime nie gewagt hätte. Im hochmütigen Überlegenheitsgefühl verschwendet man keinen Gedanken daran, daß es gerade diese Diskrepanz zu früheren westlichen Rücksichten ist, die nationalchauvinistische Tendenzen in Rußland fördert, bis das in die Enge getriebene Land zur psychologischen Selbstaufrichtung wieder Muskeln und Waffen spielen läßt. Man »warnt« davor, berücksichtigt aber nicht, daß Rußland formal im Recht wäre, wenn es den konventionellen Abrüstungsvertrag für Europa im Falle einer NATO-Osterweiterung aufkündigen würde: Dieser Vertrag sah gleichgewichtete Zonen konventioneller Rüstung in den territorialen Bereichen der klassischen

NATO und des Warschauer Pakts vor; die Grundlage dafür wäre spätestens bei einer NATO-Osterweiterung hinfällig[8].

Arrogant werden alle Vorschläge Rußlands für den Aufbau einer Organisation für Sicherheit und Zusammenarbeit in Europa (OSZE) verworfen, obwohl eine solche doch noch vor 1990 programmatisches Ziel auch großer westeuropäischer Parteien und Regierungen war. Daß die NATO-Osterweiterung auch üppige neue Rüstungsaufträge für den Westen bedeutet, um die sogenannte Interoperabilität der Waffensysteme zu erreichen, registriert man in Rußland sehr wohl. Insgesamt wird im westlichen Überschwang vergessen, daß es sich historisch immer gerächt hat, wenn die Schwäche eines anderen ausgenutzt wurde. In der Siegerhybris bedenkt man nicht, daß die Demokratie in Rußland unter den Bedingungen einer sich weiter zerrüttenden Wirtschaft und unter internationalen Demütigungen kaum Bestand haben kann. Warum reicht die Phantasie im Westen nicht aus, zu erkennen, daß in Rußland die Ausdehnung der NATO nach Osten als deren Transformation von einem regionalen Vertragsbündnis zu einem Hegemonialbündnis wahrgenommen wird, auch wenn der Erweiterung andere Motive zugrunde liegen? Bekanntlich sind gerade in der Außenpolitik Strukturen bedeutsamer als Absichten, denn letztere können sich schnell ändern, schon aufgrund eines Regierungswechsels. Osterweiterung der NATO ist ein verharmlosendes Wort für Ostexpansion, denn damit werden auch zusätzliche militärische Optionen eröffnet. Gegen diesen Sachverhalt hilft kein noch so oft wiederholtes Versprechen, diese militärischen Vorteile nicht ausnutzen zu wollen.

Dennoch gibt es im Westen keine Bemühungen, Alternativen zu einer Osterweiterung der NATO zu entwickeln, um den Sicherheitsbedürfnissen ostmitteleuropäischer Staaten ebenso wie den russischen Bedürfnissen zu entsprechen – was Ausdruck einer westlichen Monomanie ist. Einfach beiseite gewischt werden Besorgnisse, wie sie Kwizinskij in seinem Buch »Vor dem Sturm« äußert: »In unserem Sturz haben wir den tiefsten Punkt noch nicht erreicht; die Feder preßt sich noch weiter zusammen und sammelt eine schreckliche Kraft, mit der sie eines Tages zurückschnellen wird.«[9]

Aber nicht nur gegenüber Rußland zeigt sich Hybris, die zu vorschnellen und bigotten politischen Aktionen verleitet, ohne Rücksicht auf historische Erfahrungen. Wurde nicht auch das ehemalige Jugoslawien allzu leichtfertig aufgegeben, statt daß man den Versuch einer Konföderationslösung gefördert hätte, bevor die Anerkennung nach dem völkischen Selbstbestimmungsprinzip ausgerechnet in diesem Vielvölkergemisch erfolgte? Spielte nicht auch dabei der keimende westliche Fundamentalismus eine Rolle, nach dem alle Alternativen zu einem kommunistischen System a priori ein Fortschritt seien? In der westlichen Jugoslawienpolitik, wie sie seit 1991 betrieben wurde, ist jedenfalls die historische Erfahrung nicht berücksichtigt worden, daß ein integriertes Jugoslawien immerhin den von blutigen Konflikten durchtränkten Balkan befriedet hatte, eine historische Leistung, die man nun nicht nur in Jugoslawien selbst achtlos vom Tisch gefegt hat.

Von westlicher Seite wurde bei der Auflösung des Warschauer Pakts kein offizieller Gedanke an die Beendigung der atomaren Abschreckungsstrategie der NATO verloren – die entwickelt worden war, um die zahlenmäßige konventionelle Überlegenheit des Warschauer Pakts auszugleichen und um das Gleichgewicht des atomaren Schreckens mit der Sowjetunion zu sichern. Statt dessen wird dieser Strategie nunmehr die Aufgabe zugedacht, ein letztes Mittel gegen Staaten auch des »Südens« zu sein – obwohl diese in ihrer konventionellen Rüstung klaftertief unterlegen sind und noch gar keine Atomwaffen haben. Damit wird in voller Klarheit sichtbar, daß der Westen mehr vorhat als nur die Fortschreibung der früheren Stellung: die gezielte Ausdehnung der Einflußnahmen und Ausweitung seiner Operationsräume.

Die Sicherheitspolitik des Westens ist weit entfernt von den differenzierten Ausgleichsbemühungen früherer Jahre. Die NATO-Gipfelkonferenz vom November 1991 verabschiedete ein Dokument, dessen durchgängiger Gedanke sogar die militärische Stärkung der NATO war! Zwar wurden bestimmte Waffenbestände abgebaut, aber neue Waffensysteme werden unverdrossen weiterentwickelt. Abrüstungsverhandlungen finden nirgendwo mehr statt – nicht nur, weil das bisherige bilaterale Muster fehlt, sondern offenbar auch, weil dann der Westen beim Wort genommen werden könnte, das Genscher einst so formuliert hat: »Wer mehr hat, muß mehr geben.« Davon, daß man eigene vertrauensbildende, nicht offensive Verteidigungsstrukturen entwickeln wollte – worüber noch Ende der 80er Jahre intensiv verhandelt wurde –, ist nicht mehr die Rede. Wo ist zum Beispiel die Initiative für eine Abrüstungskonferenz oder eine Konferenz für vertrauensbildende Maßnahmen im Mittelmeerraum? Wo ist die Initiative zur weltweiten kontrollierten und vollständigen atomaren Abrüstung, deren Realisierung doch angeblich jahrzehntelang nur der Ost-West-Konflikt entgegengestanden hatte? Kaum noch ein Gedanke wird an eine Perspektive jenseits der NATO verschwendet, obwohl durchaus Anlaß besteht, darüber nachzudenken, unter welchen Bedingungen zum Beispiel die militärische Integration aufgehoben werden sollte; oder darüber, daß eine Europäische Union, die immerhin mehr Einwohner und eine größere Wirtschaftskraft als die USA hat, eigentlich ohne amerikanische Truppen in Westeuropa und ohne amerikanischen Oberbefehl über seine integrierten Streitkräfte auskommen müßte. Über solche Fragen wird seit dem Ende des Ost-West-Konflikts nicht etwa mehr, sondern weniger diskutiert als in früheren Jahren!

Zwar versucht man, die Vereinten Nationen als sicherheitspolitischen Ordnungsfaktor verstärkt einzusetzen, aber dieses wurde sofort mit der künftigen Rolle der NATO verknüpft, intervenieren zu dürfen oder zu wollen, weil sie angeblich »out of business« gerate, wenn sie nicht »out of area« gehe[10]. Doch was hat die NATO zu tun mit der UNO? Die von der neuen Ultra-NATO unterstellte absolute Gleichstellung ihrer Werte und Interessen mit denen der UNO zeigt vielleicht mehr als alles andere den neuen vermessenen Anspruch des Westens, sich selbst als moralische und instrumentelle Weltinstitution zu sehen, woraus auch die Legitimation abgeleitet wird, notfalls ohne UN-Mandat »ordnungstiftend« militärisch einzugreifen.

In den 70er und 80er Jahren kursierte das Wort von der »Friedensdividende«: Die Rüstungsbudgets sollten gekürzt und dafür die Entwicklungshilfebudgets erhöht werden, um das Mißverhältnis von 20:1 zwischen westlichen Militärausgaben und Dritte-Welt-Hilfe zu überwinden. Doch angeblich gab es aufgrund der Ausgaben für das militärische Gleichgewicht mit dem Osten keinen finanziellen Spielraum für die Umwidmung der Militärausgaben für eine zivile internationale Sicherheitspolitik. Dabei ist es aber selbst *nach* Auflösung des Warschauer Pakts geblieben. Der Gedanke einer Friedensdividende ist aus der öffentlichen Diskussion fast verschwunden. Statt dessen werden allerorten Schnelle Eingreiftruppen gebildet, um militärische Einsätze im Süden durchführen zu können. Auch die Rüstungskonversion, also die Umwandlung von Rüstungs- in zivile Produktion, war noch in den 80er Jahren ein Thema. Immer wieder hören wir heute Kritiker sich kopfschüttelnd darüber beschweren, daß man in Rußland nur so langsam vorgehe oder daß man die Waffenproduktion trotz fehlender Käufer nicht anhalten könne. Aber im derart hochnäsigen Westen gibt es kein Rüstungskonversionskonzept, ja nicht einmal den ernsthaften Willen dazu – jedenfalls nicht auf der politischen Ebene! Manche frühere Rüstungsfirma hat zwar die Produktion, der Auftragsnot und der Einsicht folgend, schon umgestellt. Aber die politische Debatte über die Rüstungskonversion ist eher ein Abklatsch früherer Jahre, obwohl der militärische Zweck fragwürdiger und die öffentlichen Mittel knapper geworden sind.

Kaum mehr nachgedacht wird darüber, daß dies alles auch dem Westen schadet,

- weil er auch die für ihn selbst dringend notwendige Umlenkung finanzieller und technologischer Ressourcen für zivile Zwecke versäumt;
- weil er mit seiner Fixierung auf militärische Ordnungsstiftung, trotz aller Fehlschläge bei den ersten Versuchen, im Augenblick der großen zivilen Chance die Militarisierung von politischen Denk- und Verhaltensstrukturen fördert und dadurch, daß er ausdrücklich auf militärischer Stärke beharrt, international ein schlechtes Vorbild bietet;
- weil das Festhalten an der atomaren Abschreckung die Atomambitionen anderer, etwa von Staaten des islamischen Fundamentalismus wie dem Iran, ermuntert und politisch sogar indirekt legitimiert;
- weil es die politische Autorität und Integrität der UNO in den Augen der Welt deformiert, wenn die NATO als Bündnis

der reichen Nationen als militärischer Arm der UNO erscheint[11];

– weil dies alles, zusammen mit dem Versäumnis, die internationalen Prioritäten zu ändern, zur Vertiefung von globalen Spannungen und Problemen beiträgt und die Handlungsmöglichkeiten – einschließlich der militärischen – des Westens überstrapaziert.

Kurz- und mittelfristig mag dies vordergründig für den Westen selbst noch alles »gut« ausgehen – sieht man von den Folgeproblemen ab, für die man sich dann aber nicht verantwortlich fühlt, weil man – typisch fundamentalistisch – die Schuld bei anderen sucht. Die Siegerhybris führte also zu einer tiefen Selbstideologisierung des Westens, so daß er begann, von sich selbst besessen zu sein. Was sich fortan entwickelte, war nicht etwa die bloße Fortschreibung des westlichen Erfolgswegs, sondern eine Verabsolutierung seiner Politik – was psychologisch dadurch gefördert wurde, daß der Westen die genannte falsche Frage nach dem Sieger allenfalls kleinlaut zurückwies und den darauf gegebenen falschen Antworten kaum widersprach. Der Westen verwandelte sich – ohne es selbst wahrzunehmen – und veränderte sogar seine Leitbilder. »Der Westen«, der sich von anderen Systemen ja gerade in seiner Pluralität der Ideen, Werte und Interessen unterschied, deren gemeinsamer Nenner die friedliche und demokratische Austragung von Konflikten ist, wird nun zu einer Totalität, in der seine negativen Merkmale die besseren verdrängen: die starren die vitalen, die eigensüchtigen die sozialen, die selbstbezogenen die umsichtigen. Analysen über den »westlichen Zentrismus« oder über den »Euro-Zentrismus« haben auch früher herausgearbeitet, wie Kolonialismus und Imperialismus heute mit subtileren Mitteln praktiziert werden und wie sich die Meinung entwickelte, was gut für den Westen sei, sei auch gut für die Welt. Diese Meinung von sich selbst wird nun auf die Spitze getrieben.

All das reicht aber nicht dafür aus, die Frage zu klären, warum zu diesem Zeitpunkt solche Tendenzen als die *einzig* westlichen erschienen, die nicht einmal repräsentativ für alle politischen und wirtschaftlichen Ordnungen Westeuropas waren und schon gar nicht für alle in diesen vorhandenen politischen Strömungen. Es müssen sich schon zuvor Entwicklungen angebahnt haben, die aus westlichen Demokratien nur noch einen Schatten ihrer selbst zu machen beginnen.

Subjektivismus und moralischer Verfall

Es gilt als gesicherte Erkenntnis: Der moderne Individualismus ist aufgrund der Auflösung der sozialen Bindungen entstanden und löst diese eigendynamisch weiter auf. Die Folgen sind einerseits die Vereinzelung der Menschen, zunehmendes zwischenmenschliches Konkurrenzverhalten und entsprechende Konflikte, nachlassendes Engagement für gesellschaftliche Ziele, die Entsolidarisierung, die Veränderung der Lebenskulturen, der moralisch enthemmte Egoismus. Andererseits bestehen die Folgen aber auch in mehr persönlichen Freiheiten und Freiräumen, in der Überwindung autoritärer Bevormundung, in neuen Chancen für selbstverantwortliche Lebensgestaltung und in der mobilen Erschließung der Welt. Häufig wird dabei Individualismus mit Egoismus gleichgesetzt oder als Vorstufe dazu angesehen. Parallel dazu vollzieht sich in den wirtschaftlichen Strukturen ein kontinuierlicher Trend zur Liberalisierung, zur Aufhebung staatlicher Regulierungen und zur Privatisierung staatlicher Wirtschaftsaktivitäten, zur Idealisierung freien Unternehmertums und des »freien« Spiels der Kräfte, zur Verherrlichung des ausschließlichen Eigeninteresses. Beide Entwicklungen werden im Zusammenhang gesehen, als »säkulare Trends«, die – ob man sie wolle oder nicht – unumkehrbar seien und alle – den einzelnen und sein Umfeld, die Politik und die Wirtschaft – vor grundlegend neue Anforderungen stellen.

Doch was ist Ursache und was Wirkung, und welche Auswirkungen hat diese Entwicklung tatsächlich? Sind die Tendenzen zum Individualismus des einzelnen und zur Liberalisierung aller Wirtschaftsbeziehungen wirklich »Zwillinge der Moderne«? Sind sie die Konsequenz aus der Idee der Freiheit unserer Zeit, die nun für den einzelnen und die Gesellschaft realisiert wird – oder haben sie unterschiedliche Quellen? Und ist es wirklich die große Chance der Freiheit aller, die nun zur Entfaltung kommt?

Die fälschliche Identifizierung von Individualismus mit Egoismus, von persönlicher Freiheit aller und wirtschaftlicher Freiheit juristischer Wirtschaftspersonen ist kein neuer Vorgang. So schrieb der Anarcholiberale Max Stirner in »Der Einzige und sein Eigentum« im Jahr 1845: »Ich bin aber nicht ein Ich neben anderen Ichen, sondern das alleinige Ich: Ich bin einzig... Mir geht nichts über Mich... Meine Freiheit weiß ich schon dadurch geschmälert, daß Ich an einem Anderen (sei dieser Andere ein Willenloser, wie ein Fels, oder ein Wollender, wie eine Regierung, ein Einzelner usw.) Meinen Willen nicht durchsetzen kann... Die Revolution zielt auf neue Einrichtungen: die Empörung führt uns dahin, Uns nicht mehr einrichten zu lassen, sondern Uns selbst einzurichten... Verlasse Ich das Bestehende, so ist es tot, und geht in Fäulnis über. Da nun nicht der Umsturz des Bestehenden Mein Zweck ist, sondern Meine Erhebung darüber, so ist Meine Absicht und Tat keine politische und soziale, sondern als allein auf Mich und Meine Eigenheit gerichtet, eine egoistische.«[12] Mit diesen Sätzen läßt sich zwar die Unterdrückung anderer zur eigenen Freiheitsbefriedigung rechtfertigen, sie geben aber keinen Hinweis darauf, daß es die gleiche Freiheit für alle geben muß und damit ein Gesellschaftsprogramm, das individuelle Freiheit beschränkt, wo diese in egoistischer Absicht die der anderen beeinträchtigt.

Die Abschaffung des absolutistischen Staates mit der Französischen Revolution zielte auf die Befreiung des Subjekts, galt aber keineswegs für alle Subjekte als selbstverständlich. Erst die sozialen Bewegungen des 19. und 20. Jahrhunderts forderten gleiche Freiheiten für alle Individuen – einen Liberalismus der Gleichheit, während für den bürgerlichen Liberalismus die Freiheit der Wirtschaftssubjekte mit ihren bewußt egoistischen Interessen im Vordergrund stand. In den europäischen Traditionsländern mußten die allgemeinen individuellen Freiheiten – vor allem die demokratischen Freiheitsrechte – stets auch den Regimes abgerungen werden, die das wirtschaftliche »Laisser-faire« politisch repräsentierten. Diese Erfahrung zeigt, daß es eine Geschichtslegende ist, wenn heute behauptet wird, der Kapitalismus führe wie von selbst auch zu einer freiheitlichen Staatsform: Ohne den Kampf organisierter sozialer Bewegungen dafür wurden die allgemeinen Freiheitsrechte nirgendwo durchgesetzt – auch nicht in den USA, in denen diese noch bis in die 60er Jahre des 20. Jahrhunderts von den Bürgerrechtsbewegungen für alle erkämpft werden mußten. Kapitalismus und Demokratie bilden nicht automatisch »ein Paar«.

Das klassische Grundmuster des Kampfes für individuelle Freiheiten durch eine soziale Revolution änderte sich erst mit der Entstehung kommunistischer Diktaturen, die die Freiheit der Wirtschaftssubjekte aufhoben, ohne die allgemeinen und gleichen Freiheiten zuzulassen. Erst seit der Niederringung des Faschismus und mit der Ost-West-Konfrontation entstand ein grundlegender Dualismus zwischen westlichen Demokratien mit allgemeinen *und* wirtschaftlichen Freiheiten und den kommunistischen Diktaturen ohne solche allgemeinen und wirtschaftlichen Freiheiten. Doch auch in dieser Phase gingen in den westlichen Demokratien die Freiheitskämpfe weiter – nunmehr die der sozialen Bewegungen für gleiche Freiheitschancen, für eine Demokratisierung nicht nur des Staates, sondern auch innerhalb der Gesellschaft; für Demokratisierung der Wirtschaft und innerhalb der Wirtschaftsunternehmen, damit der im Privatleben freie Staatsbürger im Beruf nicht weiter ein entmündigter Mensch sein sollte; und gegen willkürlich die individuellen Freiheiten behindernde autoritäre Strukturen in Familie, Schule, Universität und so weiter. Aus dem Konflikt um die Einführung allgemeiner Freiheitsrechte, dessen Lösung im demokratischen Verfassungsstaat gelungen war, wurde der Konflikt um gleiche Freiheitsmöglichkeiten für alle in diesem Staat.

68er-Bewegung und Neue Linke: die Radikalisierung individueller Freiheiten

Die sogenannten neuen sozialen Bewegungen – die antiautoritäre Bewegung (68er-Bewegung), die »neue« Frauenbewegung und, etwas später, die Umweltbewegung – dehnten den Kampf gegen die Freiheitsbeschränkungen weiter aus, gegen hierarchische Strukturen, Diskriminierung der Frauen und kultureller Minderheiten, gegen die im Kampf um allgemeine Freiheiten in den Industriestaaten oft übersehene Ausbeutung der »Dritten Welt«, gegen die Umweltbelastungen und -zerstörungen. Die alte soziale Bewegung, so die Annahme, stand für die »materiellen Werte« der Sicherung der sozialen Lebensgrundlagen, während die Neue Linke sich für »immaterielle Werte« wie individuelle Autonomie, Partizipation, saubere Umwelt, musische Bedürfnisse einsetzte – eine Unterscheidung, die sehr oberflächlich war und zu konfliktreichen Verzerrungen der politischen Kategorien führte, denn die Alte Linke war in ihrem Bestreben, gleiche Entfaltungschancen für alle zu schaffen, nie *nur* materiell ausgerichtet. Gleichzeitig war es ein gedanklicher Kurzschluß, das Engagement in ökologischen Fragen oder für die Gleichstellung der Frau lediglich als »immaterielle« Zielsetzung wahrzunehmen.

Doch trotz der Unbedarftheit solcher Kategorisierungen ist nicht zu übersehen, daß die einen sich mehr um die »harten« Fragen sozialer Existenzsicherung bemühten, die anderen mehr um die »weichen Fragen« der individuellen Selbstbestimmung. Das konnten die letzteren, weil sie in ihrer materiellen Existenz gesichert waren oder das zumindest annahmen – was sich allerdings als Fehleinschätzung herausstellte. Die Spannung zwischen der »alten« und der »neuen« Bewegung für gleiche Freiheiten war deshalb scheinbar und real zugleich.

Daß sie real war, hing aber unverkennbar auch damit zusammen, daß die Neue Linke großenteils nicht willens oder nicht in der Lage war, die Idee der individuellen Freiheit für alle von der Idee eines bedingungslosen Individualismus – gegen jedwede Beschränkung – zu unterscheiden. Sie hat radikalen Individualismus als zentrales Antriebsmoment für die Befreiung von willkürlicher Herrschaft verstanden, wie es in den Worten Rudi Dutschkes zum Ausdruck kam: »Überall bilden sich selbsternannte Avantgarden, die, völlig autonom und von keiner Zentrale organisiert beziehungsweise manipuliert, den von ihnen als notwendig erkannten Kampf gegen Manipulation und Unterdrückung der schöpferischen Fähigkeiten des Menschen begonnen haben. Darin liegt die Stärke,... daß die praktisch-kritische Tätigkeit der Antiautoritären der reale Ausdruck der eigenen Interessen und Bedürfnisse der Individuen ist.«[13] Die Renaissance anarchistischer Ideen innerhalb der Neuen Linken ist von Guggenberger in seiner Schrift »Die Neubestimmung des subjektiven Faktors im Neomarxismus« beschrieben: »Die Machtstrukturen, die sich in allen zwischenmenschlichen Beziehungen abbilden, erscheinen als eine Folge des unausweichlichen Gewalt- und Herrschaftscharakters der Politik. Die Beseitigung der Politik kommt damit der Auflehnung der Entfremdung gleich, die den ursprünglichen Zustand herrschaftsfreien Umgangs wiederherstellt. Politische Befriedungsversuche stoßen auf den prinzipiellen Widerstand eines Politikverständnisses, dessen oberster Leitwert die Grenzenlosigkeit individueller Souveränität markiert.«[14] Die radikale Befreiung von allen Zwängen erfordere die Politisierung aller Lebensbereiche und Lebensbezüge, wodurch jeder überall und ausschließlich sein eigener »Politiker« wurde, bis in seine ihn befreiende therapeutische Sitzung. »Auch das Private ist politisch«, lautete ein Slogan dieser antiautoritären Revolte. Der »absolute Anspruch des subjektiven Wollens«, so Guggenberger, »konfrontiert die unbefriedigende soziale und kulturelle Realität unmittelbar mit dem Ideal. Er ist bereit, dem abstrakten Ideal das politisch Mögliche zu opfern... Der Weg führt zur völligen Entpolitisierung aller menschlichen Beziehungen, dem Zwang zur Politik.«

Zu diesem ideellen Grundmuster gehörte der »antiinstitutionelle Affekt« der Demokratisierung. Die Beachtung demokratischer Verfahrensregeln erschien, so Guggenberger, »als unnötiger Umweg, als gefährliche Verzögerung, wo es einzig darum gehen kann, dem als wahr, richtig und gut Erkannten zum sofortigen Durchbruch zu verhelfen«. Die gedanklichen Quellen der ersten Generation der Neuen Linken waren Schriften Marcuses oder der französischen Existentialisten gewesen – jedoch, wie es bei spontan entstehenden Bewegungen ohne tiefere Reflexionsbasis immer der Fall ist, in einer diese simplifizierenden Weise. Alle autoritären Strukturen, die den einzelnen wie die Gesellschaft insgesamt von ihren humanen Bedürfnissen entfremdeten, wurden als konstitutives Merkmal des Kapitalismus betrachtet, jede radikal-individualistische Aktion verstand man selbstredend als antikapitalistische. Selbst die »Sex-Pol«-Bewegung im Anschluß an Wilhelm Reich[15] zur Befreiung sexualmoralischer Tabus verstand sich als Element des antikapitalistischen Kampfes, weil angeblich auch die überkommene Sexualprüderie die Unterordnung der Menschen unter die Kapitalbedürfnisse bewirkte.

Wir erkennen auch hier einen fließenden Übergang von der Idee der individuellen Freiheit und Selbstverwirklichung zu einem bedenkenlosen Egoismus, der sich ergibt, wenn man Freiheit nicht auf ihre Sozialverträglichkeit hin reflektiert. Ohne sich bewußt auf Stirner zu beziehen, korrespondierten Ideen in der antiautoritären Revolte mit seiner Forderung nach vollständiger individueller Freiheit, mit der sich jedes radikal antisoziale Gesellschaftskonzept begründen läßt, das keinen zentralen autoritären oder diktatorischen Rahmen hat. Daß ein elementarer Widerspruch zwischen radikalsozialistischem Gleichheitsanspruch aller Individuen und einer undifferenzierten radikal-individualistischen Ablehnung aller Zwänge – ob ethischer oder struktureller Art – besteht, kam in der individuellen Befreiungseuphorie nicht in Betracht – und damit auch nicht die Tatsache, daß diese Ablehnung zu einem elitären Radikalegoismus führen kann, der alle auf einer Solidaritäts- und Gerechtigkeitsethik beruhenden Strukturen zerstört. Solidarität beziehungsweise soziales Verhalten werde sich wie von selbst bei jedem einstellen, wenn erst einmal die entfremdenden Zwänge durchbrochen seien. Ganz offensichtlich lagen dem ein naives Menschenbild und auch eine naive Einschätzung des Kapitalismus zugrunde, dem jede kulturelle Flexibilität abgesprochen wurde. Man unterstellte, daß das Funktionieren des Kapitalismus nicht nur von autoritären Strukturen im Unternehmen abhing, sondern auch von solchen Strukturen in Staat, Kirche und Gesellschaft sowie in den Familien: von autoritären Strukturen als den »Schulen« des Kapitalismus.

Die Vorstellung, der Kapitalismus brauche außerhalb der Sphäre des freien Marktes prinzipiell das gefesselte Individuum, beruhte durchaus auf historischen Kulturerfahrungen. Das »Laisser-faire«-Prinzip des freien Spiels der Kräfte war ja im wesentlichen auf den unternehmerischen Wettbewerb beschränkt, bevor es konstitutionell auch auf das freie Spiel konkurrierender Parteien in der politischen Demokratie gerichtet wurde. Dem lag die Erfahrung zugrunde, daß die Idee einer Demokratisierung auch innerhalb der Gesellschaft auf den grundsätzlichen Widerstand der kapitalistischen Interessenvertretungen und des jeweiligen konservativen Spektrums in den Parteien stieß. Nicht nur in der antiautoritären Bewegung der späten 60er Jahre war man der Ansicht, ein ausgeprägter Individualismus und ein die herkömmlichen Verhaltens- und Moralkonventionen sprengender Selbstverwirklichungs-Egoismus müßten der Funktionsweise des Kapitalismus schaden und könnten ihm unter keinen Umständen nützen.

Dies ist auch der Grund, warum selbst die Schriften von Max Stirner – dem Theoretiker eines radikalen, durch nichts mehr gehemmten Egoismus – in der Sozialdemokratie vor dem Ersten Weltkrieg freundliche Aufnahme gefunden hatten und sogar zur Lektüre empfohlen worden waren. Helms dokumentiert Versuche sozialdemokratischer Theoretiker, Stirner – dessen »Egoismus die Philosophie selbst aus dem Kopf ins Herz und ins Blut« tritt[16] – in ihre Ahnengalerie aufzunehmen, unglücklich darüber, »daß Marx nur auf das Materielle verwiesen und ihrem Dasein keine ewigen Ideale vorgegeben hatte«[17]. Einer dieser Theoretiker, Max Adler, begeisterte sich, Stirners Lehre sei »*durchaus* demokratisch, wie auch die Leidenschaft Stirners auf der Seite des Proletariats steht... erfüllt von glühenden Aufrufen an die Zeitgenossen, vor allem an die Arbeiter, die von ihm aufgezeigte Revolutionierung des Bewußtseins mitzumachen. ›Werdet Egoisten‹, so lautet der kategorische Imperativ Stirners. Es entspräche nur dem eigentlichen Sinn seines Buches, hieße es: ›Millionen Einzige und ihr Eigentum‹.«[18] Eine solche Hymne aus sozialdemokratischem Munde war nur möglich, indem man allzu großzügig darüber hinwegging, daß es sich bei Stirners radikalem Egoismus um einen ausschließlichen Wert handelte, dessen Einforderung keineswegs zu einer sozialverträglichen Freiheitsentfaltung des einzelnen und zu einer sozialen Gesellschaft führen muß. Überlesen wurde, daß Stirner allein auf

»Selbsthülfe« setzte, da ihm zufolge »nur dann der Pauperismus gehoben werde, wenn Ich als Ich Mich verwerthe, wenn Ich Mir selber Werth gebe, und Meinen Preis selber mache. Ich muß Mich empören, um empor zu kommen.«[19] In den frühen 60er Jahren erschien eine amerikanische Neuausgabe Stirners, dessen Titelübersetzung signifikanter ist: »The Ego and his Own«. Noch signifikanter aber ist der Untertitel, den man für diese amerikanische Ausgabe wählte: »The Case of the Individual against Authority.«

Die Neue Linke, die so hochgemut begonnen hatte, zerbrach an der aufgezeigten Spannung zwischen dem gleichzeitig vertretenen radikal-sozialistischen und radikal-individualistischen – und dabei auch radikal-egoistischen – Anspruch. Aber daß sie zerbrach, bedeutet keineswegs, daß sie keine Spuren hinterließ, zumal es sich um die geistige Revolution einer jungen Generation mit vielen gesellschaftlichen Multiplikatoren handelte. Aufgrund ihres Spannungsbogens brachen sie in die unterschiedlichsten Richtungen auseinander, landeten in sozialdemokratischen Parteien, verloren sich in maoistischen oder neostalinistischen Sektiererorganisationen, gründeten Bürgerinitiativen, mündeten in feministische Bewegungen, in Dritte-Welt-Organisationen, in Selbsthilfegruppen, in die aufkeimenden Ökologiebewegungen und später in grüne Parteien. Die westlichen Gesellschaften erfuhren dadurch wesentliche innere Liberalisierungs-, Modernisierungs- und Demokratisierungsschübe, wobei allerdings der Demokratisierungsschub unterdessen verwelkt ist. Dabei wurden mit den Impulsen auch die noch nicht verarbeiteten Widersprüche in diese verschiedenen Richtungen hineingetragen.

In der Regel beobachtet man, welche direkten Auswirkungen die individuelle Werteradikalisierung im breiten und diffusen linken Spektrum der Gesellschaft hatte – während man die indirekten Folgen dieser kulturell-atmosphärischen Veränderung im bürgerlich-konservativen Spektrum, die für die innere und die äußere Entwicklung des Westens seit Beginn der 80er Jahre die ausschlaggebende wurde und die das Entstehen und den Charakter des gegenwärtigen westlichen Fundamentalismus mit seinen radikalen und seinen asozialen Zügen erklären hilft, weitgehend außer acht läßt. Die antiautoritäre Revolte war nämlich nicht nur die Quelle für die Neue Linke, sondern auch – unbewußt und sicher ungewollt – ein geistiger Nährboden für eine Neue Rechte, die dann in den 80er Jahren den scheinbar in Agonie befindlichen Kapitalismus modernisierte, indem sie diesen von seinen hausbackenen Kulturformen befreite, ihn von alten Tabus säkularisierte und dabei radikalisierte.

Ein sehr erhellendes Beispiel dafür verdanken wir der Reportage von Daniel Cohn-Bendit über seine Wiederbegegnung mit Abbie Hoffmann und Jerry Rubin, den einst unzertrennlichen Rädelsführern der amerikanischen 68er-Bewegung und Organisatoren der spektakulären Demonstration gegen den Vietnamkrieg anläßlich des Parteitags der Demokratischen Partei in Chicago 1968. 15 Jahre später treten sie wieder gemeinsam auf, aber ihre Lebenswege und ihre Lebensauffassung haben sich diametral entgegengesetzt entwickelt. Hoffmann ist Sozialarbeiter und bei seinen freiheitlichen und sozialen Idealen, wenn auch in gemäßigter Form, geblieben. Er wirft nun Rubin vor, antidemokratisch geworden zu sein, den schlimmsten Reaktionären nahezustehen, faschistischen Ideologietendenzen anzuhängen und seine »Ideen und Dinge der neuesten Mode anzupassen«. Rubin – ein Yuppie, der bei seinen Auftritten sich selbst symbolisierend mit der American Express Card winkt –, entgegnet: »Aber ich bin immer noch ein Rebell! Lassen Sie sich in dieser Diskussion davon überzeugen, daß es um zwei verschiedene Dinge geht: um Nostalgie einerseits und Modernität andererseits.« Beide erhalten Applaus[20].

Die Neue Rechte als 80er Bewegung: Funktionalisierung des freiheitlichen Individualismus für den Neokapitalismus

In die 80er Jahre fielen einerseits die Warnungen, daß wir nicht mehr weitermachen dürfen wie bisher, wenn wir noch eine menschenwürdige Zukunft erleben wollen. Es war das Jahrzehnt eines neuen Kalten Krieges um atomare »Mittelstrecken«-Raketen (die dann, dank Gorbatschow, vor Ende der 80er Jahre wieder abgebaut wurden); das Jahrzehnt eines neuen SDI-Hochrüstungsprogramms; des »Nord-Süd-Berichts« der Brandt-Kommission über sich zuspitzende soziale Katastrophen in der Dritten Welt und des Berichts der Brundtland-Kommission »Our Common Future«; der wissenschaftlichen Weltklimakonferenz in Toronto, die feststellte, daß die westliche Zivilisation mit ihrem Energieverbrauch ein Klimaexperiment veranstaltet, dessen Folgen denen eines globalen Atomkriegs gleichkommen; das Jahrzehnt des atomaren GAU in Tschernobyl.

Doch zum beherrschenden Thema der 80er Jahre wurden nicht diese Probleme, sondern die Ideologie des Individualismus und des wirtschaftlichen Neoliberalismus, die behauptete, die einzige menschen- und funktionsgerechte Antwort auf jede Form von Konservatismus zu sein: ein radikalisierter Kapitalismus, dessen zentrale Botschaft in der ideologischen Mobilisierung der Gesellschaft mit dem Ziel der radikalen Abkehr – im Namen der Freiheit! – von den wohlfahrtsstaatlichen Ordnungen der westlichen Demokratien lag, wie sie seit Ende des Zweiten Weltkriegs (in den USA seit der Präsidentschaft Roosevelts) entstanden waren. Den Wertewandel – hin zum Individualismus und zum sich ethisch legitimierenden Egoismus in Verbindung mit seinen antiinstitutionellen Affekten – machte sich dieser Neoliberalismus unerwartet und intelligent zunutze. Samuel Brittan forderte in seiner Schrift mit dem Titel »Die Ökonomie der Freiheit« Anfang der 70er Jahre, die »Erneuerung der unternehmerischen, ja sogar piratenhaften Elemente im Kapitalismus... Die Zeit ist reif für eine Neuformierung, innerhalb deren die nachdenklichen Angehörigen der Neuen Linken und die radikalen Verfechter des freien unternehmerischen Wettbewerbs sich über ihr gemeinsames Interesse, die industrielle Organisationsgesellschaft zu bekämpfen, klar werden... Die Rebellion der jungen Leute dagegen, daß andere Leute oder unpersönliche Gewalten, auf die sie keinen Einfluß haben, über den Ablauf ihres Lebens entscheiden, ist im Grunde berechtigt. In den klassischen Plädoyers für freie Märkte, Privateigentum und die Beschränkung der Staatsgewalt finden sich genau dieselben Argumente.«[21]

Eine solche kapitalistische Kulturrevolution entwickelte sich in der Tat rasch. Es galt nur, die individualistischer gewordene Alltagskultur psychologisch zu »besetzen« und sich ihrer zu bedienen. Aufgrund der wachsenden beruflichen Mobilität, der gesteigerten Ausbildungsanforderungen, des Massenwohlstands, der zunehmenden beruflichen Spezialisierung, der Vermehrung der Dienstleistungsberufe war das Leben ohnehin individualistischer geworden – eine Entwicklung, die immer mehr Menschen aus ihren angestammten sozialen Bindungen herausfallen ließ. Es zeigte sich in diesem Zusammenhang, daß die Kulturformen des Protests, die zuvor noch als Bedrohung des Kapitalismus gegolten hatten und auch so empfunden worden waren, sogar zu dessen besserem Nutzen funktionalisiert werden konnten: So ist zum Beispiel ein selbstbestimmter Single – wegen seiner größeren individuellen Mobilität und Konkurrenzfreude sowie seiner geringen Neigung zu politischer oder gewerkschaftlicher Organisierung – ein geradezu idealer Fall für die Flexibilisierung der Produktionsstrukturen. Die enttabuisierte Sexualmoral konnte zur Optimierung der Produktwerbung umfunktioniert werden und die Rockmusik zur massenhaften sinnlichen Betäubung und entpolitisierenden Umlenkung von Trieben und Motiven. Es wurde erkannt, daß die Individualisierung die Ausweitung der Konsumbedürfnisse begünstigte. Als besonders vorteilhaft erwies es sich, die soziologische und ideelle Individualisierung ideologisch für die Propagierung eines Wettbewerbs aller gegen alle zur Steigerung der Arbeitsproduktivität und zur Entsolidarisierung der Beschäftigten zu nutzen. Der Aufschwung der Betriebswirtschaftslehre macht deutlich, wie das klassische Wettbewerbsprinzip *zwischen* konkurrierenden Unternehmen auf den individuellen Leistungswettbewerb *innerhalb* der Unternehmen systematisch übertragen wurde: Jeder gegen jeden als pausenloser individueller Daseinskampf.

Die Bedürfnisse individueller Freiheitsentfaltung wurden nun gezielt gegen den Wohlfahrtsstaat mobilisiert. Schweden, in den 70er Jahren die wohl stabilste Demokratie auf dem Erdball mit dem am breitesten verteilten Wohlstand, wurde zum Schreckgespenst gemacht, um damit einen ideologischen Stellvertreterkrieg gegen Wohlfahrtsstaaten zu führen. »Wohlfahrtsdiktatur. Das schwedische Modell« (englischer Titel: »The New Totalitarians«) lautete ein Buch aus den frühen 70er Jahren, in dem es wimmelt von negativ emotionalisierenden Begriffen: »das gelobte Land der Planer«, »wirtschaftliche Sicherheit und politische Knechtschaft«, »schöne Welt des Konformismus«, »die Umweltmühle«, »Wohlfahrt als Kontrollinstrument«. Solidareinrichtungen erhielten das Odium der Bevormundung, der Freiheitsberaubung und Entmündigung zugeschrieben, die dem »freien Bürger« die Atemluft nehme und ihm die Möglichkeiten zur Selbständigkeit, Selbsthilfe, Selbstverantwortung, Selbstverwirklichung und zur »Wahlfreiheit« nehme. Hier ging es nicht mehr um die Mobilisierung der vielen einzelnen gegen eine Machtstruktur, sondern gegen ihre eigenen Kollektivstrukturen[22].

Erstmals in der Geschichte der Neuzeit stilisierten sich diejenigen Strömungen, die stets die Nachhut der freiheitlichen Gesellschaft gewesen waren, zu deren Vorhut. Indem sie das Vokabular freiheitskämpferischer Rebellen imitierten, restaurierten sie asoziale Verhältnisse. Obwohl die Rebellionen in einigen amerikanischen Bundesstaaten Ende der 70er Jahre eine »Revolt of the Haves«[23] gewesen sind, gewannen die »Haves« zum Beispiel in Kalifornien eine Volksabstimmung zur Abschaffung der Grundstückssteuern, deren vorhersehbares Ergebnis die Schließung zahlreicher Schulen, anderer öffentlicher Einrichtungen und die Entlassung zahlreicher Polizeibeamter war. Der antiinstitutionelle Affekt wurde jetzt gegen die sozialen Institutionen gerichtet, wobei man die monopolisierten Megastrukturen der Ökonomie völlig außer acht ließ – mehr noch: Diese begannen, sich als Vorkämpfer der Freiheit aufzuspielen.

Der wichtigste Unterschied dieser wirtschaftslibertären Richtung zum klassischen Wirtschaftsliberalismus war, daß man die Idee des freien Spiels der Marktkräfte verallgemeinerte auf alle Individuen, zum »Laisser-faire« des freien Spiels aller befreiten Subjekte. In der Ideologie des Wirtschaftsliberalismus war noch die von staatlichen Interventionen freie Wirtschaft der Faktor, der Freiheit schaffen und Knechtschaft verhindern sollte[24]. Die Ausweitung dieses Freiheitskonzepts auf die zwischenmenschlichen Beziehungen bedeutet, daß alle Vorgänge subjektiviert, das gesellschaftliche Leben entsolidarisiert, auch die ideellen Lebensbereiche kommerzialisiert, die egoistischen Antriebe angestachelt und die sozialen Antriebe denunziert werden. Damit war das »animal sociale« verdrängt, während der »homo oeconomicus«, der nur noch nach seinem eigenen ökonomischen Vorteil handelt, absolut gesetzt wird. Der Egoist kann nun ein gutes soziales Gewissen haben, weil durch die »unsichtbare Hand« eine neue gesellschaftliche Stabilität erreicht würde bei einem Höchstmaß an individuellen Freiheitsmöglichkeiten. Dies war »Die kapitalistische Revolution«, wie sie Peter L. Berger 1986 beschrieb[25]; sie löste den dahindämmernden »Spätkapitalismus«, den die Neue Linke schon für sargreif hielt, ab.

Daraus wurde der vielleicht erfolgreichste ideologische Feldzug der Nach-Weltkriegszeit – erfolgreich vor allem deshalb, weil die Ideologiekomponente daran unterschätzt wurde, denn diese radikale Subjektivierung erschien als die konsequenteste, weil mikroökonomisch für jeden meßbare Rationalität. Eine philosophische Begründung des Neoliberalismus gab Robert Nozick, der seinerzeit zur Denkschule der amerikanischen »Libertarians« gehörte, Mitte der 70er Jahre unter dem Titel »Anarchie Staat Utopie« mit seinem Votum für den »Minimalstaat«. Dessen einzige Aufgabe sollte es sein, Eigentum und persönliche Freiheitsrechte zu schützen. Die Rechte des Menschen wurden als Naturrechte definiert, also von einem ursprünglichen Zustand des menschlichen Daseins her, in dem es noch keinen Staat gab. Der Minimalstaat dürfe, so Nozick, diese naturrechtlich begründete Existenz des einzelnen nicht antasten, er habe keinerlei Eigenlegitimation. Es wird unterstellt, daß alle Subjekte schon gleich seien, ohne daß die Ungerechtigkeiten der Verteilung ein Thema sind. Soziale Ansprüche werden abgelehnt, soziale Hilfen als Aufgabe freiwilliger Unterstützungsleistungen angesehen. Eine Austarierung sozialer Ungleichgewichte durch den Staat gilt als ungerecht: »Warum soll man sich nun nicht auf den entsprechenden Standpunkt stellen, einige Menschen hätten Nachteile auf sich zu nehmen, die anderen größere Vorteile einbringen, also das gesellschaftliche Gemeinwohl heben? Doch es gibt kein Wesen Gesellschaft, das um seines eigenen Wohles willen ein Opfer auf sich nähme. Es gibt nur die verschiedenen Einzelmenschen mit je ihrem eigenen Leben. Benützt man einen von ihnen um des Wohles willen, so wird er ausgenützt, und den anderen wird gedient. Sonst nichts. Ihm wird um anderer willen etwas angetan. Das wird (absichtlich?) verdeckt, wenn man von einem gesellschaftlichen Gesamtwohl spricht. Wenn ein Mensch auf diese Weise benutzt wird, so fehlt es an Rücksicht darauf, daß er ein selbständiger Mensch ist, daß er nur einmal lebt. Er gewinnt durch sein Opfer kein größeres Wohl, und niemand ist berechtigt, es ihm aufzuzwingen – am wenigsten ein Staat oder eine Regierung, die (im Gegensatz zu anderen Menschen) von ihm Loyalität verlangt und daher zwischen den Bürgern peinlich neutral sein muß.«[26] Der Staat sollte sich also nur als »Schutzgemeinschaft« verstehen, die allerdings auch nicht mit dem klassischen Nachtwächterstaat zu verwechseln ist, denn dieser verlange eine Abgabe von allen für den Schutz weniger Privilegierter – so daß viele zahlen, ohne eine Gegenleistung zu erhalten, während diejenigen, die den Schutz erhalten, dafür zuwenig oder nichts zahlen. Dagegen müsse der Minimalstaat streng nach dem Prinzip von Leistung gegen Bezahlung operieren. Der Minimalstaat beruht also auf dem zwischen Staat und dem einzelnen vereinbarten Vertragsgeschäft von Leistung und Gegenleistung. Es handelt sich bei allen marktwirtschaftlichen Modelltheorien um ein logisches Gedankengebäude – so als könne man den einzelnen Menschen oder eine organisierte Gesellschaft aus einem Naturzustand betrachten, unabhängig von Raum und Zeit und von solche Modellvorstellungen durchkreuzenden Interessen und Mächten, die den Menschen ohne Gegenleistung alles stehlen, was diese haben.

Dieser Widerspruch zwischen individualistischem Freiheitsbegehren und der egoistischen Eigenlegitimation ist unlösbar. Ihn nicht in Betracht zu ziehen ist nicht nur wissenschaftlich anfechtbar, sondern gefährlich. Nozick hat später, nach den Erfahrungen mit der neoliberal begründeten Politik der USA der 80er Jahre, seine Philosophie korrigiert: »Auch in der Funktion demokratischer Institutionen wollen wir Ausdrücke der Werte, die uns angehen und die uns zusammenbinden. Die libertäre Position, die ich früher vertreten habe, erscheint mir jetzt ernstlich unangemessen, teilweise deshalb, weil sie die menschlichen Erwägungen und gemeinschaftlichen kooperativen Aktivitäten, für die sie Raum ließ, nicht enger mit ihrer Struktur verband.«[27]

Eine Gruppe renommierter kalifornischer Sozialforscher stellte Mitte der 80er Jahre in einer ausführlichen Untersuchung unter der Überschrift »Habits of the Heart« fest: »Die Kämpfe der Moderne sind noch längst nicht ausgefochten. Allerdings werden sie gegenwärtig halbherzig geführt. Eine Zeitlang galten unter dem Schlachtruf Freiheit Vereinzelung und Selbstverwirklichung als die Schlüssel für eine wunderbare Zukunft voller unbegrenzter Möglichkeiten.« Diese Entwicklung sei nötig gewesen, um die Menschen »aus den tyrannischen Herrschaftsstrukturen zu befreien«. Die Autoren unterscheiden zwischen einem »utilitaristischen Individualismus«, dem es um persönlichen Nutzen, Erfolg und ökonomische Effektivität geht, und einem »expressiven Individualismus«, dem die Kultivierung nur der eigenen Person und die größtmögliche Steigerung allein des subjektiven Lebensgenusses über allem anderen stehen[28] – so wie es auch Christopher Lasch in seiner »Kultur des Narzißmus« beschrieben hat, der Verhaltenskultur einer in sich versunkenen individuellen Selbstvergötterung[29]. Beide individualistischen Ausdrucksformen entziehen sich gesellschaftlichen Bindungen. Die Gesellschaft insgesamt löst sich auf, wenn daraus ein Massenverhalten wird, mit der Folge, daß es zu Inhumanität und Entdemokratisierung kommt, weil die Zahl der aktiv sozial engagierten Menschen sich schon deshalb drastisch verringert, weil ein solches Engagement neuerdings als eher absonderlich eingeschätzt wird. Die Gesellschaft werde ohne »eine Erneuerung von Bindungen und Gemeinschaftssinn... in der Selbstzerstörung enden... Die soziale Ökologie wird nicht nur durch Krieg, Völkermord und politische Repressionen beschädigt, sondern auch durch die Zerstörung der subtilen Bindungen der Menschen zueinander, ein Prozeß, der uns verängstigt und allein zurückläßt. Wenn wir nicht damit beginnen, den Schaden an unserer sozialen Ökologie zu beheben, dann werden wir – dies ist seit einiger Zeit evident – uns selber zerstören, lange bevor noch eine Katastrophe der natürlichen Ökologie die Zeit hat, unsere Lebensgrundlagen zu vernichten.«[30]

In der Tat hat sich seit den frühen 80er Jahren in den westlichen Demokratien ein sozial entpflichteter Freiheitsmythos verbreitet, ungeachtet der sozialen und ökologischen Folgeschäden, und wesentlich zum Zerfall humaner Werte beigetragen, wodurch zwischenmenschliche Beziehungen brutalisiert wurden. Die radikalen freiheitlichen Ideen der 68er-Bewegung wurden – wie beschrieben auch wegen eigener ideologischer Verzerrungen und Irrtümer – von der 80er-Bewegung des Neoliberalismus ausgeschlachtet und in eine asoziale Richtung kanalisiert. Die materielle Kraft, die hinter dieser Entfaltung ökonomistischer Einzelinteressen steht, hat dem allgemeinen Werteverfall in der Gesellschaft die entscheidende Schubkraft gegeben. Deshalb ist es grotesk, wenn heute dieser vielfach beklagte Werteverfall der 68er-Bewegung angelastet wird. Dies ist etwa so, als würden organisierte Einbrecher kleine Tagediebe anklagen. Währenddessen macht uns Jakob von Uexküll, Organisator des »Alternativen Wirtschaftsgipfels«, auf die neuesten geistigen Produkte des wirtschaftslibertären Werteverfalls aufmerksam: Schon sind neoliberale Wirtschaftswissenschaftler dazu übergegangen, in Kategorien einer sozialen Euthanasie zu rechnen, indem sie einen unterschiedlichen finanziellen Wert der Menschen in der »Ersten Welt« und der »Dritten Welt« kalkulieren[31].

Dazu trug die neoliberale Ideologie wesentlich bei, die zur hegemonialen Wirtschafts- und Gesellschaftslehre wurde. Daß ihr dies gelang, kann aber nicht nur an einer Ideologie gelegen haben. Ideologien können sich nur breit entfalten, wenn sie von realen Entwicklungen begünstigt werden.

Ermüdung des Wohlfahrtsstaats und wirtschaftslibertäre Entfesselung

Mitte der 60er Jahre war die Zeit für eine wirtschaftslibertäre Formierung der Gesellschaft noch nicht reif, wie sich am Scheitern des Ansatzes zu einer »formierten Gesellschaft« in der

Bundesrepublik Deutschland darstellen läßt, den Ludwig Erhard in der Zeit seiner Kanzlerschaft versuchte. Die gesamte Gesellschaft sollte auf ein einziges vorrangiges Ziel ausgerichtet werden: den wirtschaftlichen Wettbewerb. Dem zentralen Staatsziel des wirtschaftlichen Wachstums seien alle anderen Ziele unterzuordnen, damit die wirtschaftlichen Expansionskräfte zu voller Entfaltung kommen könnten. Das Konzept rief einen Sturm öffentlicher Entrüstung hervor[32]. Im linken Spektrum wie auch in den liberaldemokratischen Medien nahm man es als Versuch wahr, die Demokratie zugunsten einer semidemokratischen Wirtschaftsgesellschaft auszuschalten. Nicht einmal in der Kanzlerpartei CDU/CSU fand es Anklang, weniger wegen seiner offensichtlichen demokratischen Mängel, sondern weil es den damals dort noch wesentlich stärker repräsentierten sozialchristlichen Wertvorstellungen zu sehr entgegengesetzt war. Die Mehrheit der Menschen erhoffte sich eher eine politische als eine wirtschaftliche Liberalisierung und den weiteren Ausbau des Wohlfahrtsstaats.

Mittlerweile sind wir mitten auf dem Weg zu einer solchen »formierten Gesellschaft« – zu konstitutionellen Wirtschaftsgesellschaften, in denen die unternehmerische Entfaltung auf den globalisierten Märkten die absolute Priorität vor allen anderen Strukturen, Werten, Interessen und Bedürfnissen hat, selbst wenn diese demokratischer Willensbildung entspringen. Doch es gibt keinen breiten demokratischen und sozialen Protest dagegen; eher eine schleichende Anpassung gesellschaftlicher Träger an die scheinbar unabweisbaren Erfordernisse eines sich verschärfenden wirtschaftlichen Überlebenskampfes. Die Gründe liegen zum einen darin, daß eine soziologische und ideologische Entsolidarisierung stattgefunden hat, zum anderen darin, daß sich die klassischen Träger des Wohlfahrtsstaats demobilisiert und viel von ihrer früheren Überzeugungskraft eingebüßt haben. Die allgemeine optimistische Erwartung einer stetigen Verbesserung der wirtschaftlichen Lebensbedingungen schlug um in immer stärker werdende Ängste davor, das Erreichte auf Dauer zu verlieren. Aus dem bisherigen Offensiv- wurde ein Defensivgefühl. In den verschiedenen Ländern hat der Wohlfahrtsstaat seinen Höhepunkt zu unterschiedlichen Zeiten erreicht –

meist dann, wenn sich die Wähler den diesen Prozeß in erster Linie tragenden linken Massenparteien verstärkt zuwandten: in Deutschland durchgehend in den 70er Jahren, in Frankreich und Italien im Jahrzehnt zwischen Mitte der 70er und der 80er Jahre, in Großbritannien zwischen 1965 und 1975, in Skandinavien bereits in den 50er und 60er Jahren, in den USA in den 60er Jahren.

Die Demobilisierung der klassischen Träger des Wohlfahrtsstaats ist ironischerweise eine Folge seines Erfolgs. Im damaligen Überoptimismus für ein dauerhaftes Wachstum und die Möglichkeiten, die Wirtschaft mit keynesianischen Rezepten sozial ausgewogen steuern zu können, fehlte die Phantasie, daß sich all dies eines Tages ändern könnte. Der erste Entwurf eines SPD-Langzeitprogramms[33], unter dem Vorsitz von Helmut Schmidt vorgelegt, liest sich heute mit den für sicher angenommenen stetigen jährlichen Wachstumsraten und entsprechenden Verteilungschancen wie eine Karikatur des Wachstumsoptimismus, mit dem die Grenzen des Wachstums, die andere schon aufgezeigt hatten – vom Club of Rome bis zu Schriften von Erhard Eppler[34] –, ignorant abgetan wurden. Es fehlte aber auch die Vorstellungskraft, daß das Erreichte wieder zur Disposition stehen könnte. Hinzu kommt, daß der Wohlfahrtsstaat sich laufend seine eigenen Renegaten erzeugt: Viele, die ihren sozialen Aufstieg den verbesserten Bildungschancen verdanken, neigen mit der Zeit dazu, dies allein ihrem eigenen Verdienst und ihren eigenen Leistungen zuzuschreiben. Fortan verteidigen sie ihren »Besitzstand« und denken nicht daran, etwa über ihre Steuerleistungen auch noch anderen diese Chance zu geben.

Der Wohlfahrtsstaat produzierte also selbst die Elemente seiner Schwächung. Er versprach und hielt in seinem jeweiligen politischen Geltungsbereich den individuellen Aufstieg vieler, was im Verlauf dieses Aufstiegs sinnstiftend war, aber er versäumte eine darauf aufbauende neue soziale Sinnstiftung, obwohl sie sich mit der umweltpolitischen Herausforderung anbot. Er erlitt einen Legitimationsverlust, als die Fragen nach seinen Engpässen und Versäumnissen und nach den Ungerechtigkeiten seiner Verteilungsmechanismen gestellt wurden: Er hatte ja nicht nur die sozial Bedürftigen bedient, sondern auch eine große Zahl nicht Bedürftiger – so daß er oft denen unverhältnismäßig viel gab, ob durch Steuerprivilegien, Eigentumsförderung oder Pensionsansprüche, die ohnehin mehr hatten als andere. Es fiel auch immer mehr auf, daß die Verteilungsinstitutionen – die Träger der Sozialversicherungen und der Staatsapparat selbst – zu unbeweglichen bürokratisierten Apparaten wurden, die einen wachsenden Anteil der Verteilungsmasse für sich selbst absorbierten, ohne dadurch leistungsfähiger zu werden. So verlor der Wohlfahrtsstaat an innerer Zustimmung auch bei denen, für die er vorzugsweise konzipiert war – und die Kampagne derjenigen, denen das ganze System immer lästiger wurde, fand nicht zuletzt auch bei denen Widerhall, die ihn dringend brauchen.

Auch hatte das Gros der Unternehmen sich nolens volens eine Zeitlang mit dem Wohlfahrtsmodell arrangiert, da sie dessen Vorteile für sie selbst erkannt hatten, insbesondere die soziale Stabilität, die politischen und gewerkschaftlichen Initiativen zur Erhaltung und Steigerung der Massenkaufkraft, die Investitionen in die öffentliche Infrastruktur und in Bildung und Wissenschaft. Auch wenn jede Lohnerhöhung und Verbesserung von Arbeitsbedingungen erstritten werden mußten, förderte dies die gesamtwirtschaftliche Entwicklung und bewirkte einen ständigen Druck auf die Steigerung der Produktivität und damit der technologischen Modernisierung der Wirtschaft – obwohl dem Wohlfahrtsstaat von seinen Kritikern meist das Gegenteil unterstellt wird: Die durch die Gewerkschaften erkämpften sozialen Verbesserungen können von den Unternehmen, die im internationalen Wettbewerb stehen, nicht einfach durch höhere Preise ausgeglichen werden. Deshalb sind die Unternehmen gezwungen, die Arbeitsproduktivität zu steigern und menschliche Arbeitskraft durch Arbeitstechnologien zu ersetzen. Der Kapitalbedarf und damit der Zwang zur Kapitalakkumulation steigt dadurch ebenso wie der Zwang, sich neue internationale Märkte zu erschließen. Dies verstärkt die Entwicklung zu weiterer Unternehmenskonzentration und zu transnationalen Unternehmensformen. Der Spielraum wird dadurch größer, teure durch billige Arbeitskräfte und hohe Steuern im Lande durch niedrige Steuern in anderen Ländern zu ersetzen. Lange konnte der Abbau industrieller Arbeitsplätze durch das Anwachsen der privaten und der öffentlichen Dienstleistungssektoren ausgeglichen werden. Aber dies ist nicht grenzenlos möglich, weil zumindest die rein konsumatorischen Dienstleistungstätigkeiten aus dem industriellen Mehrprodukt finanziert werden müssen. Ein im Verhältnis zur industriellen Wertschöpfung überproportional anwachsender Dienstleistungssektor ist ab einem bestimmten Zeitpunkt nicht mehr zu finanzieren. Also folgt auch in diesem Sektor ein Abbau von Arbeitsplätzen, begünstigt durch moderne Informationstechnologien, die im Dienstleistungssektor auch hier Produktivitätssteigerungen zu Lasten menschlicher Arbeitskraft ermöglichten.

Hinzu kommt eine weitere, für den klassischen Ansatz des Wohlfahrtsstaats äußerst schwerwiegende und unausweichliche Entwicklungstendenz, auf die der Finanzwissenschaftler Egon Matzner schon seit den 70er Jahren immer wieder hingewiesen hat. Für die personengebundenen öffentlichen Dienstleistungen im Bereich der Bildungs-, Sozial- und Kultureinrichtungen sowie der administrativen Tätigkeiten ist eine Produktivitätssteigerung analog zum industriellen Sektor nicht möglich – mit der Folge, »daß jede Lohnerhöhung, die im technologisch fortgeschrittenen Sektor gewährt wird und dort auch durch die Zunahme der Arbeitsproduktivität real gedeckt ist, im Sektor personengebundener Leistungen einen Kostendruck auslöst... Eine wachsende Aufgabenfülle als Folge der Funktionserfordernisse des kapitalistischen Marktsektors und der zum Fortbestand der Gesellschaft notwendigen gesellschaftlichen Integrationsanforderungen sowie der ›tertiäre‹ Kostendruck der personengebundenen öffentlichen Dienste lassen den Anteil wachsen, der von der Wertschöpfung des Marktsektors für den öffentlichen Sektor bereitgestellt werden muß.«[35] Der Ausweg, die Preise, Abgaben und Steuern zu erhöhen, stößt aber irgendwann auf Grenzen der Zumutbarkeit und wird von der Öffentlichkeit nicht mehr akzeptiert. Es mobilisieren sich privatwirtschaftliche Interessen dagegen, die nunmehr die eigenen Beschäftigten und die steuerzahlende Allgemeinheit zum Bündnis gegen den Steuer- und Abgabenstaat aufrufen. Bleibt der Wohlfahrtsstaat bei seinen Transfer- und Dienstleistungen, steuert er in eine Finanzkrise, die den Ruf nach sozialer Demontage lauter werden läßt – wenn nicht seine Träger

– eine grundlegende Strukturreform einleiten, die die öffentlichen Leistungen sozial produktiver macht;
– die Produktionsweisen so verändern, daß die kostspieligen Folgeschäden einer ökologisch blinden Wachstumsgesellschaft vermieden werden und damit öffentliche Kosten zur Behebung dieser Schäden eingespart werden können;
– den Schritt in eine gerechtere Umverteilung wagen, worauf man bisher verzichtet hat, um Konflikten mit den etablierten Interessen möglichst aus dem Weg zu gehen oder diese zu entschärfen.

Da die Träger des Wohlfahrtsstaats strukturkonservativ geworden waren, ihnen zu solchen Schritten die Weitsicht, die Strategie und der Mut fehlten und da sie die Wirkungsbreite der wirtschaftslibertären Ideologie unterschätzten, setzte sich diese gegen den immer schwächer werdenden Widerstand letztendlich in allen westlichen Demokratien durch. Die sozialdemokratischen Parteien gerieten in die Defensive, die konservativen Parteien schüttelten ihre klassischen staatspositivistischen Positionen ab und mutierten zu neokonservativen Parteien, die Gewerkschaften erschienen in der öffentlichen Meinung zunehmend als Fossile.

Paul Krugman hat in »Peddling Prosperity« das Szenario anhand der amerikanischen Entwicklung skizziert: Noch in den späten 60ern erklärt selbst der republikanische Präsident Nixon: »We are all Keynesians now« und leitet eine Ausweitung von Sozialprogrammen ein, während Milton Friedman und andere Chicago-Ökonomen neue Theorien verbreiten, die den Glauben zerstören sollen, eine aktive Regierung könne die Arbeitslosigkeit beseitigen oder geringhalten. In den 70er Jahren entsteht eine machtvolle konservative Bewegung, deren ideologischer Kern sogenannte Angebotsökonomen sind. Sie versprechen einen riesigen Wachstumsschub durch radikale Steuersenkungen, wodurch die Steuermindereinnahmen rasch kompensiert würden. Reagan gewinnt 1980 mit diesem Konzept den Wahlkampf, obwohl sein Kontrahent Bush es noch als »voodoo economics« verhöhnt. In den 80er Jahren regiert dieses Konzept, aber die

Wachstumserwartungen treffen nicht ein, die Ungleichheiten in der Einkommensverteilung verschärfen sich radikal, die Staatsverschuldung steigt trotz Streichung von Sozialprogrammen[36]. Großbritannien – wo noch 1974 auch die Konservativen unter Edward Heath mit einem »welfare state«-Programm aufgewartet hatten – macht nach 1979 unter Margaret Thatcher mit denselben Theorien ähnliche Erfahrungen, die Arbeitslosigkeit hat sich nach acht Regierungsjahren verdoppelt, die Jugendarbeitslosigkeit nimmt unglaubliche Ausmaße an – die in den europäischen Fußballstadien wütenden Hooligans sind ein Ergebnis dieser »erfolgreichen« Entwicklung.

Aber trotz anfänglich abfälliger Kommentare über »Reaganomics« und »Thatcherismus« in den westeuropäischen Demokratien setzt sich der Neoliberalismus überall mit unterschiedlichem Tempo Stück für Stück durch. Etwas langsamer geht es in Deutschland, weil die christlich-konservative Mehrheitspartei sich schwertut, den Charakterwandel zu einer neokonservativen Partei so rasch wie andere zu vollziehen. Die Kampagnen sind überall dieselben: Privatisierung öffentlicher Unternehmen und Dienstleistungen, Deregulierung bisher staatlicher Wirtschaftsaktivitäten, steuerliche Privilegierung von privaten Wirtschaftsaktivitäten, Einschnitte bei sozialen Transferleistungen, Kommerzialisierung von bis dahin öffentlich finanzierten kulturellen Bereichen, einschließlich der gezielten Förderung privater elektronischer Medien. Als Motor zur Entfaltung neuer kreativer Marktkräfte, die Bürokratisierung und Zentralisierung durchbrechen würden, gelten die neuen Informationstechnologien – gewissermaßen als technologische Erfüllung der neoliberalen Zukunft. »The telecomunications revolution is the driving force that is at once creating the world economy and making its parts smaller and more powerful. It is the new technology that is allowing companies to deconstruct, to radically decentralize, to push power and decision making down to the lowest possible point... Politicians don't know that the party is over«, schreibt Naisbett in einer Hymne auf die Informationstechnologie[37].

Für die Einschätzung des »Neoliberalismus« – präziser: der wirtschaftslibertären Entwicklung – ist es wichtig, zwei Phänomene festzuhalten:

- den krassen Gegensatz zwischen der ideologischen Beschwörung der freien Marktwirtschaft und der tatsächlichen Entwicklung zu umfassend organisierten internationalen Wirtschaftskartellen;
- das Radikalisierungspotential, das diese Ideologie trotz ihrer offensichtlichen Widersprüche und desaströsen Folgen hat.

»Neoliberale« Monopolisierung

Das offiziell erklärte Ziel, über Privatisierung und Deregulierung zu einer freieren Marktwirtschaft zu kommen, hat sich ebensowenig erfüllt wie die enthusiastischen Erwartungen, daß die Informationstechnologien wie von selbst zu einer Dezentralisierung von wirtschaftlichen und politischen Strukturen führen würden. Prinzipiell ist die Idee von Deregulierungen durchaus ernstzunehmen, ebenso wie die Forderung nach einem Staat, der sich aus der *direkten* Führung von Wirtschaftsunternehmen heraushält – bedenkt man, wie schwer beweglich bürokratische Mammutorganisationen und andere monopolisierte Strukturen sind. Es ist auch in der Tat möglich, mit der Telekommunikation eine effiziente Dezentralisierung zu erreichen – etwa durch den häuslichen Telearbeitsplatz, der Behinderten eine berufliche Integration ermöglicht, in manchen Berufen Familie und Beruf besser vereinbar machen könnte und umweltzerstörerische Verkehrsströme reduzieren kann.

Aber es ist nicht zu übersehen, daß sich unter den neoliberalen Überschriften in Wahrheit großenteils genau das Gegenteil vollzieht:

- nicht mehr Markt für viele, sondern für wenige Produzenten;
- nicht Deregulierung, sondern die Ablösung öffentlicher Regulierungen durch privatwirtschaftliche;
- nicht Dezentralisierung durch neue Informationstechnologien, sondern beschleunigte und perfekt kontrollierbare Zentralisierung.

Die meisten Deregulierungen außerhalb nur lokal erbringbarer Dienstleistungen haben einen massiven Trend zu verstärkter transnationaler Monopolisierung ausgelöst und führen zu beschleunigter Tabula rasa unter den konkurrierenden Unternehmen. Von ehedem über hundert nationalen Fluggesellschaften werden demnächst wahrscheinlich weniger als zehn transnationale Privatgesellschaften übrigbleiben. Eine solche Tendenz ist überall zu beobachten, vom Sektor der elektronischen Medien bis zu den Banken und Versicherungen, vom Post- und Fernmelde- bis zum Energiesektor. Die »Deregulierung« diente vorwiegend dazu, öffentlich kontrollierte Wirtschaftsaktivitäten zugunsten beschleunigter, meist transnationaler privater Monopolisierung auszuschlachten. Das Mindestmaß an demokratischer Kontrollmöglichkeit und Transparenz, das zuvor gegeben war, geht ersatzlos verloren. Was Neoliberalismus genannt wird, ist in Wahrheit die Förderung internationalisierter Superkartelle.

Nicht zu übersehen ist, daß auch die Informatisierung den transnationalen Monopolisierungsprozeß fördert beziehungsweise fast zwangsläufig dessen Verfügungsmacht anheimfällt. Sie ermöglicht transnational operierenden Unternehmen, ihre Produktions- und Dienstleistungstätigkeiten à la carte durch zeitgleichen globalen Datenaustausch zu diversifizieren. Der Kapitalbedarf für neue Entwicklungen und der Kapitalbedarf für den Technikeinsatz, von Satelliten bis zu Richtfunkanlagen, sind so groß, daß als Wettbewerber ohnehin nur wenige in Frage kommen. Stromversorgungsmonopole und Fernsehmonopole haben alle technologischen Voraussetzungen, auch die Telekommunikation in ihre Unternehmensbereiche zu integrieren, und die Telecom-Gesellschaften jede Möglichkeit, auch Fernsehmonopolist zu werden.

Die größere Informations- und Entscheidungsautonomie der einzelnen Menschen in ihren privaten Angelegenheiten – weil doch jeder von jedem Platz mit jedem kommunizieren und sich jeder überall über alles informieren kann – täuscht darüber hinweg, daß sie auf die das gesellschaftliche Leben vorbestimmenden Entscheidungen praktisch immer weniger Einfluß haben. Der heutige Telearbeitsplatz in Europa, zum Beispiel an Computerprogrammen, kann sehr viel schneller, von einem Tag auf den anderen, in ein Billiglohnland verlegt werden, als es bei einem betriebsgebundenen Arbeitsplatz möglich ist. Daß außerdem die transnational monopolisierten Strukturen der Informationsgesellschaft eine globale Kontrolle der Menschen ermöglichen, die von keiner Rechtsordnung verhindert werden kann, widerspricht ebenfalls den Versprechungen erweiterter individueller Freiheitsmöglichkeiten. Wiederum zeigt sich, daß es wirtschaftslibertärer Selbstbetrug oder bewußte Irreführung ist, die Chancen der informationellen Revolution darin zu sehen, einfach öffentliche Wirtschaftsaktivitäten der Börse zu übergeben und öffentliche Einflußnahmen auszuschalten – statt eine *Neuregulierung* zu versuchen, die zu mehr Marktwirtschaft statt zu verstärkter Monopolwirtschaft und zu einer Dezentralisierung im staatlichen und privaten Bereich führt.

Die brisante Frage ist also nicht, ob dereguliert oder privatisiert wird, sondern unter welchen Bedingungen und in welche Richtung dies geschieht – und warum es tabu ist, bisher ungeregelte Bereiche eigens regulieren zu müssen, weil dies das öffentliche Interesse gebietet. Diese Einseitigkeit beweist, daß der Neoliberalismus in erster Linie ein ideologisches Konzept ist. Indem er staatliche Wirtschaftsaktivitäten pauschal ablehnt und private ebenso pauschal fördert, hat er die internationale Monopolisierung massiv vorangetrieben und zerstört systematisch marktwirtschaftliche Strukturen.

Asoziales Radikalisierungspotential

In den neoliberalen Erfolgsstories werden die sozialen Opfer als leider unvermeidlich interpretiert. Die modische Legende ist, daß mit dem alten Staat alles noch viel schlimmer gekommen wäre. Trotz aller sozialen Verwüstungen gilt der Neoliberalismus weithin immer noch als alternativlos und baut international seinen ideellen Einfluß eher noch aus. Die neoliberale Doktrin hat eine Eigendynamik gewonnen, die scheinbar kaum noch jemals zu bremsen ist. Wo politische Versuche stattfinden, sie zu korrigieren, haben sie zwar die Chance einer mehrheitlichen Zustimmung, wie die amerikanischen Wahlen von 1992 zeigen, die zur ersten Wahlniederlage einer neoliberalistischen Partei in den westlichen Demokratien führten. Doch das Bewußtsein allein, daß eine politische Wende nötig sei, reichte in diesem Fall nicht aus, denn es gab nicht genügend Menschen, die auch einen individuellen Finanzierungbeitrag für eine soziale Gesundheitsreform oder eine ökologisch begründete höhere Energiesteuer zu leisten bereit gewesen wären – wie es Clinton vergeblich versuchte.

Sein Einzug ins Weiße Haus konnte zunächst als eine Wendemarke aus der neoliberalen Sackgasse gesehen werden. Doch bereits im November 1994 feierten die Republikaner einen triumphalen Wahlsieg bei den Kongreßwahlen, für den sie mit einem scharf radikalisierten neoliberalen Programm angetreten waren, dem gegenüber das Reagansche gemäßigt erscheint und das mit revolutionärem Pathos gegen die Clinton-Administration und jede Form wirtschaftlicher Regulierungskompetenz der Bundesbehörden vorgetragen wird – gegen den Restbestand an Wohlfahrtsprogrammen, gegen einen sozialpolitischen Gestaltungsanspruch des Kongresses, aber auch gegen liberale Minderheitenrechte. Es diskriminiert normabweichende Minderheiten und fordert utopische High-Tech-Weltraumprogramme, militärische Interventionsansprüche zugunsten amerikanischer Interessen sowie eine aggressive Weltmarktstrategie.

Der politische und geistige Führer dieses Neo-Neoliberalismus, Newt Gingrich, artikuliert im Stil eines religiösen Freiheitskämpfers sein Selbstverständnis gegen finstere Mächte: »I am a genuine revolutionary. They are the genuine reactionaries. We are going to change their world.« Die Schlagworte der Basisphilosophie dieses »Contract with America« sind »individual liberty«, »economic opportunity«, »limited government«, »personal responsibility«, »security at home and abroad«[38]. Der Kampf gegen den Wohlfahrtsstaat wird zur humanitären Pflicht erklärt: »Der Wohlfahrtsstaat tötet pro Jahr mehr arme Leute als das private business.« Es geht nun darum, den Wohlfahrtsstaat völlig zu liquidieren. »Nicht reformieren, nicht verbessern, nicht modifizieren, sondern abschaffen. Geradewegs seine Kernstruktur und die Kernwerte des Wohlfahrtsstaats angreifen, und darin ersetzen durch ein machtvolleres, viel effektiveres System.« Ein Mittel der Abschaffung sind neue Technologien: »Wir müssen den Wohlfahrtsstaat ersetzen durch die Chancengesellschaft, gründend auf den Werten der Freiheit und dem Potential der dritten Welle der Informationsrevolution.«

In »Window of Opportunity« ist zu lesen: »Viele der Möglichkeiten, die durch unser Fenster scheinen, haben wenig zu tun mit den Entwicklungen hier auf dem Erdball. Eine der größten Revolutionen zu unserer Lebenszeit muß der Sprung der Menschen aus dem Planeten sein.« Die Vision ist »ein Wochenendurlaub in einer Raumstation oder die Hochzeitsreise auf den Mond. Menschen in einem Raumschiff – der DC-3 der Zukunft – fliegen in die Hiltons und Marriots des Weltraums, und die Menschheit wird sich auf Dauer vom Planeten losgelöst haben... Wenn wir eine intensive Anstrengung zur Entwicklung von Weltraumprogrammen machen, werden wir Millionen von Jobs auf der Erde schaffen und Tausende im Weltraum, während dies zur selben Zeit unsere Zahlungsbilanz im Außenhandel durch den Export von Gütern und Dienstleistungen, die andere nicht selbst produzieren können, solide sichern wird.« Die High-Tech-Revolution zielt auch auf ein »Spiegelsystem im Weltraum, das die Lichtäquivalente mehrerer Vollmonde bündelt, so daß sie die Autobahnen nachts beleuchten. Indem ganze Areale beleuchtet werden, kann die gegenwärtige Gefahr von in der Dunkelheit lauernden Kriminellen bekämpft werden.« Das ökonomische Ziel ist der »freiest mögliche Welthandel«, den die Regierung »um jeden Preis« durchsetzen müsse: »Ist die Angebotsökonomie beendet? Nur im Sinne von General Pattons Armee, als diese im Mai 1945 Deutschland niedergerungen hatte« – also erst dann, wenn alle anderen am Boden sind. Die Förderung der Familien, damit diese die soziale Vorsorge wieder eigenverantwortlich übernehmen, die Kriminalitätsbekämpfung, die High-Tech-Förderung und eine international einsatzfähige militärische Streitmacht sind die verbleibenden Regierungsaufgaben, weshalb auch – so der »Contract with America« – das Raketenabwehrprogramm erneuert werden und ein »Feuerwall« gegen die Umwidmung von Rüstungsaufgaben in andere Ressorts errichtet, die NATO erweitert und eine Unterstellung von amerikanischen Truppen unter UN-Kommando abgelehnt werden sollen[39]. Bezeichnenderweise sind Umweltprobleme im »Contract with America« mit keinem Wort erwähnt.

Die Versuche, dieses Programm im Kongreß durchzusetzen (nicht selten mit Unterstützung auch demokratischer Abgeordneter), zeigen, daß es sich nicht um leere Worte handelt. Es beschreibt den westlichen Fundamentalismus in Reinkultur, der in Verbindung mit faustischen Technologieprojekten aus den Schrecken der von Huxley beschriebenen »schönen neuen Welt« eine Tugend macht. Die Analogien zwischen den USA und Westeuropa sind zwar begrenzt – aber wie sehr amerikanische auch Vorboten für europäische Entwicklungen sein können, zeigt ja gerade die 80er-Bewegung des Neoliberalismus.

Sein harter ökonomischer Kern besteht darin, alles beiseite zu räumen, was der wirtschaftlichen Eigendynamik und der Selbstverwirklichung der Technologieplaner noch im Wege steht. Drücken die neue Mehrheitspartei der USA des Jahres 1994 und ihr Führer damit nicht einfach, ohne beschönigende Schnörkel, nur klarer, aus, was tatsächlich in diese Richtung läuft? Geben sie nur offen zu, was andere lediglich denken oder sich vielleicht nicht selbst eingestehen? Die neue Qualität dieses radikalisierten Wirtschafts- und High-Tech-»Liberalismus« ist, daß er diejenigen individuellen Freiheiten, die das militante Programm stören könnten, wieder einzuschränken versucht. Die Atmosphäre individueller Freiheiten, die der »Neoliberalismus« der 70er und 80er Jahre psychologisch für eine neue Legitimation des sich aus staatlicher »Bevormundung« befreienden Kapitalismus nutzte, sind für den globalen Wirtschaftskrieg nunmehr wieder hinderlich: Es gibt zu viele Folgekosten durch »outdrops«, zuviel unkontrollierbares Konfliktpotential. Da aber eine sozialökonomische Reformierung der Gesellschaft das Gegenteil dessen ist, worum es den wirtschaftslibertären Globalspielern geht, kommt nun Neo-Autoritarismus ins Spiel – soweit die Menschen nicht von unsichtbarer elektronischer Hand kontrolliert, durch existentielle Ängste in Zeiten steigender Massenarbeitslosigkeit gefügig gemacht oder durch eine Handvoll verbleibender weltweit operierender Fernsehgesellschaften ferngesteuert werden können.

Ökonomische Monomanie und reaktionäre Utopie

Trotz aller klar erkennbaren negativen Folgeerscheinungen setzt der neue wirtschaftslibertäre Westen zur Flucht nach vorn in eine »reaktionäre Utopie« (Samir Amin) an, in monomaner Weise fixiert auf einen einzigen Punkt der Gesellschaftsgestaltung: die Entwicklung von Staat und Gesellschaft der Selbstregulierung real existierender Marktkräfte und ihren technologischen Möglichkeiten zu überlassen. In fundamentalistischer Blindheit übersieht er dabei, daß der Einsturz des Ostens gerade auf eine solche *Fixierung auf einen Punkt* zurückzuführen ist, weil es unmöglich wurde, der Vielfalt an Werten, Interessen und Problemen auch nur annähernd gerecht zu werden. Der »Neoliberalismus« seinerseits sieht für sich keinerlei Absturzgefahr, weil er ja das Gegenextrem verkörpert. Gleichgültig, auf welche Gefahren für die Gesellschaft er aufmerksam gemacht wird: Stets lautet sein fundamentalistisches Credo, daß in die gegebene wirtschaftliche Dynamik des Westens nicht eingegriffen werden dürfe.

Die Frage, die sich viele Menschen stellen, warum trotz der eindeutigen wissenschaftlichen Erkenntnisse über die bedrohte Ökosphäre nichts Adäquates geschieht, findet in der wirtschaftslibertären Ideologie die zentrale Antwort. Seit den 80er Jahren liegen stets alarmierendere globale Umweltberichte vor, aber genau in derselben Zeit verbreiteten sich die neoliberalen Dogmen. Dies verhindert in den Köpfen der politischen und wirtschaftlichen Entscheidungsträger, sich auf die größte Gefahr seit Beginn der Menschheitsgeschichte einzustellen. In der quasireligiösen Enzyklika des globalen Wirtschaftsliberalismus wird nicht bedacht, daß die Menschheit zwar ohne Wirtschaftsliberalismus überleben kann, aber nicht ohne intakte Umwelt.

Beispiel 1: Wirtschaftliche Selbstsucht vor Klimaschutz

Nehmen wir das Beispiel der Weltklima-Konvention, die 1992 auf dem Umweltgipfel von Rio beschlossen wurde. Daß die

Gefahr einer Klimakatastrophe evident ist, wird heute kaum mehr bestritten, ebenso wenig, daß der Westen – als größter Energie- und Rohstoffverbraucher und damit als größter Umweltzerstörer – eine größere Verantwortung als andere hat. Aber jede Konkretisierung dieser Verantwortung, die zwangsläufig eine Veränderung der westlichen Produktionsweisen bedeuten muß, wird regelmäßig mit dem Argument zurückgewiesen, der Westen sei gegenwärtig wegen zu vieler anderer Belastungen nicht zusätzlich belastbar. Doch wenn sich sogar die Wohlstandszentren in der Welt von globaler Verantwortung überfordert fühlen, sind es dann andere nicht um so mehr? Die Erhaltung des Weltklimas wird bei solchen skurrilen Maßstäben demnach prinzipiell zurückgestellt werden, solange es den wirtschaftlichen Interessen des Westens widerspricht!

Um diese unverfrorene Selbstsucht zu bemänteln, wird notorisch ein scheinbar plausibles Argument vorgetragen: Es liege im Interesse aller, daß der Westen seine wirtschaftliche Stellung nicht gefährde, weil er nur so seine Fähigkeit erhalten könne, anderen zu helfen. Im Klartext heißt das: Voraussetzung für den westlichen Beitrag zum Klimaschutz sei, das Klima ungestört weiter beschädigen zu dürfen; und die Voraussetzung für bessere Entwicklungschancen der Dritten Welt bestehe darin, daß der Westen weiter wie bisher deren Rohstoffe zu unfairen Preisen ausbeuten dürfe, um später einmal den so weiter ausgebeuteten Ländern um so effektiver helfen zu können. Voraussetzung für eine globale ökologische Wende des Wirtschaftens wiederum sei, daß jeder erst einmal Spielraum für zerstörerisches Wachstum beanspruchen dürfe, ehe er sich Umweltschutz leisten könne. Frei nach dem Motto: Erst zerstören, dann sanieren!

Alles muß also zurückstehen hinter den Interessen der »nicht weiter belastbaren Wirtschaft«, ohne nähere Prüfung, ob die Alternative für diese Wirtschaft nicht sogar eine Chance statt eine Belastung sein könnte. Globale ökologische Vorsorge bleibt damit eine zweitrangige Frage. Wenn ihre Lösung die Kreise der Weltwirtschaft zu stören droht, sind reale Konsequenzen nicht aus freien Stücken zu erwarten. Im Gegenteil: Während globale Maßnahmen zur Beschränkung des herkömmlichen Energieverbrauchs seit Jahren überfällig sind, was unter anderem mit der politisch festgesetzten Verteuerung der Preise für atomare und fossile Energien sichergestellt werden müßte, werden ungerührt politische Entscheidungen gefällt, die sogar auf eine weitere Verbilligung der Energiepreise hinauslaufen. So wurde im Dezember 1994 das internationale Vertragswerk einer »Europäischen Energiecharta« vereinbart, zu dessen Unterzeichnern nicht nur die europäischen Länder, sondern auch die USA, Japan und Australien gehören. Inhalt dieser Charta – eine Initiative der EU-Kommission, die seit Jahren eine geplante höhere Energiebesteuerung vertagt – ist die wechselseitige Verpflichtung, die Energiemärkte und die Energietransportlinien für einen restriktionsfreien Handel möglichst billiger Energie zur gemeinsamen Förderung des Wachstums zu öffnen. Währenddessen wird die seit 1990 fest versprochene Europäische Energiesteuer von Jahr zu Jahr auf die lange Bank geschoben.

Beispiel 2: Europäische Wirtschaftsliberalisierung vor sozialer Demokratie

Das zweite Beispiel findet sich im *europäischen Integrationsprozeß* und der Politik der europäischen Institutionen. In deren Mittelpunkt stand seit Ende der 80er Jahre die weitgehende Liberalisierung des Binnenmarktes der Europäischen Gemeinschaft. Der Köder dafür war der Cecchini-Report, den die Kommission in Auftrag gegeben hatte und der zum Ergebnis kam, daß ein freier Binnenmarkt für Kapital, Waren und Dienstleistungen einen jährlichen zusätzlichen Wachstumseffekt von 200 Milliarden ECU (rund 400 Milliarden DM) auslösen würde, wodurch fünf Millionen neue Arbeitsplätze entstehen und die Preise um 5 % gesenkt würden. Dies würde die Integration der Wirtschaften und Gesellschaften in unumkehrbarer Weise fördern[40]. Diese Perspektiven klangen so faszinierend, daß zusätzliche Fragen kaum noch gestellt wurden. Warnungen vor massiven negativen Umweltauswirkungen, wie sie eine offizielle »Task Force« der Europäischen Kommission formulierte, wurden achselzuckend beiseite gelegt[41]. Es dauerte nicht lange, bis der Binnenmarkt beschlossene Sache war. Er sollte der Motor der europäischen

Integration werden, die zeitlich parallel mit seiner Einführung zu einer politischen Union ausgebaut werden sollte.

Die mit dem Maastricht-Vertrag gebildete Europäische Union erhielt zwar eine umfassende Kompetenz-Kompetenz (der staatsrechtliche Begriff für die formale Legitimation, Entscheidungskompetenzen an sich ziehen zu können), aber institutionell gestärkt wurden damit vor allem der Ministerrat und die Kommissionen, weil das Parlament wenig zusätzliche Einflußrechte zugestanden bekam, obwohl die nationalen Parlamente einschneidende Gestaltungsverluste erfuhren. Mit anderen Worten: Die Demokratisierung der Europäischen Union und die Durchsetzung sozialer und umweltpolitischer Ziele wurden lediglich zu einer Möglichkeit, die *vielleicht* in Zukunft realisiert wird. Zur konkreten neuen Realität wurde allein der liberalisierte Binnenmarkt. Diejenigen, die lediglich eine wirtschaftsliberale Union wollen, haben ihr Ziel weitgehend erreicht – vertraglich und gesetzlich gesichert (was bedeutet: im Streitfall vom Europäischen Gerichtshof unterstützt). Wenn es also künftig keine Mehrheiten für die anderen Optionen gibt, bleibt es ad infinitum bei der einseitigen wirtschaftsliberalen Ausrichtung der europäischen Gesellschaftsstrukturen. Nationale Gesetzgebungen, etwa im Umwelt- und Gesundheitsschutz, für eine gezielte eigene Industrie-, Regional-, Landwirtschafts- oder Kulturförderung, die einen Anbieter aus der Europäischen Union diskriminieren könnten, gelten bis auf weiteres als gemeinschaftswidrig und können außer Kraft gesetzt werden.

Stellen wir uns vor, eine Regierung in einem der Mitgliedsländer der Europäischen Union versuchte eine Verfassungsänderung mit dem Ziel, die parlamentarische Gesetzgebungskompetenz durch eine Verordnungskompetenz der Regierung zu ersetzen und – etwa in Deutschland – den Verfassungsgrundsatz des »sozialen Rechtsstaats« zugunsten erweiterter wirtschaftsliberaler Freiheiten aufzugeben: Ein breiter Widerstand gegen die Ausschaltung der parlamentarischen Demokratie wäre die selbstverständliche Reaktion. Doch die Außerkraftsetzung der nationalen demokratischen Rechte erfolgte unter dem Versprechen, diese dafür in Europa einzuführen, und die angekündigten wirtschaftlichen Wohlstandssegnungen des Binnenmarkts trübten den Blick dafür, daß sich die Lage ganz anders entwickeln könnte. Frappierend ist, wie viele Parteien und Einzelpersonen, die nicht zur Denkschule des »Neoliberalismus« zählen, bereit waren, unveräußerliche demokratische Grundsätze und sozial- und umweltpolitische Ziele zurückzustellen – nach dem Motto: right or wrong, my Europe. Für die Demokratisierung der Union, für eine »Sozial-Union« oder eine »Umwelt-Union« setzte man sich keineswegs mit derselben Intensität ein wie für die wirtschaftliche Liberalisierung. Leichtfertig akzeptierte man den Vorrang der wirtschaftlichen Liberalisierung. Die wirtschaftslibertären Strömungen haben alle Trümpfe in der Hand, weil sie nur Mehrheiten für eine Demokratisierung der politischen Institutionen und für soziale und ökologische Gestaltungen zu blockieren brauchen, um die wirtschaftsliberalistische Deformierung der europäischen Gesellschaft weiter durchzusetzen.

Genau dies geschieht in Form einer immer nahtloser funktionierenden Synchronisation der politischen Institutionen mit den etablierten privatwirtschaftlichen Interessen, für die die wirtschaftliche Liberalisierung vor allem die Chance strategischer Unternehmensfusionen und -kooperationen bietet. Die »transeuropäischen Netze« – also die europäische Infrastruktur im Verkehrswesen, in der Telekommunikation und im Energietransport – werden auf diese großindustriellen Interessen und deren Wachstumserwartungen zugeschnitten, womit unter der Tarnkappe der Marktwirtschaft eine kostspielige Subventionierung, Ausweitung und Stärkung von wirtschaftlichen Kartellen stattfinden. Ein Beispiel ist die Verlegung einer Hochspannungsleitung durch das Mittelmeer nach Kreta, um die Insel an den europäischen Verbund atomarer und fossiler Großkraftwerke anzuschließen – obwohl mit dem Geld für diese Kabelverlegung die vollständige Stromversorgung der Insel mit eigenen Solar- und Windkraftwerken dauerhaft und ohne Emissionen finanziert werden könnte!

Auch die Integration ehemaliger Ostblockstaaten erfolgt nach wirtschaftslibertären Prämissen, wofür deren Regierungen – auf großzügige Hilfsgelder aus öffentlichen EU-Mitteln bauend – ihren Markt und ihre Unternehmen als Morgengabe einbringen.

Die Beitrittsbedingungen in die Union haben den Charakter einer Aufnahmeprüfung, für deren erfolgreiche Absolvierung es eine wirtschaftsliberale »europäische Lizenz« (Luciana Castellina) gibt: in ein Europa »konzentrischer Kreise, die um die Europäische Union rotieren, den Nukleus eines überlegenen ökonomischen Universums, den Schiedsrichter über die Grundbedingungen, deren Erfüllung den Kandidaten erlaubt, von einem äußeren in einen inneren Kreis zu wechseln«[42]. Die Fixierung auf *den* einen Punkt, den großen uneingeschränkten Markt, und die damit entstehenden Verbindungen und Abhängigkeiten, ist so stark, daß andere elementare Gedanken über die Zukunft Europas in der Politik kaum noch Raum finden: etwa eine tatsächlich marktwirtschaftsgerechte Antikartellgesetzgebung (im größeren Rahmen der Europäischen Union sind Kartellbildungen erlaubt, die im kleineren Rahmen der deutschen Wirtschaftsverfassung bisher nicht genehmigungsfähig waren) oder eine Dezentralisierung der politischen Institutionen und eine föderalistische Unionsverfassung, die nicht nur ein Gegengewicht zu staatlichen, sondern auch zu privatwirtschaftlichen Zentralgewalten darstellt.

Die bloße Fortschreibung einer Erweiterung der Europäischen Union (Delors sprach von einem Europa der 24, 30 oder 35!) ohne solche alternativen Integrationsansätze erscheint ohnehin illusionär. Eine zentralistischer werdende Europäische Union, ergänzt um die Machterweiterung der Kartelle, vermint sich mit desintegrierenden Sprengsätzen. Wie groß das Potential dafür sein kann, zeigte sich bereits bei den knappen Ergebnissen der Volksabstimmungen in Dänemark und Frankreich über den Maastricht-Vertrag und in Schweden über den EU-Beitritt. In Norwegen gab es sogar eine Mehrheit dagegen. Der wichtigste Grund für die Widerstände lag darin, daß die Europäische Union den Eindruck vermittelt, der Wirtschaftsliberalismus stehe an erster Stelle ihrer Verfassung. Auffällig ist, daß jeweils alle großen Parteien, das Gros der Massenmedien, die Unternehmerverbände und die meisten Gewerkschaften massiv für den Maastricht-Vertrag beziehungsweise den EU-Beitritt plädierten. Daß die Widerstände dennoch jeweils von der Hälfte der Bevölkerung kamen, ist ein einmaliger Vorgang in der Demokratiegeschichte. Dennoch hat er bisher nicht dazu geführt, daß man neue grundsätzliche Überlegungen über die weitere Richtung und den Inhalt des Integrationsprozesses angestellt hätte. Mittlerweile haben sich die Wohlstandserwartungen des Cecchini-Reports als neoliberale Wunschträume erwiesen. Statt vieler neuer Arbeitsplätze zählen die Mitgliedsländer der Europäischen Union mehr Arbeitslose als jemals in der Zeit nach dem Zweiten Weltkrieg. Was wird aus dem integrierten Europa, wenn die große wirtschaftliche Krise kommt, unter der der einzige konstruierte Stützpfeiler zerbricht, oder wenn einmal das Geld für Kompensationszahlungen in die strukturschwachen Regionen ausgeht und anhaltende Erfahrungen über soziale Unausgewogenheiten und über verlorengegangene demokratische Rechte zu einer Volksabstimmung in einem Mitgliedsland führen, das dann den Austritt beschließt?

Beispiel 3:
Weltökonomie für die Bedürfnisse transnationaler Konzerne

Die Europäische Union hat immerhin mit ihren EU-Institutionen noch Instrumentarien zur Verfügung, um von einer monomanen neoliberalistischen Politik Abstand zu nehmen. Eine solche Möglichkeit hat aber, mangels gemeinsamer politischer Institutionen, die Weltgesellschaft nicht. Deshalb ist der Einschnitt, den das neue Welthandelsabkommen von 1994 vollzog, sehr viel gravierender für die Gesellschaften und ihre politische und wirtschaftliche Ordnung. Der Wirtschaftsliberalismus, der schon vorher die Leitsätze der Weltökonomie formuliert hatte, ist damit zu ihrem Grundgesetz geworden. Alles spricht dafür, daß das Welthandelsabkommen – wenn es nicht alsbald durch ein nach vernünftigen volkswirtschaftlichen, sozialen und ökologischen Prinzipien gestaltetes alternatives Abkommen abgelöst wird – zum Menetekel der Weltgesellschaft wird, das alle humanitären Fortschritte der Menschheit, alle ihre lebenswerten Kulturformen und alle natürlichen Lebensbedingungen ausmerzen kann.

Vor der Vereinbarung zum Welthandelsabkommen vollzog sich das gleiche Spiel verlockender Versprechungen, von gezielter Täuschung und leichtgläubiger Selbsttäuschung wie vor der Vereinbarung zum Europäischen Binnenmarkt: Reicher wirtschaftlicher Segen wurde versprochen, Wachstumsgewinne von 500 Milliarden Dollar, wovon zwei Drittel für die Industrieländer und ein Drittel für die Entwicklungsländer anfallen würden. Man beschloß das neue Welthandelsabkommen, obwohl es vor dem Hintergrund der weltökonomischen Entwicklung seit den 70er Jahren Gründe genug gab, kritische Fragen an die Liberalisierung der internationalen Wirtschaftsbeziehungen zu stellen – sowohl seitens der westlichen Industriegesellschaften wie der Entwicklungsländer.

Aus dem Wettbewerb zwischen nationalen Volkswirtschaften ist bereits einer zwischen transnationalen Unternehmen geworden, die nicht nur weltweit vermarkten, sondern auch ihre Produktkomponenten multinational je nach unterschiedlichem Standortvorteil produzieren. Aus »Made in Germany« oder »Made in Japan« wird »Made in the World«. Die Regierungen sahen sich zunehmend gezwungen, sogar die weltweite Diversifizierung der Produktionsaktivitäten zu unterstützen, indem sie die Rahmenbedingungen zur Steigerung von deren internationaler Wettbewerbsfähigkeit verbesserten – in der Hoffnung, daß möglichst große Produktionsanteile im Inland bleiben, wofür der Wohlfahrtsstaat Schnitt auf Schnitt gehäutet wird. Der Globalisierung der Finanzen, der Märkte, der Unternehmensstrategien und der Technologien setzt sich fort und führt zu einer weltweiten Gleichschaltung der Lebensstile und damit zu einer Zersetzung der heimischen Kulturen.

In der Weltwirtschaft setzen sich oligopolistische Strukturen durch, weil in ihr nur Unternehmen mit weltweitem Produktionsnetz und Marketingstrukturen Schritt halten können. Gab es zum Beispiel in der Reifenindustrie noch 1980 dreizehn Firmen mit 60 % Weltmarktanteil, so waren es 1990 nur noch sechs mit 85 % Weltmarktanteil, und in wenigen Jahren werden vielleicht noch drei oder vier übrigbleiben mit 100 % Weltmarktanteil. Dies erfolgt vorzugsweise unter dem Vorzeichen einer »triadisation«, einer Dialektik von Konkurrenz und Kooperation der Unternehmen der Triade Japans, der USA und der Europäischen Union, die vorzugsweise untereinander globalen Technologieaustausch und Marktaufteilungen erstreiten und aushandeln. Die Opfer sind die Bedürftigen in den westlichen Ländern wie in den Entwicklungsländern, die nicht mehr mithalten können. »Weder die Rentabilität der Unternehmen eines Landes noch die Erfolge seiner Investoren tragen zur Verbesserung des Lebensstandards bei«, stellt Robert B. Reich fest: Er ermittelt, daß die 500 größten Unternehmen in den USA seit den 70er Jahren keinen zusätzlichen Arbeitsplatz geschaffen haben[43]. Gab es noch 1973 in den OECD-Ländern 11,3 Millionen Arbeitslose, davon 20 % Langzeitarbeitslose, so waren es Anfang der 90er Jahre 30 Millionen, davon bereits 50 % Langzeitarbeitslose.

In Lateinamerika, wo seit den frühen 80er Jahren mehr und mehr Volkswirtschaften, dem Beispiel Chiles folgend, auf einen neoliberalen »Austerity«-Kurs einschwenkten, ist im Laufe von zehn Jahren das Pro-Kopf-Einkommen massiv gesunken. Zwischen 1970 und 1989 fielen dort mehr als 70 Millionen Menschen in extreme Armut, sanken trotz der massiven Umorientierungen der Volkswirtschaften auf den Export die Handelsumsätze um 25 % und die Investitionsraten von 22,5 auf 16 % des Bruttosozialprodukts und ging der Anteil am Weltexport von 7,7 auf 3,9 % zurück[44]. Der Rückgang der Steuerquoten, die Schleifung der Sozialversicherung und die finanzielle Beschränkung der öffentlichen Sektoren – alles wurde mit der Steigerung der Wettbewerbsfähigkeit der Gesamtwirtschaft begründet. Ob in den westlichen Zentren oder in den südlichen Peripherien: Überall erfolgten eine Stärkung der Einkommenskonzentration und eine Steigerung der Arbeitslosigkeit. Trotzdem wird vom »chilenischen« oder »argentinischen Wirtschaftswunder« geredet, indem man die sozialen Opfer dieses Prozesses aus der Betrachtung ausblendet. Dies alles erfolgte mit einer Wirtschaftspolitik aus doktrinärem neoliberalen Guß, auferlegt durch die Weltbank und den Internationalen Währungsfonds mit ihren Kredit- und Zahlungsbedingungen, wonach die Senkung der Inflationsraten und der Staatsausgaben, Privatisierungen und die strikte Ausrichtung der Wirtschaft auf den Export das Maß aller Dinge sind. Durch den Wettbewerbsdruck des Weltmarkts sollten die Industrialisierung beschleunigt und ein effizienterer Ressourceneinsatz erreicht werden. In Chile ist zu verfolgen, wie der Export landwirtschaftlicher Produkte zwar steigt, die Beschäftigtenzahl und das Einkommen der Arbeiter dagegen sinken; die hemmungslose Umweltzerstörung erreicht beängstigende Ausmaße, die Ernährungslage der Mehrheit der Menschen verschlechtert sich. Allerdings können die Regierungen die Inflation erfolgreich stoppen[45].

Als »Raumüberwindung, Raumzerstörung, Raumklassifizierung« beschreiben Narr/Schubert diesen Prozeß der Ausdehnung globaler Ausbeutung und Ausräumung der Ressourcen und das gegenseitige Ausspielen der Menschen in Industrie- und Entwicklungsländern[46]. Die multinationalen Unternehmen wachsen aus ihrer nationalstaatlichen Sphäre heraus. »So kommt es«, schreibt Altvater, »daß in jeder Region der Weltmarkt präsent ist und umgekehrt jede Region ein Moment im funktionalen Raum des Weltmarkts ist.« Eine »Inwertsetzung« im Sinne des Weltmarkts vollzieht sich »rücksichtslos gegenüber gesellschaftlichen Strukturen und natürlichen Reproduktionsbedingungen«, so daß sich daraus letztlich eine »Außerwertsetzung« ergibt. Der Weltmarktprozeß »erscheint als ein Sachzwang, und daher ist er auch ideologisches Konstrukt. Diese ist aber beinharte Realität.«[47]

Die klassische Theorie des Freihandels stützt sich auf das Argument des »komparativen Kostenvorteils« zwischen Volkswirtschaften, die aufgrund unterschiedlicher natürlicher Produktionsbedingungen und Entwicklungsstadien auf jeweils bestimmte Produktionen spezialisiert sind und sich wechselseitig ergänzen. Als Grundannahme geht man dabei von einer Vielfalt der Produkte im wirtschaftlichen Konzert der Nationen und einem national gebundenen Kapital aus. Hier wird deutlich, warum das mit einem »Freihandel« der weltwirtschaftlichen Gegenwart nichts mehr zu tun hat: Das Kapital ist internationalisiert, nicht mehr Nationen sind die eigentlichen Wettbewerber, sondern transnationale Unternehmen, die auch keine länderspezifischen Produktionen und Spezialisierungen mehr anbieten. Die negativen Effekte eines Freihandels, der die sozialen und ökologischen Folgen bei anderen abladen kann, sind ja inzwischen evident:

- Menschen erscheinen nur noch als Produzenten und Konsumenten relevant;
- die Priorität der Kurzzeitkalkulationen setzt sich überall durch und hat die Tendenz zu Überproduktionen zur Folge;
- die Konzentration auf den Weltmarkt vernachlässigt die Entwicklung von Handwerk und Kleinindustrie für den heimischen Markt und macht die volkswirtschaftliche Basis instabil;
- die Bevölkerung wird in »integrierte« und »ausgeschlossene« Klassen gespalten – nicht mehr international wettbewerbsfähige Firmen, Städte, Nationen oder ganze Kontinente wie Afrika werden fallengelassen;
- die Landflucht schwillt an, Gesundheitsschäden nehmen zu, die natürlichen Lebensgrundlagen werden geopfert; die Handlungsfähigkeit öffentlicher Institutionen wird reduziert, und ein individuelles und kollektives Aggressionspotential wächst.

»Die ›liberale‹ Globalisierung«, so Samir Amin, »wird die Gegensätze reproduzieren und verschärfen und daher de facto die Völker der Peripherie dazu zwingen, die ihnen aufdiktierte Kompradorisierung auf eine Weise zurückzuweisen, die nur sehr massiv und gewaltsam sein kann. Das politische Denken im Westen kümmert sich indes nur um ein einziges Problem: um das Management des Unerträglichen.«[48]

Herman E. Daly, Wirtschaftswissenschaftler und in leitender Funktion in der Umweltschutzabteilung der Weltbank, sieht deshalb die Argumente für den globalen Freihandel »im Konflikt mit den drei grundlegenden Zielen jeder Wirtschaftspolitik: der wirksamen Allokation (Zuweisung), der gerechten Verteilung und der nachhaltigen Nutzung der Ressourcen«. Diese Ziele sind aber nur zu erreichen, wenn alle Kosten – einschließlich der sozialen Folgekosten und der Umweltschäden – in die Produktionskosten »internalisiert« werden. Wenn aber andere die Kosten »externalisieren«, ist »ein freier Wettbewerb zwischen Systemen mit unterschiedlicher Kosteninternalisierung äußerst ungerecht«. Daraus folgt ein Rennen um Externalisierungschancen, um komparative Kostenvorteile: »Eine nationale Wirtschaftspolitik, deren Preisgestaltung sämtliche Kosten wirksam erfaßt, soll gegen einen internationalen Wettbewerb, der mit schlechteren Standards operiert, geschützt werden.« Andernfalls »beschleunigt der Freihandel sogar das Tempo, mit dem der internationale Wettbewerb die Standards für Wirtschaftlichkeit, Verteilungsgerechtigkeit und ökologische Nachhaltigkeit senkt«. Für Daly sind die neoliberalen Globaltheoretiker unter den Wirtschaftswissenschaftlern, die dies nicht wahrhaben wollen, »für die Erde und ihre Bewohner zu einer Gefahr geworden«. Der globale Freihandel führe nicht »zur Integration, sondern zur Auflösung der Nationen«[49].

Trotz solcher Warnungen, trotz der immer alarmierenderen Arbeitslosigkeit und aller wissenschaftlichen Warnungen vor einem Ökozid der Menschheit, trotz aller Erkenntnisse, daß unter den Bedingungen multinationalisierter Unternehmens- und Wirtschaftsstrukturen der Freihandel zu einer globalen privatwirtschaftlichen Planwirtschaft unkontrollierbarer Akteure wird, dreht sich seit dem 1994 beschlossenen neuen Welthandelsabkommen das Rad noch schneller – obwohl man wissen kann und muß, daß dadurch um so mehr Menschen um so schneller herausgeschleudert werden. Statt die Gleise der Weltökonomie auszuwechseln, wird das Tempo beschleunigt. Die größte Zollsenkung der Wirtschaftsgeschichte wurde beschlossen: 38 % bei den Industriegütern der Industrieländer, 27 % bei den Entwicklungsländern. Der Agrarhandel wurde in den freien Welthandel erstmals voll integriert, mit Zollsenkungen von 30 % bei den Industrieländern und 24 % bei den Entwicklungsländern. Das Volumen des Welthandels soll dadurch um 25 % gesteigert werden. Ebenfalls erstmals einbezogen wurden Dienstleistungen und der Schutz geistigen Eigentums, also die weltweite Sicherung der Patente. Auch der Abbau nichttarifärer Handelshemmnisse gehört zum Abkommen, darunter das Verbot sogenannter »local-content«-Bestimmungen, also der Vermarktungsvorrang für heimische Produkte. Selbst öffentliche Ausschreibungen von nationalen Regierungen müssen nun internationalisiert werden, so daß es zum Beispiel verboten ist, mit öffentlichen Bauten gezielt heimische Arbeitsplätze zu fördern. Die Versuche der Clinton-Administration, in letzter Minute zollpolitische Abwehrmaßnahmen gegen ein Preisdumping aufgrund von Kinderarbeit oder gegen die Mißachtung anderer arbeitsrechtlicher Bestimmungen der Internationalen Arbeitsorganisation (ILO) zu erreichen, scheiterten. Zwar bleibt die Durchsetzung von Umweltnormen bei gewissen Produkten erlaubt, doch dürfen nationale Umweltauflagen für die Produktion von Waren nicht mehr von den Importeuren verlangt werden. Wohl gibt es noch Schutzklauseln gegen unfaire Handelsmaßnahmen – wenn etwa zu Preisen exportiert wird, die unter den Inlandspreisen des Produzentenlands liegen – oder gegen subventionierte Exporte: Auch wenn bestimmte Importe schnell überproportional ansteigen, können selektive Schutzklauseln erlassen werden. Aber diese sind zeitlich auf vier Jahre befristet. Darüber hinaus gibt es sogenannte Allgemeine Ausnahmen: bei Gefährdung nationaler Sicherheit, zum Schutz des Lebens und der Gesundheit von Menschen, Tieren und Pflanzen oder zum Schutz nationaler Kulturgüter. Aber diese müssen von der neugeschaffenen Welthandelsorganisation genehmigt werden, deren Entscheidung nur im Konsens aller Mitgliedsstaaten zurückgewiesen werden kann.

Das Abkommen wird als wichtigster Schritt zu globaler Integration und deshalb als friedensfördernd gefeiert, als Reinigungsbad von unproduktiven und nichtsnutzigen Elementen, sogar als bessere Chance für die Umwelt, weil dadurch gerade die produktivsten Verfahren überall ungehindert hingeliefert werden könnten. »Protektionismus« wurde zum selbstverständlichen Schimpfwort, als stehe das Ansinnen, etwas zu schützen, grundsätzlich und in jedem Fall für alles Rückständige, Fremdenfeindliche, Provinzielle und Verstaubte. Innerhalb der Europäischen Union gab es nur in Frankreich eine breitere kritische politische Debatte und auch im Europäischen Parlament, jedoch ohne öffentlichen Widerhall. Im Deutschen Bundestag gab es eine Erklärung von fünf Abgeordneten der SPD-Bundestagsfraktion, darunter auch ich, die ihre prinzipielle Ablehnung begründeten[50]. Eine Reihe weiterer Abgeordneter, vorwiegend aus dem Entwicklungshilfe- und dem Umweltausschuß, erklärten – trotz letztlicher Zustimmung – ihre schwerwiegenden Bedenken. Aber eine Zustimmung zum Welthandelsabkommen galt als so selbstverständlich, daß kein einziger im Parlament geäußerter Kritikpunkt in der Berichterstattung der Medien auch nur erwähnt wurde. Die Öffentlichkeit mußte den Eindruck haben, das Abkommen sei einstimmig vom Parlament begrüßt und ratifiziert worden. Offenbar funktioniert der fundamentalistische Verdrängungsmechanismus, was die sozialen Verwüstungen durch die Angebotsökonomie angeht, bereits perfekt. Sehr viel lebhafter war der Konflikt in der amerikanischen Öffentlichkeit, nachdem große Verbraucher- und Umweltorganisationen dagegen Front machten, und auch im amerikanischen Kongreß; 25 % der Senatsmitglieder, überwiegend von der Demokratischen Partei, stimmten gegen die Ratifizierung. Sie bezeichneten das Abkommen als »trade voodoo«; es werde nur zu niedrigerem Lebensstandard führen: »Wir sagen, alles in Ordnung, wenn ihr etwas produzieren wollt, bucht einen Jet, fliegt um den Globus, und seht nach einer Gelegenheit, zu den niedrigsten Kosten zu produzieren. Konkurriert, amerikanische Arbeiter. Wir sind ein Wettbewerbsteam zur Produktion von Schuhen, Hemden oder Kühlschränken. Unser Team konkurriert mit einem durchschnittlichen Stundenlohn zwischen 15,50 und 16 Dollar. Als ein internationaler Produzent hast du die Möglichkeit, dafür einen Amerikaner anzustellen oder 23 Filipinos oder 42 Inder oder 82 Chinesen. Wie wirst du entscheiden?«[51] Dem wurde von den Befürwortern des Abkommens entgegengesetzt: »Firmen und Arbeiter, die Arzneimittel, Unterhaltung, Software und andere Produkte anbieten, erhalten einen neuen Schutz für ihr geistiges Eigentum. Für Exporteure von Dienstleistungen in den Bereichen Buchführung, Beratung, Computereinrichtungen, Tourismus, Ingenieurplanung und Konstruktion wird der internationale Markt geöffnet. Das Abkommen erleichtert das Austragen von Handelsstreitigkeiten, das alle Länder den gleichen Regeln unterwirft.«[52]

Die Gründe für das Welthandelsabkommen sind beschönigend und widersprüchlich zugleich:

- Die pauschale Abwertung von »Protektionismus« wird den damit verbundenen Problemen in keiner Weise gerecht: Zwar kann Protektionismus ein Instrument zur rücksichtslosen Durchsetzung eigensüchtiger Interessen sein, wie etwa das »Bananendiktat« der Europäischen Union. Durch diese

Abmachung wurden französische Überseegebiete, die offiziell zur Union gehören, privilegiert, gleichzeitig stürzt es Bananenbauern in anderen Ländern in eine existentielle Krise[53]. Aber es gehört auch zu den wirtschaftsgeschichtlichen Grunderkenntnissen, daß eine nationale Volkswirtschaft, die sich erst entwickelt und Produktivitätsnachteile hat, dafür einen Zollschutz braucht. Nur multinationale Unternehmen können dafür aus ihrer Interessenlage heraus kein Verständnis aufbringen.

- Die Liberalisierung wird als Hilfe für die »Entwicklungsländer« hingestellt, obwohl man gleichzeitig zugibt, daß die »Industrieländer« die größeren Wachstumsvorteile haben werden. In anachronistischer Weise spricht man immer noch von »Ländern« als Vorteilsnehmern, obwohl es doch in erster Linie die multinationalen Unternehmen sind, deren globale Diversifizierung sowohl in Industrieländern wie auch in den Entwicklungsländern die sozialen Negativfolgen produzieren, so daß in der Tat »Wohlstand für niemand«[54] zu erwarten ist – es sei denn für die verbleibenden Beschäftigten der multinationalen Unternehmen und für deren Dienstleistungsanbieter. Das Welthandelsabkommen steigert die Gefahr, daß nationale Arbeitsrechte und Umweltschutzbestimmungen, nicht zuletzt durch den Druck der globalen Wettbewerber des eigenen Landes, ausgehebelt werden. Wenn die Staatseinnahmen aus den Umsätzen multinationaler Unternehmen sinken (zum Beispiel sind die Steuerleistungen von BMW und Mercedes-Benz in Deutschland drastisch zurückgegangen), aber gleichzeitig die Staatsaufgaben zur Behebung sozialer und ökologischer Folgeprobleme drastisch zunehmen, sind der finanzielle Kollaps des Staates und wachsende soziale Spannungen vorprogrammiert. So wird durch das Welthandelsabkommen das »Sozialdumping« eindeutig gefördert.
- Das Scheinargument, daß der freie Welthandel die globale Ökologie aufgrund einer globalen Produktivitätssteigerung fördern könnte, ist dadurch widerlegt, daß die produktiveren Länder die größten Umweltverschmutzer sind. Zwar operieren sie verhältnismäßig produktiver, das heißt sparsamer, mit

Energie und Rohstoffen als rückständige Produzenten, dafür setzen sie aber wesentlich mehr Produkte um, so daß die gesteigerte Quantität – an Autos oder Geräten – die qualitativen Verbesserungen zunichte macht. Ökologische Ziele werden dadurch konterkariert, daß aufgrund niedriger Zölle die Beschaffung von Energie und Rohstoffen billiger wird, deren Förderung und Umwandlung ja erst die Umweltprobleme hervorrufen. Die Steigerungsprognose für den Welthandel um 25 % bedeutet gleichzeitig eine massive Zunahme der Verkehrsströme – mit allen damit verbundenen globalen ökologischen Konsequenzen, insbesondere durch die Zuwachsraten im Frachtflugverkehr –, und die rapide Zunahme des Flugverkehrs ist die am ehesten hochgehende Zeitbombe für die Ökosphäre. Gleichzeitig verwässert das Welthandelsabkommen, wie gezeigt, internationale Umweltschutzabkommen. Dem »Umweltdumping« wird also nicht nur durch die weitere Öffnung des Welthandels, sondern auch völkerrechtlich eine Brücke gebaut.

– Das Argument, die Billiglohnländer hätten Produktivitätsnachteile, womit sich die Gefahr der Verlagerung von Produktionsstätten wegen ihrer billigen Arbeitskräfte entschärfe, läßt die Möglichkeiten zur Produktionsdiversifizierung der multiterritorial à la carte produzierenden Unternehmen außer acht. Das andere Argument gegen die Gefahr eines uferlosen Lohndumpings, daß die Industriearbeiter in der Dritten Welt alsbald Lohnerhöhungen durchsetzen würden, übersieht, daß die industriellen Reservearmeen in der Dritten Welt durch die Landflucht und die Bevölkerungsexplosion täglich größer werden. Die Möglichkeiten, Lohnerhöhungen durchzusetzen, bleiben angesichts dessen begrenzt. Daß im übrigen Diktatur und Kapitalismus unvereinbar seien, weshalb dieser auch in China die Demokratie bringe, ist nicht mehr als ein frommer Wunsch. Das neue China, Südkorea und Singapur sind eher Beispiele für einen Kasernenkapitalismus. Selbst Japan, das bis heute eher eine Semidemokratie ist, ist ein Gegenbeispiel.

Wenn es eine Wahrscheinlichkeit gibt, daß der Prozeß der Produktionsverlagerung in diese Länder gestoppt wird oder rückläufig werden könnte, dann liegt diese in blutigen Unruhen in der Dritten Welt, die diesen Wirtschaftsstandort unsicher machen – Unruhen, die wiederum auf die westlich geprägten Ansätze zurückgehen, diese Länder in einen asozialen Kapitalismus zu treiben.

Die gravierendste reaktionäre Utopie des Welthandelsabkommens dürfte aber in der Übertragung der Prinzipien des freien Welthandels auf die landwirtschaftlichen Produkte liegen – in Verbindung mit der neuen Entwicklung im Patentrecht, nach der biotechnologische Erkenntnisse über die Verwertung von Tier- und Pflanzengenen in zunehmendem Maße patentiert werden:

Die Patentierung der Welt

Die Entwicklung im Patentrecht ist schon lange über die weise Entscheidung des Obersten Gerichtshofs der USA aus dem Jahr 1948 hinweggegangen, der die Entdeckung über verwertbare Eigenschaften der Natur für nicht patentierungsfähig erklärte. Diese seien »part of the storehouse of all men. They are manifestations of laws of nature, free to all men and reserved exclusively to none.« Noch in einer europäischen Patentvereinbarung von 1973 wurden Tierarten und Pflanzenarten von der Patentierungsmöglichkeit ausgenommen. Doch seit den 80er Jahren verstärkte sich der Druck aus Unternehmen, Ergebnisse gen- und biotechnologischer Forschung patentierbar zu machen. Dabei wird der Unterschied zwischen Erfindung und Entdeckung verwischt: Es handelt sich hier nicht um technische Erfindungen, sondern um Entdeckungen der Wirkungsweise von DNA-Reihen und genetischen Bauplänen, mit denen Organismen genetisch verändert werden können. Indem man die von der natürlichen Evolution entwickelten Ressourcen patentiert, wird einer verhängnisvollen Entwicklung Tür und Tor geöffnet: Multinationale Unternehmen, die als einzige die finanziellen und organisatorischen Möglichkeiten zur rechtlichen Sicherung solcher Verwertungserkenntnisse und zur Durchsetzung von Verwertungsrechten im globalen Maßstab haben, privatisieren den natürlichen Reichtum der Welt.

Die Entstehung von Saatgut- und Tierkeimmonopolen – vermittelt über die gentechnische Manipulation von Saatgut (so daß sie nur noch Einjahrespflanzen erzeugen, die aber selbst kein eigenes Saatgut mehr hervorbringen) oder über die exklusive Monopolisierung gentechnisch veränderter männlicher Keimerzeuger, die zum Betriebsgeheimnis der Unternehmen gehören – muß zu einer globalen Kolonialisierung der Landwirtschaft durch multinationale Unternehmen führen, die alle früheren kolonialen Abhängigkeiten weit in den Schatten stellt. Das ist gleichbedeutend mit einer weltweiten Enteignung der Bauern. 1980 hat das oberste amerikanische Gericht erstmals in einem konkreten Fall entschieden, daß ein genetisch veränderter Organismus patentiert werden dürfe, wobei es sich noch um Mikroben handelte. 1988 erfolgte der weitergehende Schritt über die Patentierung der gentechnisch entwickelten »Harvard-Krebsmaus«; inzwischen ist die Entwicklung schon bei der Patentierung menschlichen Erbguts angelangt[55]. Das bedeutet, daß unveräußerliches Menscheneigentum durch Patentinhaber in Besitz genommen wird. Wenn aber nicht einmal der Mensch sich mehr selber gehört, ist dies der denkbar folgenreichste Eingriff in die individuellen Menschenrechte, und er wird durch das Welthandelsabkommen mit seinem garantierten Schutz auch solcher Verwertungsfreiheiten prinzipiell leichter gemacht.

Noch ist nicht endgültig entschieden, ob sich die Patentierung natürlicher Organismen politisch durchsetzen wird. Das Europäische Parlament stimmte in einer spektakulären Entscheidung im Jahr 1995, trotz massiven Drucks der Kommission und der Industrie, gegen eine entsprechende Patentrichtlinie. Doch man kann sicher sein, daß der Druck zunehmen wird, der sich auf das pragmatische Argument stützt, die europäische Industrie werde entscheidende Wettbewerbsnachteile haben, wenn in den USA, Japan oder anderswo – nunmehr gedeckt durch das Welthandelsabkommen – die Unternehmen exklusive Verwertungsrechte erwerben können und für diesen Zweck ihre Forschungsanstrengungen verstärken. Man droht mit der Abwanderung der Industrie, damit sich die politischen Institutionen dem Sachzwang beugen. Dabei geht es nicht allein um die Landwirtschaft, sondern – je mehr die bisherigen Rohstoffe zur Neige gehen, und je mehr die natürlichen Ressourcen genutzt werden – um die industrielle Rohstoffbasis der Zukunft. Mit der Patentierung dieser Ressourcen hat die globale Unterwerfung unter multinationale Unternehmen erst begonnen.

Vor dem größten Bauernsterben der Geschichte

Die Liberalisierung der Agrarmärkte wird den Anpassungsprozeß der Landwirtschaft in der Dritten Welt an die sogenannte moderne Landwirtschaft – mit ihrem Einsatz von chemischen Düngemitteln, von Pestiziden und produktiven Maschinen – massiv beschleunigen. Dies wird schon deshalb eintreten, weil vor allem der Bewegungsspielraum der Agrarmultis verbreitert worden ist, in deren Hand die internationale Vermarktung ist. Mehr als drei Milliarden Menschen in der Dritten Welt leben von der Landwirtschaft. Es ist damit zu rechnen, daß bei einer Intensivierung dieser Landwirtschaft nach westlichem Muster wahrscheinlich zwei Milliarden ihre landwirtschaftliche Existenzbasis verlieren[56]. Bereits heute gibt es über 100 Millionen obdachlose Wanderarbeiter in China, die ihre Dörfer verlassen haben. Im Oktober 1993 demonstrierten im indischen Bangalore 500 000 Bauern gegen das neue Welthandelsabkommen, was in den westlichen Medien kaum wahrgenommen wurde, weil es das schöne Bild dieses Abkommens stört. José Lutzenberger: »Wir sind heute nahe an die sechs Milliarden Menschen. Jedes Jahr kommen über hundert Millionen hinzu. Davon leben noch über drei Milliarden in traditionellen sozialen Strukturen. Wenn davon auch nur eine Milliarde entwurzelt wird, was bei der Fortsetzung der jetzigen globalen Wirtschaftspolitik sicher ist, werden die Folgen in absehbarer Zeit katastrophal sein. Es wird zu Völkerwanderungen in unaufhaltbaren Ausmaßen kommen. Die Zeichen sehen wir bereits überall. Die Technokratie hat noch nicht begriffen, wie selbstmörderisch, auch für sie, ihr Vorgehen ist.«[57]

Das größte Bauernsterben der Geschichte, sowohl in der Dritten Welt als auch in den Industrieländern, erhält vor allem wegen der Liberalisierung des internationalen Agrarhandels eine massive Schubkraft. Länder, die entweder weniger Sonneneinstrahlung oder weniger Wasser als andere haben – oder die mit ihren landwirtschaftlichen Produkten auf dem internationalen Agrarmarkt nicht mithalten können –, gefährden ihre landwirtschaftliche Produktionsbasis und verlieren damit das Wissen von Hunderten von Millionen Menschen über den Umgang mit der Natur. Generell ist es fundamentalistisches wirtschaftslibertäres Denken, landwirtschaftliche Produkte mit Industrieprodukten gleichzusetzen – denn der landwirtschaftliche Boden kann nicht vermehrt werden, und die Produktionsstätten können zwar aufgegeben, aber nicht verlegt werden.

Kolonialisierung der Gesellschaften durch multinationale Unternehmen

Mit dem Welthandelsabkommen ist eine Entwicklung der Weltwirtschaft kodifiziert worden, die »alle Schwänze so fest zusammenbindet, daß der internationale Knoten mit den einzelnen Hunden wedeln kann«[58]. Die Gesellschaften werden zu einer permanenten Beschleunigung ihrer Wirtschaftsaktivitäten angetrieben, zu einem Dauerlauf wirtschaftlichen Überlebens, in dem es stets scheinbar um alles – das heißt: Überleben durch Mithalten – oder nichts – das heißt: Stagnation in der Produktivitätsentwicklung – geht. Die Gesellschaften hetzen sich gegenseitig, ohne Pause, und immer mehr bleiben auf der Strecke. Keine Gesellschaft kann unter diesen Bedingungen noch zu innerer Ruhe kommen, alle müssen sie zwangsläufig instabil werden. »Wettbewerbende Fundamentalisten sind aggressiv in ihrer Theorie, blind in ihrem Ansatz und sektiererisch in ihren Wertungen und Urteilen«, so die »Gruppe von Lissabon« in ihrer Streitschrift für »Limits to Competition«[59]. Das Teuflische an diesem Teufelskreis ist, daß der »Sachzwang Weltmarkt« die Politik und ihre Gesellschaften in diese Richtung domptiert. Das fundamentalistische Syndrom zeigt sich darin, daß die Chefmanager dieser Korporationen auch die Cheflenker der Politik und die Chefideologen der Gesellschaft geworden sind. Immer mehr Regierungen verstehen ihre Aufgabe darin, sich selbst als politische Manager dieser Art von Wirtschaft zu verstehen und ihr Land – wie es Clinton ausdrückte – zu verstehen »like a big corporation competing in the global market place« – was Paul Krugman eine »gefährliche Obsession« nennt[60].

Selbstverständlich ist es nicht möglich, die Zwänge des Weltmarkts und seine zentralen Motoren zu ignorieren. Aber gerade deshalb gilt es, Alternativen gegen den »Götzendienst des Tatsächlichen« (Nietzsche) zu entwickeln. Ein Gegensteuern zugunsten allgemeiner Interessen ist sehr viel schwieriger geworden und erfordert teilweise völlig neue politische Antworten. Doch rechtfertigt das nicht die vorauseilende Anpassung an diese Art der »Modernisierung«, in der unter Neoliberalismus ein libertärer Freiraum für internationalisierte private Wirtschaftsmacht verstanden wird, selbst wenn dabei die Gesellschaft die Kontrolle über sich selbst verliert.

Es ist ohnehin eine völlig offene Frage, ob diese neue Ordnung nicht nach kurzer Zeit wie ein Kartenhaus in sich zusammenfällt. Schon haben sich regionale gemeinsame Märkte gebildet, mitausgelöst durch den europäischen Binnenmarkt, unter anderem die Nordamerikanische Freihandelszone (NAFTA), der Gemeinsame Markt im Süden Lateinamerikas (MERCOSUR), die Freihandelszone in Südostasien (AFTA) und die Südasiatische Vorzugshandelsvereinbarung (SAPTA). Auch die GUS-Staaten versuchen, sich zu einem solchen Wirtschaftsraum zu entwickeln. Daneben gibt es kleinere Weltregionen, die ähnliches versuchen. Außer bei der NAFTA, in der die USA und Mexiko als entwicklungsungleiche Partner zusammengeschlossen sind, handelt es sich um Wirtschaftsräume mit ungefähr gleichen Entwicklungsstufen ihrer Mitglieder. Vielleicht kann man in solchen Ansätzen die Vorboten für den Zerfall eines für die Menschheit untragbaren Systems erkennen – einer Weltwirtschaft, die mit ihrer fundamentalistischen Doktrin auch ihre Hochburgen ruinieren wird. Die entscheidende Frage ist, ob dieses selbstzerstörerische System rechtzeitig von einer tragfähigen Alternative abgelöst wird oder ob dies alles in einem unumkehrbaren Chaos endet, das systemimmanent produziert wird.

Das Absterben des Staates, neue Barbarei und Kampf der Kulturen?

Es gehörte zu den marxistischen Utopien, daß am Ende der Entwicklung zu einer klassenlosen Gesellschaft der Staat absterben werde: »An die Stelle der alten bürgerlichen Gesellschaft mit ihren Klassen und Klassengegensätzen tritt eine Assoziation, worin die freie Entwicklung eines jeden die Bedingung für die freie Entwicklung aller ist« – so der Schlüsselsatz des Kommunistischen Manifestes von Karl Marx und Friedrich Engels aus dem Jahr 1848. Das war das gedachte linke »Ende der Geschichte«. Heute haben die wirtschaftslibertären Globalspieler den marxistischen Slogan übernommen und provozieren ein Absterben des Staates aufgrund extremer Ungleichheit der Menschen und der Marginalisierung von Staatsfunktionen.

Die gesellschaftliche Entwicklung stehe, so Rosa Luxemburg am Beginn des 20. Jahrhunderts, vor den Alternativen »Sozialismus oder Barbarei«. Ein solcher Gegensatz kann heute nicht mehr so eindeutig formuliert werden, weil es im Verlaufe des Jahrhunderts auch barbarische Versuche sozialistischer Provenienz gegeben hat und weil angesichts dieser Erfahrungen unklarer ist denn je, was man sich unter »Sozialismus« vorzustellen habe. Der Begriff hat sich durch zu viele unterschiedliche, darunter unwürdige Träger und Ideenkonstrukte abgenutzt – ebenso wie die anderen zentralen politischen Ideenbegriffe der spannungsgeladenen Neuzeit. Doch stellt sich heute der Satz von Rosa Luxemburg in viel schärferer und umfassenderer Weise: Kann sich das, was mehrere Generationen aufgebaut haben – der demokratische Verfassungsstaat und ein humanitäres Völkerrecht – gegen Entwicklungen behaupten, die die Menschheit von Staaten »befreien«, in denen demokratisch ermittelter Wille kaum mehr Durchsetzungschancen hat und die die Lebenschancen potentiell der gesamten Menschheit opfern. Wir stehen am Kreuzweg von humanitärer Demokratie oder Barbarei.

Die Frage, wie sich die Egoismusideologen mit dem Bedürfnis der Menschen auseinandersetzen, nicht nur als Einzel-, sondern auch als gemeinschaftliche Wesen zu leben, wird zuwenig beachtet. Der klassische reaktionäre Ansatz besteht darin, die nicht mehr befriedigten sozialen Kollektivbedürfnisse durch aggressiven Chauvinismus gegenüber Andersdenkenden ersatzweise zu befriedigen. In anderen Regionen der Welt dagegen geht es um die Wiedererweckung eines ethnischen Nationalismus, der auf der Stammeszugehörigkeit basiert und für den bis aufs Blut gekämpft wird, siehe Jugoslawien. Wieder anderswo sind es Großsekten in Form von neuen totalitären Religionsbewegungen – wie in der islamischen Staatenwelt oder in Indien – oder auch die aus dem Boden schießenden zahllosen Kleinsekten der westlichen Welt, die in Ku-Klux-Klan-Manier einen staatsähnlichen Totalanspruch nicht nur gegenüber ihren Mitgliedern, sondern mit terroristischen Methoden auch gegenüber der Gesamtgesellschaft entwickeln.

Alle diese pervertierten Gemeinschaftsformen sind Elemente des Niedergangs zivilisierter Staatsgesellschaften; sie tragen zur Auflösung von Gemeinschaftsinstitutionen bei, die die Garanten für gerechte Verhältnisse und inneren und äußeren Frieden sein müssen. Selbstverständlich sind sie nicht sämtlich Folgen der wirtschaftslibertären Formierung der Weltgesellschaft, aber sie erhalten von dieser direkt oder indirekt neue Motivationen und Stimulierungen. In welchem Ausmaß barbarische Exzesse schon toben, zeigt sich vor allem an der aktuellen Springflut lokaler Kriege. Von den gegenwärtig etwa hundert geführten Kriegen sind nach einem Bericht des Club of Rome schon zwei Drittel auf die Erschöpfung natürlicher Ressourcen und den Kollaps der Sozialsysteme zurückzuführen, also auf sozial verantwortungsloses Wirtschaften[61].

Zehn Millionen obdach- und elternlos streunende Kinder in Brasilien; die Todesschwadronen, die dort bettelnde Kinder vor den Luxushotels abknallen oder die, wie der Internationale Bund freier Gewerkschaften berichtet, Gewerkschafter foltern und ermorden; die Killerbanden in der ehemaligen Sowjetunion; Kinder, die für lukrativen Organhandel ausgeschlachtet oder getötet werden – all dies erfahren wir täglich ebenso wie die Staatsauflösungen in Clansysteme mit den Menschenschlächtereien in Ruanda, Burundi oder Angola. Die Keimlinge der neuen Barbarei sind längst in den westlichen Festungen gesetzt, sei es durch die sich seuchenartig ausbreitende organisierte Kriminalität, sei es durch den Verfall der Großstädte, durch verwahrlosende Menschenmassen, die sich ihrer Haut zu wehren beginnen, oder sei es durch Sekten wie in Japan, die sich mit Chemiewaffen- und Atomterrorismus auf das letzte Gefecht vorbereiten. Der Unterschied zwischen solchen Sekten, die dem nach ihrem Glauben bevorstehenden Untergang der Menschheit mit Massenvernichtungsmitteln vorgreifen wollen, und den hypertrophen »Hohenpriestern der Atomabschreckung« in den USA, die mit der Parole »Freiheit oder Atomtod« und unter Berufung auf die biblische Schlacht bei Armageddon in der Reagan-Ära die Menschheit auf ein göttliches Gericht vorzubereiten versuchten, ist nicht groß.

Legale Barbarei

Daß die Ozonschicht zerstört wird – mit den Folgen von Hautkrebs –, weil angeblich der Einsatz von Ersatzstoffen oder der Verzicht auf diese Stoffe wirtschaftlich nicht allen zugemutet werden könne, gehört in die Kategorie legaler Barbarei. Heute bedeutet dies faktisch Hausarrest für Kinder in Australien und Neuseeland, da sie wegen des Hautkrebsrisikos nicht länger als ein paar Minuten unter freiem Himmel sein dürfen, morgen wird das in weiteren Ländern der Fall sein. Zu legaler Barbarei gehört ebenso, wie sich die westlichen Industrie- und Finanzoligopole auf die Massenmärkte in China und Indien stürzen, wo insgesamt ein Drittel (!) der Menschheit lebt, die jetzt in die Kopie des westlichen Wachstums mit seinen Energieverbrauchsstandards einerseits drängen und andererseits gelockt werden. Die weinerlichen Begründungen der westlichen Welt, daß sie ihre die Ökosphäre zerstörenden wirtschaftlichen Strukturen angeblich im Interesse aller nur sehr langsam ändern könne, erweisen sich als eine dreiste Täuschung: Tatsächlich giert der Westen mit der Massenmotorisierung in Südasien und Südostasien, mit dem Verkauf von Atom- und Kohlekraftwerken auf das größte Geschäft der Wirtschaftsgeschichte. Ungerührt von den Empfehlungen der Weltklimakonferenzen wird der zerstörerische Einsatz herkömmlicher Energien fortgeschrieben, so daß bis zum Jahr 2010 die globalen Energieemissionen nochmals um 50 % gesteigert sein werden.

Die Opfer dieser Entwicklung haben immer weniger Grund, ihre Situation danach zu bewerten, ob die jeweiligen Urheber legal oder illegal operieren oder ob sie demokratisch legitimiert sind. Wenn die Legalität offensichtlich unverantwortliche Entwicklungen erlaubt, geht die Legitimationsgrundlage eines politischen Systems verloren – ebenso wie ein Treueeid auf ein verbrecherisches System nicht mehr gilt. Wer keinen existentiellen Rechtsschutz mehr bekommt, akzeptiert letztlich auch keine Rechtsverhältnisse mehr. Wenn aber der legale Rahmen nicht mehr den legitimen Bedürfnissen allgemeinen Überlebens gerecht wird, muß er verändert werden. Wenn er nicht mehr verändert werden kann, wird er zerbrechen, selbst wenn alle daran festhalten wollten.

Die begrenzten Gesetzesverletzungen, wie sie Aktivisten von Greenpeace, Robin Wood oder der britischen Sea Shepards praktizieren, stoßen – völlig zu Recht – auf große Sympathie in großen Teilen der Bevölkerung, weil sie sich gegen zwar legale, aber ethisch illegitim gewordene Strukturen richten. Bilden sich die Weltkonzerne, wenn sie die Saatgüter und die Patente über natürliche Ressourcen flächendeckend monopolisiert haben, tatsächlich ein, sie könnten die Regierungen der Dritten Welt auf Dauer dafür einspannen, *für* internationale Monopolisteninteressen *gegen* die eigene revoltierende Bevölkerung vorzugehen? Die Institutionen werden weggefegt und mit ihnen die internationale Rechtsordnung, falls sie nicht grundlegend geändert wird – und falls dies nicht rechtzeitig geschieht.

Neues Mittelalter und fundamentalistischer »Kampf der Kulturen«?

Von der Gefahr eines »neuen Mittelalters« spricht Alain Minc: »Wir haben die Folgen einer ökonomischen Entscheidung kennengelernt, die wir als Mitglieder des riesigen Mittelstandes aus reinem Egoismus getroffen haben: Bewahrung unseres Lebensstandards auf Kosten Millionen Ausgeschlossener. Nachdem wir das Pharisäertum auf die Spitze getrieben hatten, hofften wir, diese Untergesellschaft bliebe besonnen.« Durch die weitere Globalisierung dieses Egoismus werden es Milliarden Ausgeschlossener. Wenn wir gleichzeitig bedenken, daß die meisten zivilisatorischen Brüche in einem kurzen Zeitraum von ungefähr 20 Jahren eingetreten sind, dann läßt sich daran die potentielle Geschwindigkeit weiterer und größer werdender Brüche ablesen. »Wenn den einzelnen Staaten nicht ein Minimum an Fortbestand und eigener Identität gewährt wird,... braucht man gar nicht erst lauthals nach politischer Kühnheit und Vorstellungsvermögen zu schreien. Diese setzen nämlich noch handlungsfähige Spieler und einen ideologischen Korpus voraus, der in der Lage ist, sie zu stützen: Gibt es ihn noch zu einem Zeitpunkt, wo wir intellektuell den Eindruck haben, das Ende der Moderne zu erleben?«[62] Das Ende dieser Moderne ist die militante wirtschaftslibertäre Formierung der Weltgesellschaft, die sich nicht vorstellen kann oder will, daß trotz so viel intelligenten und weltumspannend eingesetzten technischen Fortschritts ein Fall ins Bodenlose eintreten wird, weil die Technologien vor allem für eine effektivere Durchsetzung asozialer Interessen eingesetzt werden.

»Unzulänglichkeiten« der westlichen Demokratie beruhen nach Auffassung des eingangs zitierten Fukuyama »auf einer unzureichenden Verwirklichung von Freiheit und Gleichheit, den beiden Grundprinzipien der modernen Demokratie«. Mit der fundamentalistischen Praktizierung wirtschaftslibertär verstandener Freiheit, die zu einem exklusiven Recht von Weltkonzernen in den und über die Staaten ausgeartet ist, sind beide Grundprinzipien in Frage gestellt. Was daraus entsteht, hat nichts mehr mit »Unzulänglichkeiten« zu tun, sondern führt zu einem Delirium der politischen Ordnung. Wenn Fukuyamas These von der Vollendung der Geschichte durch das Modell der westlichen Demokratie falsifiziert wird, dann vor allem, weil seine Grundannahme immer weniger zutrifft: daß der Westen gefeit sei gegen »fundamentale Widersprüche«.

Das Merkmal einer fundamentalistischen Einstellung, daß man die eigenen Irrationalismen nicht wahrnimmt, findet sich auch in der These des amerikanischen Politikwissenschaftlers Samuel P. Huntington wieder, die künftigen Konflikte in der Weltpolitik würden nicht mehr in der Auseinandersetzung zwischen Staaten, sondern im »Kampf der Kulturen«[63] ausgetragen: »Der mächtige Westen steht einem Nichtwesten gegenüber, der zunehmend den Wunsch, den Willen und die Möglichkeit besitzt, die Welt auf nichtwestliche Weise zu formen.« Der Westen, neben dem es nur noch fünf andere größere Kulturkreise gibt, müsse deshalb darauf achten, daß er seine militärische Weltpräsenz erhalte, die ihm am nächsten stehenden Kulturkreise wie Rußland und Japan durch enge Kooperation einbinde und eine militärische Erstarkung anderer möglichst verhindere. Es gelte, »innerhalb anderer Kulturen jene Gruppen zu unterstützen, die westlichen Werten und Interessen zuneigen«, und – nicht zu vergessen – »Unterschiede und Konflikte zwischen konfuzianischen und islamischen Staaten zu nutzen«.

Daß diese Kulturkreise möglicherweise wieder eine besondere Rolle in der internationalen Politik spielen, soll nicht bestritten werden. Doch ist es von entscheidender Bedeutung, wie man dies interpretiert. Es handelt sich dabei offensichtlich um – gut zu verstehende – Bemühungen in diesen anderen Kulturkreisen, die eigene kulturelle Identität zu behaupten beziehungsweise wiederzufinden. Dies gilt auch für den islamischen Fundamentalismus[64]. Die Gründe liegen in den Erfahrungen dieser Kulturen mit dem westlichen Egoismus, auch und besonders nach dem Ende der Kolonialepoche. Er nimmt die westlichen wie die anderen Kulturen als weitgehend geschlossene Werte- und Interesseneinheiten und bedenkt nicht, daß die bessere Konfliktvermeidung für den Westen vielleicht darin bestehen könnte, seine ausbeuterische Rolle im internationalen Maßstab zu beenden. Die meisten Konflikte, die wie neue internationale Kulturkämpfe aussehen, sind soziale Konflikte. Die Rückbesinnung auf kulturelle Identitäten ist als ein sozialer Selbstschutz zu verstehen. Regierungen, die das fördern, nutzen diese Tendenz jedoch großenteils dazu, die kulturelle Tradition als Herrschaftsmittel nach innen gegenüber Demokratisierungsanstrengungen einzusetzen, und mißbrauchen sie damit, wie das zum Beispiel bei den feudalistischen arabischen Ölstaaten der

Fall ist. Dabei machen kulturkämpferische Denkansätze – interessanterweise stellen sie sich mehr auf »Kampf« statt auf Kooperation ein – aber ihre politische Rechnung ohne die sozialen Explosionen, die von der wirtschaftslibertären Weltökonomie systematisch produziert werden. Dies ist nicht nur im Westen so, sondern auch in den anderen Kulturräumen. Deren Bemühungen um die Bewahrung ihrer kulturellen Identität stehen im eklatanten Widerspruch zu ihren Kopierversuchen des wirtschaftslibertären Modells. Was die westlichen nichtökonomischen Kulturmerkmale zerstört, wird die der anderen Kulturen ebenso zerstören.

Versuche, die ökonomistische Zerstörung gewachsener sozialer und natürlicher Lebensräume durch ethnozentrische Kulturideologien zu kompensieren, müssen in reaktionäre Gemetzel münden, die nicht nur ans Mittelalter erinnern, sondern an gänzlich vorzivilisatorische, archaische Formen des Überlebenskampfes.

Ingomar Hauchler beschreibt in »Globale Trends 1995«, daß sich in anderen Kulturen der Widerstand gegen den Westen verstärke, weil dessen ökonomisches und politisches System die »Grundbedürfnisse in anderen Kulturen nur beschränkt erfüllen kann«, vor allem weil sich das Gewicht der westlichen Grundwerte »einseitig auf eine materielle Orientierung hin verschoben hat« – statt diese »in einer neuen historischen Lage, die durch Globalisierung und brennende Natur gekennzeichnet ist«, neu zu bewerten[65].

»Die Welt wird eins. Die Welt verfällt. Fraglich ist, welche Tendenz obsiegt, ob die Horrorvision eines Weltbürgerkriegs ein bloßer Alptraum bleibt«, so Frank Niess in seiner Betrachtung »Eine Welt oder keine«[66]. Die Horrorvision ist nur zu verhindern durch politische Träger, die sich des Ausmaßes und der Tiefe der sozialen und ökologischen Weltkrise bewußt sind und gegen diese eine für die gesamte Menschheit tragfähige Alternative setzen. Die tragenden politischen Kräfte im Westen sind aber gegenwärtig nicht nur weit davon entfernt, sondern sind selbst dabei, sich dem westlichen Fundamentalismus hinzugeben.

Teil II
Die Auflösung des Politischen

Wenn wir den Mainstream der westlichen Gesellschaften betrachten, dann ist das eigentlich Bemerkenswerte, daß er sich angesichts einzigartiger Gefahren und höchst dringlicher substantieller Veränderungen so ruhig verhält. Es hat nicht einmal den Anschein, daß es eine Ruhe vor dem politischen Sturm ist, eher wirkt es wie ein fatalistisches Sichfügen ins Unabänderliche. Trotz vieler Zündversuche an vielen Stellen, mit frischen Ideen und Engagement, springt kein Funke über und kein Motor an, der eine breit getragene Alternative antreiben könnte. Wenn aber der Gesellschaft die Motivation und die Fähigkeit verlorengehen, aus sich selbst heraus die notwendigen Strategien zu ihrer Erhaltung zu entwickeln, dann ist die Menschheitsgeschichte über kurz oder lang zu Ende.

Erstmals seit Beginn des Industriezeitalters erleben wir, daß es trotz laufender Verschlechterungen der sozialen Lage keinen Massenprotest gibt, der die Gesellschaft aufwühlte. Statt daß die Parteien der klassischen sozialen Bewegung Zulauf erhielten, sind sie überwiegend ideologisch eher in der Defensive, stagnieren oder verlieren sogar an Rückhalt. Nahezu überall versuchen auch die Parteien, allerdings mit unterschiedlichstem Erfolg, sich dem Mainstream der Gesellschaft anzuschließen. Nur dann scheint es ihnen noch möglich, Mehrheiten zu gewinnen. Aber gleichzeitig kann man sich eine Perspektive für eine neue soziale Zukunftsbewegung kaum noch vorstellen. Denn dieser Mainstream ist es ja gerade, der sich – von der wirtschaftslibertären Hegemonie gesteuert – offenbar unausweichlich auf den Abgrund zubewegt. Ohne eine neue zündende Idee, die vor allem der Jugend eine politische Motivation für ein dauerhaftes gesellschaftliches Engagement vermittelt und die auch den Mainstream der Gesellschaft erfaßt, ist das weitere Dahinsiechen des demokratischen Staates nicht aufzuhalten.

Damit stellt sich die Frage nach dem Zustand der gegenwärtigen politischen Träger, das heißt der Leute, die die politische Willensbildung organisieren, die planen, entscheiden und umsetzen. Eine Bedingung für politisches Handeln ist die Erarbeitung von politischen Programmen. Das ist Sache der politisch organisierten »Träger«, die die vorhandenen Werte und Interessen dafür mobilisieren und neue wecken, die die Widerstände identifizieren und die Konflikte zu ihrer Überwindung austragen. Die vielen halbherzigen und kleinkarierten Versuche zur Gefahrenabwehr – und erst recht die kontraproduktiven, also gefahrenzuspitzenden Entscheidungen – zeigen aber, daß im Zustand der gegenwärtigen etablierten Träger und ihres politischen Handelns das Schlüsselproblem liegt. Es mangelt ihnen meist bereits an der Vorbedingung dafür, nämlich an einem inhaltlichen Konzept, das der tatsächlichen Herausforderung adäquat wäre. Da aber die Geschichte noch nie vorgeschrieben hat, daß die politischen Träger von heute auch die von morgen sein müßten, stellt sich auch die Frage nach möglichen neuen Trägern. Auch hier sieht die Lage, gemessen an der Gefahrendynamik, eher trübe aus.

Die Gründe für die Defizite von politischen Trägern findet man nicht durch eine isolierte Betrachtung der dominierenden politischen Institutionen und Parteien oder »der Politiker«. Eine solche Betrachtung analysiert nicht und bleibt an der Oberfläche. In besonderem Maße gilt das für die Beiträge altgedienter Staatsmänner, die ihre Nachfolger als charakterlich oder intellektuell mangelhaft abkanzeln und ihnen »Bürgerferne«, mangelnde Alltagserfahrung oder ihre Existenz als »Berufspolitiker« vorwerfen. Eine Debatte dieser Art wurde 1992 in Deutschland ausgelöst durch ein Interview mit Richard von Weizsäcker, der den Parteien und der »politischen Klasse« vorwarf, sie seien »machtversessen auf den Wahlsieg und machtvergessen bei der Wahrnehmung der inhaltlichen und konzeptionellen Führungsaufgabe«. Er kritisierte die Glaubwürdigkeit der parteipolitischen Akteure und ihre mangelnde Zuwendung zum Bürger und bekam dafür Beifall von Links- und Rechtsstehenden außerhalb des parteipolitischen Spektrums. Dies zeigt die Hauptmängel dieser Art von Kritik: daß »die Bürger« nicht in der teilweise krassen Unterschiedlichkeit ihrer Werte und Interessen, sondern als einheitliche Ganzheit gesehen werden; daß von gesellschaftswidrig operierenden Mächten außerhalb der politischen Institutionen nicht gesprochen wird; und daß kein inhaltlicher Punkt einer konkreten falschen Politik einschließlich einer konkreten Zuordnung der unmittelbaren Verantwortung genannt wird. Deshalb kann es auch geschehen, daß ein führender Industriemanager wie etwa der frühere Chef des Daimler-Konzerns Edzard Reuter großen Beifall auf allen Seiten der Gesellschaft bekam, als er in harschen Worten die Erstarrung der Parteien und das Versagen »der Politiker« brandmarkte, mutige und innovative Entscheidungen zu fällen – ohne daß die Zuhörer in dem Moment daran dachten, daß er damit unter anderem die politischen Widerstände gegen den Bau eines sündhaft teuren neuen Jagdflugzeugs meinen mußte.

Stimmen in der sogenannten »Weizsäcker-Debatte«, die von Gunter Hofmann und Werner A. Perger publiziert wurden, haben darauf hingewiesen, daß die Krise der Parteien auf eine Krise der Politik verweise, die – so Warnfried Dettling – »ihren Grund nicht im persönlichen Verhalten und auch nicht im Versagen dieser oder jener Politiker oder Parteien hat, sondern in langfristigen Entwicklungen«. Antje Vollmer nannte die Weizsäcker-Kritik »Populismus von oben«, und Klaus von Beyme bezeichnete die Kritik am »Parteienstaat« einen »Nebenkriegsschauplatz der eigentlichen Schlacht«. Hans-Joachim Veen meinte, die Alternativen Weizsäckers zum Parteienstaat müßten schrecken: der »herrschaftsfreie Diskurs einer ominösen Bürgergesellschaft. Die Philosophen als Könige? Die Ideologie der Runden Tische, revolutionär-vorparlamentarische Improvisation als Vorbild?«[67]

Um die Tiefe und das Ausmaß der Krise der westlichen Demokratien zu erkennen, müssen wir uns generell von der Froschperspektive eines einzelnen Landes lösen. In allen westlichen Demokratien finden wir vergleichbare Frustrationen. Das Vertrauen in die Leistungsfähigkeit der Regierungen ist weitgehend verlorengegangen, und viele von ihnen würden schnell abgewählt werden, wenn man nicht auch das Vertrauen in die Oppositionen eingebüßt hätte. Generell haben das Ansehen der Parlamente und die Identifikation der Bürger mit den Parteien empfindlich gelitten – mit dem Resultat, daß die Wahl von »Persönlichkeiten« in den Vordergrund rückt, die sich wiederum im öffentlichen Ansehen viel schneller verschleißen, als das früher der Fall war.

Jede Zeit suche sich ihre Leute, sagte einmal Willy Brandt. Doch offensichtlich können wir nicht mehr als selbstverständlich unterstellen, daß es noch genügend Träger für eine neue gesellschaftliche Alternative gibt. Andererseits gibt es so viel eindeutiges Fehlhandeln an klar erkennbaren Punkten. Wir müssen die Gründe für solche Handlungsschwächen erkennen, bevor wir die Anforderungen an Träger für eine realistische Alternative formulieren können. Dabei geht es um einen Realismus jenseits der heute ständig praktizierten Tageskompromisse.

Entgegen vielen Vorurteilen, Staat und Parteien hätten sich in ihrer Entwicklung von der Gesellschaft gelöst, sind sie gerade in den westlichen Demokratien miteinander so verwoben, daß man die Krise des Staates, der Parteien oder des Parlamentarismus nur mit den Zerfallsprozessen in der Gesellschaft zusammen beschreiben kann. Wir kommen dem »Trägerproblem« näher, wenn wir der Frage nachgehen, warum die politischen Träger in der Gesellschaft keine ausreichenden Barrieren gegen die Gefahrenströme aufzurichten imstande sind. Um diese Frage zu beantworten, müssen wir aber zunächst einmal den Begriff des Politischen klären, denn offensichtlich büßen die Akteure der Politik ihre *politischen* Eigenschaften ein und behalten die negativen Eigenschaften von bürokratisierten Rollen.

Wenn die Menschen an Politik denken, dann meinen sie in ihrem Alltagsverständnis vor allem das, was Regierungen, Parlamente und Parteien tun. Damit liegen sie einer treffenden Definition näher als viele sophistische Abhandlungen über den »Begriff des Politischen«. Das »Politische« sind die Handlungen für die Allgemeinheit, besser gesagt: Ideen und Initiativen, die der Gesellschaft in ihrer Gesamtheit zugute kommen sollen. Damit ist Politik auf ihren Ursprung in der griechischen Polis zurückgeführt, auf das Handeln für die Gemeinschaft eines organisierten Gemeinwesens. Daraus ergibt sich, daß es auch »unpolitisches« Handeln von Ministern und Abgeordneten geben kann, die dem Anspruch des Politischen nicht gerecht werden, etwa wenn sie ihre Rolle für gesellschaftsschädigende Sonderinteressen mißbrauchen, zum Beispiel für die Steuerbefreiung von Milliardären. Andererseits gibt es viele Akteure außerhalb des Systems der Verfassungsinstitutionen oder von Parteien, die dennoch in ihrem Handeln politisch sind – wenn sich dies auf eine für die gesamte Gesellschaft positive Idee bezieht. Ein Wähler, der seine Entscheidung danach fällt, was seiner Meinung nach für die Gesellschaft richtig ist, bewegt sich in der Sphäre des Politischen, während derjenige es nicht tut, dem es nur um die Frage geht, welche Partei ihm mehr Steuervorteile verschafft. Parlamentarier oder Wähler, die zum Beispiel trotz aller ökologischen Zerstörungen gegen eine ökologische Steuerreform sind, handeln in diesem Fall eben nicht politisch – wegen der eindeutig negativen Konsequenzen für die Allgemeinheit. Wer dagegen für eine solche Reform ist, auch wenn sie ihm individuelle Nachteile bringt, handelt politisch.

Ein solcher politischer Anspruch überfordert häufig nicht nur öffentliche Institutionen, die sich des Drucks nicht erwehren können oder wollen, gemeinschädliche Interessen durch Gesetze zu privilegieren. Wie viele Bürger bei politischen Wahlen allein nach dem Kriterium entscheiden, was ihnen unmittelbar und persönlich nützt oder was sie generell für die Gesellschaft für nötig halten, hängt entscheidend von der geistigen Verfassung der Gesellschaft ab: Tendiert diese zu einem bunt zusammengewürfelten zufälligen Verbund individueller Interessen, oder gibt es ein Bewußtsein für Gemeinschaftsnotwendigkeiten zum Beispiel einer Gemeinde, eines Staates oder der Weltgesellschaft?

Die moderne Denkschule der »Ökonomischen Theorie der Politik« vertritt den Ansatz, daß in der Marktgesellschaft das individuelle Kosten/Nutzen-Kalkül die Wähler dazu bringt, nur noch nach persönlichen, unmittelbar nachvollziehbaren Nützlichkeitserwägungen zu entscheiden[68]. Der wesentliche Unterschied zwischen individuellen und überindividuellen Orientierungen, privaten und öffentlichen Belangen verschwindet in diesem Ansatz genauso, wie das bei solchen wirtschaftlichen Einstellungen geschieht, in denen makroökonomische volkswirtschaftliche Interessen zugunsten der mikroökonomischen einzelunternehmerischen Interessen verdrängt werden. Dominieren die jeweiligen Einzelinteressen, dann wird nicht nur die Volkswirtschaft privatisiert, sondern auch die anderen Belange der Allgemeinheit – und beides führt zur Auflösung des Politischen. Wir können festhalten, daß eine Auflösung oder eine Festigung des Politischen nicht allein von dem bestimmt wird, was in politischen Institutionen und Parteien geschieht. Immer sprechen auch die Einstellungen eine Rolle, die von den Medien, Bildungsinstitutionen, Verbänden und anderen mitgeprägt werden.

Da aber die Verfassungsinstitutionen das Monopol auf allgemeinverbindliche Entscheidungen haben, bleiben die Versuche, ihre Entscheidungen zu prägen, die zentralen Vorgänge politischer Bemühungen. Um der Gefahr der Auflösung des Politischen zu begegnen, müssen wir zu erkennen versuchen, wie sich diese in Parteien, Parlamenten und politischen Institutionen allmählich vollzieht. Und wir müssen der Tatsache besondere Aufmerksamkeit schenken, daß durch Parteien, Parlamente und Volksabstimmungen die relativ größte Durchlässigkeit von der Gesellschaft zu den Institutionen der Allgemeinheit zu erreichen ist, was man nicht mit ihrer Durchsetzungskraft verwechseln darf, wenn wir nach Trägern einer Alternative suchen.

Parteien kontra Bürger? Die Erosion der Parteiendemokratie

In dem Buch »Parteien kontra Bürger? Die Zukunft der Parteiendemokratie« habe ich 1979 die nahende Legitimationskrise des westeuropäischen Parteiensystems analysiert[69]. Dazu gehörte die Beobachtung verschiedener Phänomene:

- die im 20. Jahrhundert immer wieder aufflammende und dann verglimmende Parteienaversion und ihre verschiedenen Ursachen und ideologischen Quellen;

- daß sich mit der Differenzierung der sozialen Klassen und Schichten bisherige feste Bindungen lösten und durch losere »Mehrfachbindungen« ersetzt werden und daß damit ein Wertewandel und eine Lockerung der Parteienbindungen verbunden sind;
- daß sich die Tendenzen zur »Ausgliederung« unzufriedener Strömungen aus dem herkömmlichen Parteiensystem und neue Formen der gesellschaftlichen Demokratisierung durch »neue soziale Bewegungen« verstärken;
- die verkrampfte Haltung der Parteien, die nicht wissen, ob sie die neuen Ideen als Bedrohung oder Bereicherung empfinden, sie abblocken, integrieren oder mit ihnen kooperieren sollen;
- die Tendenz, daß konservative Parteien sich in neokonservative verwandeln und daß sie vor dem Hintergrund der begonnenen Krise des Wohlfahrtsstaats und der Umweltkrise neue Durchschlagskraft zu entwickeln beginnen. Beschrieben wurde auch die Entwicklung der westeuropäischen Demokratien in den 50er bis 70er Jahren, in denen sich beinahe überall Volksparteien mit jeweils wachsender Wählerbasis herauskristallisiert hatten.

Diese Entwicklung wurde im wesentlichen positiv bewertet. Im Gegensatz zu den häufig eher negativen Bewertungen der modernen Massenparteien – so etwa das angeblich eherne Gesetz der Oligarchiebildung, die wechselseitige Anpassung der Parteieliten, das opportunistische Verhalten als »catch-all-party« zur beliebigen Stimmenmaximierung – war meine Bewertung positiver und gründete sich auf die Erfahrung der 70er Jahre, die eine Belebung des Parteiensystems unter dem direkten Einfluß der 68er-Bewegung, insbesondere eine Entwicklung zu innerparteilicher Demokratisierung, zeigte. Das Konzept von Volksparteien wird in »Parteien kontra Bürger?« wegen seiner Flexibilität als das zukunftsfähigste betrachtet, weil es desintegrierenden Tendenzen in der Gesellschaft auf eine neue Art entgegenwirken kann. Diese Funktion vermittelt ihnen die Chance, sich laufend programmatisch zu erneuern und neu zu legitimieren. Damit könne verhindert werden, daß das »Parteiennetz reißt«. Die Auflockerung bisheriger Bindungen dürfe aber nicht fälschlicherweise dazu benutzt werden, sich ein Konzept als Volkspartei anzueignen, die sich nur noch verstehe als

- »ideologiefreie Partei«, der es lediglich um »ein gutes und aktuelles Sach- und Personalangebot geht, das der parteipolitische Konkurrent bei ebenso qualifiziertem Vorgehen auch vorlegen könnte«;
- bloße »Ansammlung von Interessengruppen, die proporzmäßig gesellschaftliche Gruppen repräsentieren«; eine solche Partei werde »bei den kumulierenden Krisengefahren immer bewegungsunfähiger«;
- »populistische Massenpartei«, die von »gemeinsamen Vorurteilen, einer charismatischen Führerfigur und einem eindeutigen innenpolitischen Feindbild zusammengehalten wird« und in der die Gefahr »einer nicht mehr kontrollierbaren Radikalisierung mit rechtsextremen Zügen« angelegt sei, womit sie zur tödlichen Bedrohung für die Demokratie wird.

Gerade wegen der verlorengehenden Bindungen, der Interessenzersplitterung und der neuen Wertevielfalt kam ich zu dem Ergebnis, daß die für die Demokratie zukunftsfähige Volkspartei nur bestehen könne »als wert- und interessenorientierte, soziale Integrations- und Programmpartei, die einen demokratischen Prozeß der Formulierung neuer Ziele, der Konsensbildung über diese Ziele und der Instrumente zu ihrer Realisierung organisiert«. Dies sei die Voraussetzung dafür, daß eine ernste Krise der Demokratie rechtzeitig abgewendet werde.

Als weitere Voraussetzung für eine Stabilisierung der demokratischen Strukturen nannte ich die Überwindung des die Parteien überfordernden und sie unglaubwürdig machenden »Allzuständigkeitsdenkens«, das sie von ihrer eigentlichen Funktion als Träger programmatisch zielgerichteter politischer Werte- und Interessenbündelung ablenkt; dazu die Reduzierung überflüssiger Konfrontationen und die Konzentration der Streitfragen auf die wirklichen programmatischen Differenzen, um politische Identifikation zu ermöglichen; und schließlich eine institutionelle Reform der Demokratie, weil sich eine historische Ambivalenz abzeichne: einerseits der zunehmende Bedarf an überstaatlichen demokratischen Regelungen zur Lösung zahlreicher neuer ökologischer und wirtschaftlicher Probleme; andererseits die unmittelbaren und direkten demokratischen Mitwirkungsbedürfnisse der Menschen in einer »komplizierten, unüberschaubarer und anonymer werdenden Welt«.

Ich habe diese Schrift noch einmal rekapituliert, weil die darin enthaltenen Aussagen heute noch wesentlich aktueller sind als Ende der 70er Jahre. Aber gleichzeitig gibt es heute Gründe, daß wir es mit solchen Thesen nicht bewenden lassen können. Demokratiegefährdende Entwicklungen, die sich seitdem entfaltet haben und deren wichtigste im I. Teil beschrieben ist, lassen manche der Postulate mittlerweile beinahe als illusorisch erscheinen. Außerdem blieben die Postulate seinerzeit abstrakt, weil die strategischen Essentials zur Überwindung elementarer Krisen nicht konkret benannt wurden und weil ich die jeweiligen Grundeinstellungen der Parteien für gefestigter hielt als heute. Weil ich auf die Beschreibung neuer programmatischer Ansätze – die ich auch lange nicht so klar gesehen hatte wie heute – verzichtete, war es auch nicht möglich, die Anhängerschaft und die materielle Kraft in der Gesellschaft zu beschreiben, die ein politisches Programm stützen müssen. Heute stellt sich die Frage neu, ob alle Kräfte, die eine Partei für die Durchsetzung ihres Programms braucht, noch identisch sein können mit denen, auf die sie sich bisher stützte.

Die Identifikation von Wählern und Parteimitgliedern mit den großen Volksparteien, die die Entwicklung der westlichen Demokratien entscheidend geprägt haben, ist weit stärker zurückgegangen, als es offizielle Wahlergebnisse anzeigen. Die allgemeine Parteienaversion wird zum Dauerzustand, die Zahl der »Nichtwähler« steigt ebenso wie die Neigung zur Protestwahl – Erscheinungen, die ebenfalls zum Dauerzustand werden. Die Menschen nehmen die Konflikte zwischen Parteien als Wortgeklingel wahr, hören die Worte und glauben weniger denn je, daß sie noch ernst gemeint sind oder daß hier noch etwas geändert werden könnte. Besonders die traditionellen Massenparteien »erscheinen wie Dinosaurier einer ausklingenden Industrieepoche«, wie »Museen an der Regierung«[70].

Diese Skepsis läßt sich plastisch am Wahlverhalten seit den 60er Jahren darstellen, wenn wir einmal nicht die Wahlergebnisse miteinander vergleichen, die sich aus der Zahl der abgegebenen Stimmen ergeben, sondern die Stimmen für die jeweiligen Parteien im Verhältnis zu allen Wahlberechtigten statistisch verfolgen. Nur dies nämlich gibt Auskunft über die wirkliche *Wählerbindung.* Daraus erweist sich, wie dramatisch die Bindewirkung zu den jahrzehntelang tragenden Säulen des Parteiensystems nachgelassen hat. Überall können wir feststellen, daß die Wahlbeteiligung in den Ländern der europäischen Parteiendemokratien jeweils in den Blütezeiten des Wohlfahrtsstaats am höchsten war und seitdem kontinuierlich sinkt – wobei natürlich nur die Länder verglichen werden können, in denen es keine Wahlpflicht wie in Belgien und Portugal gibt.

Deutschland

In der Bundesrepublik Deutschland gab es bis Anfang der 80er Jahre eine Wahlbeteiligung zwischen 86,7 % (1965) und 91,1 % (1972); noch 1983 waren es 89,1 %. Seitdem sackt sie ab, wobei wir auch für die Wahlen von 1990 und 1994 wegen der Vergleichbarkeit zu früheren Jahren nur die alte Bundesrepublik zählen: 84,3 % (1987), 78,4 % (1990) und 80,6 % (1994). Die CDU/CSU als Volkspartei der rechten Mitte erhielt ihre höchste Wählerbindung 1976 mit 44,1 % und 1983 mit 44,3 % der Stimmen der Wahlberechtigten. 1987 waren es 37,3 %, 1990 34,6 % und 1994 nur noch 34,5 %. Die SPD als Volkspartei der linken Mitte hatte ihren höchsten Anteil der Wählerbindung 1972 mit 41,7 % der Stimmen aller Wahlberechtigten, 1980 waren es noch 37,9 %; 1987, 1990 und 1994 dann waren es lediglich 31,2 %, 28,1 % und 30,3 %. Die SPD hat also trotz ihrer Oppositionsrolle in ihrer Wählerbindungskraft ebenso nachgelassen wie die CDU/CSU. Noch 1976 banden CDU/CSU und SPD zusammen 82,7 % der Wähler, 1983 waren es noch 77,5 %, 1987 nur noch 67,4 %, 1990 sank die Zahl auf 62,7 % und stieg 1994 wieder leicht auf 64,9 %.Vergleichen wir diese Wählerbindung mit den tatsächlich abgegebenen Stimmen für CDU/CSU und SPD, die 1976 mit 91,2 % den höchsten Stand erreicht hatte, dann hatten die beiden Volksparteien 1994 eine um 26,3 % niedrigere Bindung der Gesamtwählerschaft.

Frankreich
In Frankreich, wo man aufgrund des Wahlrechts nur den ersten Wahlgang als Maßstab für die Wählerbindung an die Parteien nehmen kann, ist bei den Wahlen zur Nationalversammlung die Wahlbeteiligung, die in den 60er und 70er Jahren jeweils bei über 80 % (1978: 82,8 %) lag, mittlerweile auf unter 70 % zurückgegangen. 1973 hatten die Gaullisten und das Zentrum noch 44,6 % der Wahlberechtigten an sich gebunden, seitdem sind sie in einem kontinuierlichen Abwärtstrend, wovon ihre Wahlsiege von 1986 und 1993 völlig ablenken: Ihre Wählerbindung sank 1978 auf 38,8 %, 1981 auf 30,2 %, stieg 1986 leicht an auf 33,3 %, war 1988 bei nur noch 24,8 % und 1993 bei 27,2 %. Besonders interessant ist die Ziffer für 1993, als Gaullisten und Zentrum einen triumphalen Wahlerfolg errangen und 460 von 577 Mandaten holten. Er wurde errungen mit einer aktiven Wählerbindung von wenig mehr als einem Viertel der Wähler; sie lag sogar um 3 % niedriger als bei der spektakulären Wahlniederlage dieser Parteien im Jahr 1981! Die Sozialisten und die Kommunisten hatten 1978 als gemeinsame Linksfront 35,8 % der Wähler gebunden (bei 43,2 % der abgegebenen Stimmen), bei ihrem Wahlsieg 1981 waren es mit 37,5 % nur wenig mehr (obwohl dies wegen einer um 12,3 % geringeren Wahlbeteiligung, die offensichtlich zu Lasten der gemeinsamen Rechten ging, 53,7 % der abgegebenen Stimmen ausmachte): Die Sozialisten hatten dabei allein für sich 26,4 % der Wähler gebunden. Doch obwohl die Sozialisten anschließend das Wahlbündnis mit den ständig weiter abfallenden Kommunisten aufgaben und als eine Partei der linken Mitte auftraten, vollzog sich auch bei ihnen der Schwund. Bei der Niederlage 1986 hatten sie noch eine Wählerbindung von 24,4 % (was 31,2 % der abgegebenen Stimmen entsprach), dagegen 1988 bei ihrem Wahlsieg (!) nur 24,3 % Bindung (37 % der Stimmen), 1993 dann lediglich noch 12,1 % (17,6 % der Stimmen). Damit ergab sich ein Verlust an Wählerbindung für die Sozialisten von 1986 bis 1993 von 12 %. Alle großen Parteien zusammen, die Sozialisten, die Gaullisten und das Zentrum, die 1986 noch 57,7 % der Wähler gebunden hatten, schrumpften in ihrer Gesamtbindekraft auf 39,3 % aller Wahlberechtigten – ein Minus von 17 % innerhalb von zwölf Jahren!

Österreich
Noch signifikanter ist der Auflösungsprozeß in Österreich, dem wohl klassischsten Land mit einer großen linken und einer ebensolchen konservativen Volkspartei, die beide in sozialpartnerschaftlicher Weise einen der erfolgreichsten Wohlfahrtsstaaten aufbauten. Bis 1983 lag die Wahlbeteiligung regelmäßig über 90 %, der höchste Stand seit Beginn der 60er Jahre war 1966 mit 94 %. Noch 1983 war die Wahlbeteiligung 90,6 %, sank aber bis 1994 auf 82 %. Noch 1979 erreichte die SPÖ eine aktive Wählerbindung von 47 % aller Wahlberechtigten und 51 % aller abgegebenen Stimmen! 1994 erreichte sie eine Bindung der Gesamtwählerschaft von nur noch 28,4 %, ein Rückgang um 18,6 % gegenüber 1979. Die ÖVP hatte noch 1983 eine Wählerbindung von 39,1 %, 1994 nur noch von 22,7 % – also ein Rückgang von 16,4 %; ihr höchster Bindungsanteil hatte 1966 bei 45,5 % gelegen, woraus sich mittlerweile eine Halbierung ergibt! Dies geschieht, obwohl Österreich noch nicht von wirtschaftlichen und sozialen Krisen geschüttelt ist. SPÖ und ÖVP konnten 1994 zusammen nur noch 51,3 % aller Wahlberechtigten an sich binden, 31 % weniger als 1983 – und nur 4 % mehr, als die SPÖ noch 1979 allein an sich zu binden vermochte.

Großbritannien
In Großbritannien, wo sich bis in die 70er Jahre mit der Konservativen Partei und der Labour-Partei eine große rechte und eine große linke Partei gegenüberstanden – mit regelmäßigen Regierungswechseln –, hat es allerdings keinen Rückgang der Wahlbeteiligung gegeben. Diese schwankt seit Jahrzehnten zwischen 75 und 80 %. Weil Großbritannien als einziges europäisches Land über ein Wahlrecht verfügt, in dem die Mandate allein durch Mehrheit in den jeweiligen Wahlkreisen in einem einzigen Wahlgang festgelegt werden und die Gesamtproportion der Stimmen keine Rolle spielt (so daß 1951 die Konservativen mit 48 % die Mehrheit im Unterhaus gewannen, obwohl die Labour-Partei 48,8 % der Stimmen hatte), lassen sich hier Verluste an Wählerbindungen nur schwer ablesen. Da konkurrierende Parteien dem Wahlsystem nach keine Chance haben,

beeinflußt dies von vornherein das Wählerverhalten. Dies erklärt vielleicht, warum es dort nie zu einer Wahlbeteiligung von über 90 % kam, und vielleicht auch, warum die Beteiligung später nicht deutlich zurückging. Dennoch ist auch hier ein Verlust der Wählerbindungen für die beiden großen Parteien seit den 80er Jahren zu verfolgen, wenn auch in einer etwas anderen Ausdrucksform. Die konservative Partei hatte ihre höchste Wählerbindung im Jahr 1951 mit 39,5 % aller Wahlberechtigten und lag noch 1959 bei 38,9 %. 1970 waren es noch 33,1 %. Die Labour-Partei, die ebenfalls 1951 den Höchststand ihrer Wählerbindung mit 40,3 % hatte, erreichte noch 1966 36,3 %, als sie mit 47,9 % der Stimmen den überzeugendsten Wahlsieg seit 1945 errang. Da der Wohlfahrtsstaat in Großbritannien früher als andernorts kriselte, gingen in den 70er Jahren die Anteile für die Konservative Partei und die Labour-Partei rapide zurück zugunsten der Liberalen Partei (die ab 1983 eine Allianz mit der aus der Labour-Partei abgespaltenen Sozialdemokratischen Partei einging). Noch 1970 hatten Konservative und Labour zusammen eine Wählerbindung von 64,4 %, die im Oktober 1974 auf 54,6 % zurückging. Labour gewann die Wahlen und die absolute Mehrheit mit nur 39,2 % der abgegebenen Stimmen, was allerdings einer Wählerbindung von nur noch 28,5 % entsprach. Die neoliberale Radikalisierung, die Margaret Thatcher als neue Führerin der Konservativen 1979 betrieb, brachte – als deren Trend noch nicht ernstgenommen wurde, weil damit noch keine Erfahrungen gesammelt worden waren – den Konservativen zunächst einen Aufschwung ein mit 33,4 % Wählerbindung, die ab 1983 jedoch wieder auf 30,8 % absackte und ungefähr dort blieb: 1987 mit 31,8 % und 1992 – unter ihrem Nachfolger – mit 32,5 %. Währenddessen sank Labour 1983 auf nur noch 20,1 % Wählerbindung (27,6 % der Stimmen) und lag damit nur noch um 2 % vor der Liberal-Sozialdemokratischen Allianz. Lediglich mit einem knappen Drittel der Wahlberechtigten – also ohne Mehrheit in der Bevölkerung – wurde, sieht man diese Zahlen an, die wirtschaftslibertäre Umwandlung Großbritanniens seit 1979 betrieben, ermöglicht durch das Wahlrecht und eine programmatisch immobile Labour-Partei.

Italien

In Italien lag die Wahlbeteiligung lange Zeit bei etwa 93 %, zuletzt 1976 bei 93,4 %. Seitdem sinkt sie allmählich: 90,6 % (1979), 89 % (1983), 88,9 % (1987), 87,2 % (1992) und 86,1 % (1994), also ein vergleichsweise geringer Rückgang. Die Christdemokraten als konservative Volkspartei hatten noch 1976 eine Wählerbindewirkung von 36,2 %; sie sank bei den vier Wahlen bis 1992 auf 25,8 %. Danach erfolgt ihr schon lange anstehender Einbruch aufgrund der Korruptionsskandale, so daß sie 1994 nur noch 9,6 % der Wähler an sich binden konnte, die in hellen Scharen zu der neuen Rechtsallianz unter Berlusconi überliefen. Die Wähler trieben auch ihren langjährigen Koalitionspartner PSI – der in den 80er Jahren von einer einst Sozialistischen Partei zu einer Partei der neuen individualisierten Mittelschichten mutiert war und 1987 mit einer Wählerbindung von 12,7 % (14,3 % der Stimmen) seinen Höhepunkt erreicht hatte – ab 1992 unter Schimpf und Schande in die Selbstauflösung. Die Kommunistische Partei, die seit Mitte der 60er Jahre in die Rolle der eigentlichen sozialdemokratischen Volkspartei Italiens hineingewachsen war, erreichte ihren Höhepunkt 1976 mit einer Wählerbindung von 32,1 % (34,4 % der abgegebenen Stimmen). Sie konnte dieses Ergebnis aber trotz des langsamen Niedergangs der Christdemokraten nicht halten: 1979 lag ihre Wählerbindung nur noch bei 27,5 %, 1983 bei 26,6 % und 1987 bei 23,6 %. Auch ihre Transformation zur Partito Democratico di Sinistra (PDS) im Jahr 1991 bremste diese Entwicklung nicht, sondern beschleunigte sie noch, nicht zuletzt wegen der damit verbundenen Abspaltung der Rifondazione Comunista. 1992 hatte sie nur noch eine Wählerbindung von 14 % (mit den Stimmen der Rifondazione waren es 18,8 %, die von der alten KPI-Bindung übriggeblieben waren); 1994 waren es für die PDS wieder 17,6 %, zusammen mit der Rifondazione waren es 22,6 %. Bereits 1992, den letzten normalen Wahlen vor dem Zusammenbruch des alten Parteiensystems und vor einer Wahlrechtsreform, hatten die beiden Volksparteien der Christdemokraten und der ehemaligen KPI zusammen eine Wählerbindung von nur noch 44,6 % – gegenüber 78,3 % im Jahr 1976!

Niederlande
Besonders auffallend ist der Verlust der Wählerbindungen in den Niederlanden, wo die Wahlbeteiligung bis 1967 um 95 % lag, zwischen 1972 und 1986 auf ungefähr 86 % und bei den letzten Wahlen 1993 sogar auf 78,3 % absank. Die christlich-konservative CDA, die bis 1972 als ein loses Wahlbündnis dreier Parteien auftrat, hatte noch 1963 eine Wählerbindung von 46,8 % gehabt, dies wurde bis 1982 von Wahl zu Wahl auf 23,7 % halbiert, erholte sich 1986 mit 29,7 %, schmolz aber 1993 auf 17,4 %, also wenig mehr als ein Drittel ihres einstigen Standes. Dennoch reduzierte sich auch die Partei der Arbeit als linke Volkspartei, unabhängig von ihrer Rolle als Opposition oder als Mitglied einer Großen Koalition. Ihre höchste Wählerbindung hatte sie 1977 mit 29,7 % (entsprechend 33,8 % der abgegebenen Stimmen), 1986 waren es noch 28,6 %, 1989 nur noch 25,6 % und 1993 nur noch 18,8 % (entsprechend 24 % der Stimmen). Weil sie dennoch erstmals stärkste Partei wurde und den Regierungschef der Großen Koalition stellt, galt als relativer Erfolg, was in Wirklichkeit ein Debakel ist. Die beiden niederländischen Volksparteien verfügen heute mit einer Wählerbindung von nur noch 36,2 % über eine um 10,6 % geringere Wählerbindung, als sie die Christdemokraten 1963 alleine hatten, obwohl auch die Niederlande noch eine weitgehend stabile Wirtschaft haben. 1963 hatten beide zusammen eine Wählerbindung von 73,4 % und 1986 noch von 66,8 % – also eine »Halbierung« in 30 Jahren und ein Bindungsverlust beider Volksparteien von 30,6 % in nur sieben Jahren!

Die Trends sind eindeutig: ein Verlust an Wählerbindung, dessen Ende noch nicht abzusehen ist. Nicht betrachtet wurde hier die Wählerbindung der jugendlichen Wähler, was wahrscheinlich zu noch verheerenderen Resultaten für das Parteiensystem führen würde. Viele, die noch wählen, tun es eher aus Tradition und Pflichtbewußtsein statt aus Begeisterung. Dabei sind das Nachlassen der aktiven Mitwirkungsbereitschaft von Parteimitgliedern und der weitgehende Verlust an Begeisterungsfähigkeit der verbliebenen Wähler nicht in Zahlen zu fassen. Sehr wohl in Zahlen zu fassen wäre der Mitgliederschwund, der teilweise – vor allem in Italien und Österreich – extreme Ausmaße angenommen hat. Normalerweise sind Wahlkampfjahre auch Zeiten eines Mitgliederzuwachses, doch in Deutschland haben im »Superwahlkampfjahr« 1994 – als es neben der Bundestagswahl auch die Europawahl und noch über zwanzig weitere Länder- beziehungsweise Kommunalwahlen gab – die großen Parteien erstmals mehr alte Mitglieder verloren als neue gewonnen!

Die einzige große westeuropäische Partei, die gegenwärtig nach langer Talfahrt und bitteren sozialen Erfahrungen mit dem Thatcherismus einen Mitgliederzuwachs erlebt und wieder mehr Wählerbindung erreicht, ist die britische Labour Party. Deren Mitgliederzuwachs ist aber in erster Linie auf die Parteireform zurückzuführen, nach der die Mitgliedschaft nunmehr nur noch aus individuellen Mitgliedern in Form von Gewerkschaften, die geschlossene Stimmpakete einbrachten und damit die Willensbildung häufig majorisieren konnten. Die leicht anwachsende Wählerbindung (die wesentlich geringer ist als die ansteigenden Prozentzahlen) geht auf das Abflachen der Zustimmung zu den Liberal-Sozialdemokraten zurück, seit »New Labour« deren Positionen großenteils übernimmt und sich damit an die Entwicklung der kontinentalen sozialdemokratischen Parteien anschließt. Lediglich in den skandinavischen Staaten, die wahrscheinlich aufgrund ihrer überschaubaren Bevölkerungsgröße und des kulturell verankerten Wohlfahrtsstaats die Länder mit der größten demokratischen Stabilität sind, ist der Bindungsverlust der Parteien bisher nicht in dem Maße eingetreten wie in den anderen westeuropäischen Ländern.

Neue Formationen

Sehen wir uns die »Neuerscheinungen« unter den Parteien an, so liegen diese mitnichten in der systemintegrierten breiten wirtschaftlichen Mitte, dem Standort der klassischen liberalen Parteien. Was diese einst verkörperten, ist von den großen Parteien der linken Mitte und der rechten Mitte mitbesetzt worden. Die Ausnahme stellte die Liberal-Sozialdemokratische Allianz in Großbritannien dar, die aber nach ihren Höhenflügen zwischen 1974 und 1987 durch die sozialliberale Neuorientierung von »New Labour« jetzt wegschrumpft. Was sich neu entwickelt, sind populistische Regionalparteien oder regionale Volksparteien, neue rechtspopulistische Parteien mit modernstem Werbeaufwand und einem programmatischen Mix aus Nationalismus, Fremdenfeindlichkeit und wirtschaftslibertärem Ansatz – oder teilweise linksliberal-ökologische und linkssozialistische Parteien.

Das bemerkenswerteste Beispiel einer *linksliberal-ökologischen Partei* sind die deutschen Grünen, die 1983 erstmals ins nationale Parlament kamen und 1994 den bisher größten nationalen Wahlerfolg hatten, bei dem sie in Westdeutschland eine Wählerbindung von 6,3 % (entsprechend 7,8 % der abgegebenen Stimmen), gegenüber nur 3,6 % im Jahr 1990 – aber weniger als im Jahr 1987 mit 7 % – erreichten. Ein Beispiel für eine linksliberale Partei mit ökologischem Akzent sind die niederländischen Demokraten 66, die es seit Beginn der 70er Jahre gibt. Sie hatten ihren ersten größeren Erfolg 1981 mit einer Wählerbindung von 9,7 %, fielen dann wieder ab und kamen 1994 auf einen Anteil von 12,1 % (was 15,5 % der abgegebenen Stimmen ausmachte). In Österreich kamen die Grünen erstmals 1989 ins Parlament und erreichten bei der Wahl 1994 eine Wählerbindung von 6 % (7,3 % der abgegebenen Stimmen). In Belgien ist die ECOLO, die 1991 5 % erhielt, Mitglied der Koalitionsregierung. In Italien kamen die Grünen 1987 erstmals ins Parlament, können aber trotz allem an die Ergebnisse der deutschen oder österreichischen Grünen nicht anknüpfen. In Frankreich erreichten zwei grüne Parteien bei den Regionalwahlen 1992 zusammen spektakuläre 15 %, spielten aber bei nationalen Wahlen bisher keine Rolle, da sie ein verschwommenes Bild als bewußt unpolitische Parteien bieten.

Eine linkssozialistische Partei mit einem ökologischen Akzent stellt die Vereinigte Linke in Spanien dar, deren Kern aus der Kommunistischen Partei kommt. Diese hatte bis Mitte der 80er Jahre zunehmend an Bedeutung verloren und erst dann wieder einen Aufschwung erlebt, als sie sich mit Hilfe ökologischer

Gruppierungen programmatisch erneuerte. 1989 und 1993 erhielt sie jeweils 9,1 % der abgegebenen Stimmen, was einer Wählerbindung von 6,4 % beziehungsweise 7 % entsprach. Mit dem Niedergang der PSOE, der sich seit längerem angebahnt hatte, zeigt ihre Kurve jedoch nach oben. Andere Beispiele sind die aus der norwegischen sozialdemokratischen Volkspartei einst abgespaltene Sozialistische Linkspartei, die mit einer Ökologisierung ihres Programms 1989 auf 10,1 % der abgegebenen Stimmen kam, allerdings 1993 wieder auf 7,9 % sank; sodann die Grüne Linke in den Niederlanden (seit 1989 im Parlament) und die Rot-Grüne-Einheitsliste in Dänemark.

Das herausragendste Beispiel für eine *populistische Regionalpartei* ist die italienische Lega Nord, die 1992 und 1994 mit ihrem populären Führer Bossi einen großen Aufschwung erlebte, obwohl sie ein diffuses Erscheinungsbild aufweist – gegen den Zentralstaat als Ausgeburt von Bürgerferne und korrupten Machenschaften, gegen die Parteien, gegen den schmarotzenden italienischen Süden, für föderalistische Autonomie und kleingewerbliche Wirtschaft –, aber auch mit radikaldemokratischen Zügen. Durch das Bündnis, das sie 1994 mit Berlusconis Forza Italia einging, das sie aber Ende 1994 wieder sprengte, verlor sie große Teile des rechtspopulistischen Anhangs und erwies sich als demokratiestützende Kraft. Andere Beispiele mit demokratischem regionalistischen Profil sind die schottischen Nationalisten. Beispiele für regionale Volksparteien sind die Flämische Volkspartei, die die rigorose Föderalisierung in Belgien im wesentlichen durchsetzte, und die »Katalanische Konvergenz und Union«, die in Spanien an Einfluß gewinnt. Diese Parteien sind Indikatoren für eine wachsende Abneigung gegen zentralstaatliche Strukturen.

Dagegen sind die österreichischen »Freiheitlichen« unter Haider, der aus einer unbedeutenden Rolle noch Mitte der 80er Jahre 1994 schon eine Wählerbindung von 18,4 % erreichte, ein Indiz für eine neuartige Mischung von wirtschaftslibertärem und antistaatlichem Modernismus und dafür, daß nationalistische und faschistoide Aggressionsneigungen bewußt geweckt werden. Ähnliches gilt für die Forza Italia Berlusconis, die auf die neoliberalistischen Gewinner setzt und mit den Methoden der modernen Werbepsychologie und der elektronischen Massenbeeinflussung operiert. Ihr Bündnis mit der aus den Neofaschisten hervorgegangenen »Allianza Nazionale« dient dazu, national-chauvinistische Motivationen zu nutzen. In Verbindung mit den christdemokratischen Rechten und den Craxi-Kadern aus der alten PSI, aus denen in ihrem geistigen Verfall eine Ansammlung von egoistischen Machtzynikern wurde, ähnelt diese neue italienische Rechte am ehesten den amerikanischen Neorepublikanern des »Contract with America«: Sie erscheint demokratiegefährdender als die französische Nationale Front Le Pens, die seit Mitte der 80er Jahre unverblümt als neofaschistische Partei auftritt, jedoch ein Defizit an gesellschaftlichen Trägern in der wirtschaftsliberalen »Gewinnerklasse« und deshalb ein Modernitätsdefizit aufweist.

Ambivalente Tendenzen

Alle diese so unterschiedlichen Entwicklungen lassen aber dennoch sehr ähnliche Tendenzen erkennen:

- Die großen sozialistischen beziehungsweise sozialdemokratischen Massenparteien entwickeln sich zu sozialliberalen Parteien. Aber die programmatischen Neuerungen, mit denen sie sich neuen Wählerschichten anbieten, haben dennoch ihren Verlust an Wählerbindungen bisher nicht aufhalten können.
- Große konservative Parteien haben sich zu neoliberal-konservativen Parteien verändert, aber auch sie verlieren an Wählerbindung.
- Regionalistische Parteien gewinnen offensichtlich an Stellenwert, ein Ausdruck der Ablehnung von zentralen und anonymisierten Entscheidungsstrukturen, die demokratische Bedürfnisse nach unmittelbarer Beteiligung und überregionale Belange mißachten. Die ideologische Ausrichtung solcher Parteien ist nicht fest umrissen, weil der Regionalnationalismus alles überhöht. Das regionalistische Motiv ist dabei nicht zwangsläufig aus dem Gefühl einer Unterprivilegierung entstanden. Einer der Gründe liegt darin, daß die Mehrzahl der

genannten Beispiele ihr überdurchschnittliches Wohlstandsniveau nicht mehr mit anderen Regionen innerhalb ihrer Länder teilen will: so in Flandern, in Katalonien und in Norditalien.

- Ökologische Parteien sind weniger und schwächer repräsentiert, als man es angesichts der ökologischen Krise erwarten müßte. Ihr zentrales Problem ist offensichtlich, daß sie in ihrem gesamtpolitischen Profil oft als zu neutral erscheinen (wie in Frankreich und Italien). Zwar sind ideelle, aber noch zuwenig materielle Kräfte für eine ökologische Orientierung in den meisten Ländern entwickelt. Linkssozialistische Parteien haben dagegen nur dann eine zusätzliche Entfaltungschance, wenn sie eine ökologische Programmatik entwickeln.
- Die schnellste und breiteste potentielle Entfaltungschance haben neugegründete Formationen, die wirtschaftslibertären Radikalismus mit national-chauvinistischen Emotionen verbinden. Sie können die stets vorhandene, aber lange latent gebliebene faschistische Grundmotivation eines größeren Teils der Bevölkerung ebenso mobilisieren wie die materiellen Interessen der Parvenus aus der wohlhabenderen »Zwei-Drittel-Gesellschaft«, die traditionelle demokratische oder soziale Werte schon abgestreift haben.

Der Prozeß der nachlassenden Wählerbindung hat sich in einem sehr kurzen Zeitraum vollzogen, obwohl

- es außer der ansteigenden Arbeitslosigkeit *die* große Krise noch nicht gegeben hat;
- sich keine Alternativen anbieten, denen man generell mehr politische Leistungskraft oder Repräsentanz zumessen könnte;
- der moderne Public-Relations-Aufwand bei allen Parteien erheblich intensiviert worden ist und die Massenmedien nur in wenigen Fällen in einer Meinungsopposition zu den großen Parteien – teilweise sogar unter deren Einfluß – stehen.
- sie sich laufend und mit hohem finanziellen Aufwand über die Bewußtseins- und Bedürfnislage der Menschen – mit einem permanenten wissenschaftlichen »screening« der Gesellschaft – informieren.

Alle Versuche, durch verbesserten und intensivierten Werbeaufwand, durch bloßes Auswechseln von Führungspersonal (»neue Gesichter«) oder durch Bemühungen um mehr »Bürgernähe« die Wählerbindung wieder zu festigen, ändern an diesen Trends nichts und erweisen sich in den meisten Fällen als Placebo-Effekte mit allenfalls kurzfristiger psychologischer Wirkung. Dies zeigt auch, daß der sich in den Bindungsverlusten ausdrückende Erosionsprozeß der Parteiendemokratie nicht ernst genommen wird. Solange sich die Bindungsverluste eher in Wahlenthaltung und in zunehmender Teilnahmslosigkeit der Menschen und der Parteimitglieder niederschlagen, aber weniger in Verlusten an Mandaten und institutionellen Einflüssen, wird in den Parteiführungen Schönfärberei betrieben – vor allem deshalb, weil es ja den jeweiligen großen Konkurrenzparteien genau gleich geht. Die Erosion der Parteiendemokratie wird zum allgemeinen »Phänomen« erklärt. Die Menschen warten auf neue Orientierungen. Aber gleichzeitig hoffen die meisten, daß alles doch so bleiben könnte, wie sie es kennen. Diese Ambivalenz führt dazu, daß sie veränderungsbereit sind und doch wieder nicht. Daraus erwächst das Mißtrauen gegenüber den Trägern des Politischen – sowohl gegenüber dem Stillstand wie gegenüber den Veränderungen, die diese anbieten. Diese Ambivalenz findet sich auch in den in das politische System integrierten Parteien selbst. Sie drücken sich vor Veränderungen, die sie selbst vollbringen müßten, weil dies Konsequenzen für die Strukturen hat, von denen sie seit vielen Jahrzehnten getragen werden.

Die Parteiendemokratie befindet sich in einem Erosionsprozeß, weil sie wie nie zuvor in einer Lage ist, die Antonio Gramsci – einer der großen politischen Philosophen des 20. Jahrhunderts – als die »heikelste und gefährlichste Krise« beschrieben hat: »An einem bestimmten Punkt der historischen Entwicklung lösen sich die Klassen von ihren traditionellen Parteien.« Es bildet sich eine »Situation des Zwiespalts zwischen Repräsentierten und Repräsentanten heraus«, die sich »unweigerlich im Staat widerspiegeln« müsse. »In jedem Land ist der Prozeß ein anderer, obwohl der Inhalt der gleiche ist. Die Krise ist gefährlich, wenn sie sich in allen Parteien, allen Klassen ausbreitet, wenn sich also nicht schnellstens der Übergang der Truppen einer oder mehrerer Parteien zu einer Partei vollzieht, welche die allgemeinen Interessen besser zusammenhält. Dies letztere ist ein organisches (und normales) Phänomen, auch wenn es sich, verglichen mit normalen Perioden, sehr schnell vollzieht.«[71] Dieses Phänomen trifft die Parteien aber in einer Situation, in der sie weder intellektuell noch psychologisch auf die Wende vorbereitet sind, die zu vollziehen ist – eine Wende, die ihnen mehr abfordert als alles, was sie bisher vermochten.

Die Selbstentäußerung des demokratischen Systems

Statt daß sich das politische System der Demokratie – Parteien, Parlamente, Regierungen – auf seine bisher umfassendste politische Bewährungsprobe einstellt, entäußern seine Träger selbst ihr demokratisches politisches Mandat. Parteien profilieren nicht ihre programmatische Gestaltungs- und Mobilisierungsfunktion neu, sondern fixieren sich auf die Suche nach einem möglichst populären Spitzenkandidaten, der als »deus ex machina« ihre eigenen Unsicherheiten und Schwächen kompensieren soll. Parlamente übertragen ihre Gestaltungsfunktion einem Dickicht anonymer Verwaltungen, das sie selbst nicht mehr überschauen und kontrollieren können, Parlamente und Regierungen teilen ihr politisches Mandat mit demokratisch nicht legitimierten Einflüssen. Was als politisches Erfolgsrezept in der Mediengesellschaft und als pragmatisches Funktionserfordernis in komplexen Strukturen gilt, führt zur Auflösung des Politischen, ohne daß dies die Funktionseliten wahrnehmen.

Medienfalle: der Placebo-Effekt des Spitzenkandidatenkults

Die moderne Medienwelt braucht mediengerechte Stars – die »anchor men« in den politischen Nachrichtensendungen und auch unter den politischen Akteuren. Um einmal bekanntgewordene und bekanntgemachte Personen dreht sich alles, immer weniger um politische Probleme und Ideen. Die Frage der Medien nach Persönlichkeitsmerkmalen der amtierenden Parteiführer oder der Person des nächsten Spitzenkandidaten rückt auf Dauer ins Zentrum der Aufmerksamkeit, die Frage nach politischen Programmen interessiert nur noch am Rande. Dementsprechend werden zunehmend die Spitzenleute einer Partei aufgrund von Medienkriterien ausgewählt. Wer immer die größte positive Medienpräsenz hat, hat mittlerweile die größten Aussichten, daß seine Partei diese »Medienvorauswahl« anschließend ratifiziert. Weil die Meinung vorherrscht, daß der jeweilige Medienfavorit die besten Erfolgschancen bei den nächsten Wahlen verspricht, neigen die Parteien dazu, sich dieser Vorauswahl gefügig zu machen – wenn auch oft murrend und zähneknirschend. Es ist ihre selbstauferlegte Medienhörigkeit, mit der sie dazu übergehen, ihr politisches Mandat zu vernachlässigen.

Wer die Rolle des Spitzenkandidaten einer Partei anstrebt, bereitet dies heute nicht in der Partei vor, sondern in den Medien, weil man mit der Medienhörigkeit der Partei rechnet. Für Bewerber um die Spitzenkandidatenrolle wird es zum Erfolgsrezept, einen individuellen Popularitätsvorsprung vor der eigenen Partei gezielt anzustreben. Damit die zentrale Stellung des Spitzenkandidaten oder der von einer Partei gestellten Regierung nicht beschädigt wird, soll auch das Programm der Partei sich an dem ausrichten, was der Medienwirksamkeit dieser Repräsentanten nützt. Die Zahl derer, die sich diesem Zwang zur stromlinienförmigen Medienwirksamkeit einer Partei nach den Gesetzen der modernen Werbepsychologie aus inhaltlichen Gründen verweigern, ist heute relativ klein geworden. Die Folge ist, daß die großen Parteien heute mehr Kadereigenschaften angenommen haben als zu Zeiten, in denen der Werte- und Interessenpluralismus weniger ausgeprägt war als heute. Große strittige Debatten auf Parteitagen – die das Salz der politischen Willensbildung sind und die politischen Sinne schärfen – sind selten geworden.

Durchkreuzt wird dieser Mechanismus überwiegend nur noch, wenn ein personeller Konkurrent beginnt, sich in Szene zu setzen. Nicht, daß gar keine Diskussionen mehr stattfinden: Auffallend ist dabei aber, daß diese sich fast nur noch auf die spektakulären Tagesereignisse beziehen, kaum noch auf Probleme, die drohend auf uns zurollen. Was die Medien nicht interessiert, ist auch noch kein politisches Thema. Aber bekanntlich ist der Stellenwert eines Themas nicht daraus ablesbar, ob es gerade Schlagzeilen macht – und wenn es welche macht, ist es oft für vernünftige Lösungen schon sehr spät. Dies alles führt aber dazu, daß der Boden immer dünner wird, auf dem die Parteien stehen. Es kommt zu der auf den ersten Blick widersprüchlichen Entwicklung, daß die Skepsis des Publikums größer wird, obwohl man via Medien alles tut, ihm zu gefallen. Der gedankliche Fehler der politischen Medienspezialisten ist, daß sie die Medien automatisch mit dem Publikum gleichsetzen. Aber letzteres beginnt zu spüren, daß das nicht alles sein kann, was auf der politischen Bühne stattzufinden hat.

Wer sich derart abhängig fühlt von den Medien, kastriert sich politisch, als einzelner Politiker, selbst, und eine Partei nimmt sich mit einem solchen Gefühl die Möglichkeit zur geistigen Autonomie. Die Meinungsführer in den Medien werden so zur entscheidenden Referenz, sie sind die gesellschaftliche »Basis«. Und da sich alle auf dieselben Medien als Referenz beziehen, werden diese – ob sie es wollen oder nicht – zum Maßstab der Politik, und die inhaltlichen Politikangebote der Parteien gleichen sich an. Freiwillig konzedieren die demokratisch gewählten Repräsentanten den Medien ihre Rolle als eigentliche Repräsentanten der öffentlichen Meinung. Da diese aber in der Regel weit weniger unmittelbare Basiserfahrung mit den unterschiedlichen Bevölkerungsschichten haben können – im Zweifelsfall noch eher in »Elfenbeintürmen« sitzen als die Parteiführer –, führt das zu dauernden politischen Fehleinschätzungen: Man verwechselt die Meinung der Medien mit der Meinung der Gesellschaft insgesamt, das heißt man schätzt den Stellenwert der Medien noch höher ein, als er ohnehin ist. Wie intensiv diese selbstauferlegte Abhängigkeit ist, kann nur jemand ermessen, der schon einmal eine Sitzung von politischen Führungsgremien verfolgen konnte. Ein einziger negativer Zeitungskommentar zu einem politischen Vorschlag kann bewirken, daß man die Finger davon läßt, und wenn der Vorschlag noch so vernünftig ist. Umgekehrt reicht gelegentlich auch schon ein einziger positiver Kommentar eines namhaften Journalisten aus, um ein politisches Gremium in Euphorie zu versetzen.

Es fällt den Parteien im elektronischen Medienzeitalter kaum auf, daß bei parlamentarischen Wahlen der wählerbeeinflussende Stellenwert des Spitzenkandidaten in der Regel überschätzt wird, wie sich trefflich an Beispielen zeigen läßt:

Als Bundeskanzler Helmut Schmidt 1980 für die SPD im Kanzlerkandidaten-Rennen Franz Josef Strauß als offizieller Konkurrent um die Kanzlerschaft gegenüberstand, hatte er nach Umfragen mehr als drei Viertel der Bevölkerung hinter sich und Strauß weniger als ein Fünftel. Aber dennoch hatte die SPD, die sich zu jener Zeit fast durchgängig loyal hinter ihren Kanzler stellte, bei der Wahlauszählung 2 % weniger als die CDU/CSU. Diese errang zwischen 1976 und 1987 ihre größten Wahlerfolge mit Helmut Kohl als Parteiführer und später als Kanzler, als dieser in den Umfragen deutlich hinter den Popularitätswerten seiner eigenen Partei lag und keine guten Noten in den Medien hatte. Die SPD verlor die Wahlen 1987, obwohl sie mit Johannes Rau den zu dieser Zeit populärsten deutschen Politiker als Kandidaten präsentierte. Die FDP hatte selbst in den Jahren um ihre parlamentarische Existenz zu kämpfen, als ihr Spitzenmann Genscher die persönlich höchsten Zustimmungswerte erzielte.

Der britische Premierminister Major gewann 1992 die Wahl wider alle Erwartungen, obwohl er in den Medien schon als völlig »erledigt« galt. François Mitterrand, der in den letzten Jahren seiner ersten Amtsperiode seine Popularität weitgehend eingebüßt hatte, wurde dennoch 1988 wiedergewählt. Der neue französische Präsident Chirac, der bei der 95er-Präsidentenwahl als haushoher Favorit galt, landete zu aller Überraschung im ersten Wahlgang nur an zweiter Stelle hinter dem erst zwei Monate vorher als Notkandidat der französischen Sozialisten angetretenen Jospin und wäre um ein Haar sogar hinter seinem Konkurrenten Balladur eingelaufen, womit er aus dem zweiten Wahlgang ausgeschieden wäre. Die Wiederwahl von George Bush galt noch zu Beginn des Jahres 1992 als unbezweifelbar, so daß die populärsten Politiker der Demokratischen Partei es vorzogen, gar nicht ins Rennen einzusteigen; aber er verlor im Herbst desselben Jahres die Wahl gegen Clinton, der wenige Monate vorher als unbekannter und deshalb chancenloser Außenseiter gegolten hatte.

Diese Beispiele zeigen, daß politische Wahlen im Bewußtsein der Bevölkerung mehr als politische Richtungswahlen betrachtet werden, als es viele Angehörige der sogenannten »politischen Klasse« – zu der nicht nur die hervorgehobenen Repräsentanten der Parteien und ihre Werbefachleute, sondern auch die Repräsentanten der überregionalen Medien gehören – annehmen.

Die Reduktion des Politischen auf einen Personenwettbewerb führt dazu, daß Politik durch einen Spitzenkandidatenkult ersetzt wird, mit dem die Parteien nicht nur die Öffentlichkeit entpolitisieren, sondern auch sich selbst. Dieser Kult verlangt von den jeweiligen Figuren, sich selbst übermenschliche Allroundeigenschaften zuzusprechen oder zusprechen zu lassen, denen sie aber gar nicht gerecht werden können. Ein Manko, das sie dann mit schauspielerischen Mitteln zu überspielen versuchen. Je mehr politische Akteure darin den Inhalt ihrer persönlichen Karriere sehen, desto mehr degeneriert Politik zum mediengerechten Komödiantentum. Parteien werden privatisiert und degenerieren zu Wählerinitiativen einzelner Kandidaten.

Um der jeweils marktgängigen Personen- und Produktwerbung willen erhalten die Public-Relations-Berater mehr politischen Einfluß als ganze Führungsgremien oder Parteitage. Die Mechanismen einer selbstauferlegten Medienhörigkeit stoßen demokratische Beteiligungswünsche ab. Sie entfremden gerade politisch Interessierte von der Politik, wodurch die Parteien allmählich die potentiell Aktivsten in der Bevölkerung verlieren. Je mehr sich aber die Parteien auf die nur individuellen Erfolgsrezepte der Mediengesellschaft einlassen, desto mehr sind sie Subjekt und Objekt der Zerstörung einer demokratischen Kultur: Sie treiben so Schindluder mit sich selbst und mit der Demokratie, die ohne Parteien nicht lebensfähig ist.

Politikverflechtungsfalle: die Marginalisierung parlamentarischer Funktionen

Die schleichende Marginalisierung der parlamentarischen Funktionen im politischen Institutionensystem ist einer der Gründe für die Erosion der Parteiendemokratie, auf die viel zuwenig geachtet wird. Eine permanente Zentralisierung des politischen Institutionensystems vollzieht sich, die die parlamentarischen Entscheidungskompetenzen laufend reduziert und gleichzeitig deren unverzichtbare Aufsichtsfunktion gegenüber den Regierungen Zug um Zug einschränkt. Je mehr aber der Parlamentarismus marginalisiert wird, desto mehr müssen zwangsläufig die Parteien an Stellenwert verlieren. Die Politikverflechtung ist zu einem kaum noch durchschaubaren Labyrinth geworden, in dem es nicht nur die Zellteilung von Zuständigkeiten auf der horizontalen Ebene gibt – also durch die Vermehrung der Ressorts –, sondern auch eine vertikale Zellteilung von der kommunalen bis zur europäischen Ebene. Je mehr »Mischkompetenzen« einschließlich der »Mischfinanzierungen« es aber gibt, desto anonymer die Verantwortung der einzelnen Institutionen. Diese werden zu Verschiebebahnhöfen von Entscheidungen, so daß es für jede unsinnige Entscheidung einen kaum noch nachvollziehbaren Sachzwang durch andere, für die jeweiligen parlamentarischen Vertretungen nicht greifbare, Entscheidungsinstanzen gibt – und für jede unterlassene Entscheidung eine wohlfeile Entschuldigung. Politische Institutionen müssen bei diesen Verflechtungen unbeweglich und unfähig werden, in einer Krisendynamik noch die Aufgaben wahrzunehmen, die von ihnen erwartet werden; mit anderen Worten: Die wachsende Staatsverdrossenheit ist unausweichlich, in Verbindung mit der lauter werdenden Frage, warum sich die Allgemeinheit die kostspieligen Staatsverwaltungen noch leisten soll – Verwaltungen, die wegen der zunehmenden Mischkompetenzen sogar anwachsen müssen, obwohl beziehungsweise weil die Kompetenz einer einzelnen Verwaltung beschnitten wird. Diese Entwicklungen wuchern laufend weiter, insbesondere mit der Internationalisierung politischer Kompetenzen durch die Europäische Union und durch internationale Vertragswerke, die die nationalen Gestaltungskompetenzen insbesondere in wirtschaftlichen Fragen – und damit die eigenen demokratischen Spielräume – beschränken. Internationale Verträge können von Parlamenten im einzelnen nicht mehr geändert werden, und im parlamentarischen Ratifizierungsverfahren kann nur noch pauschal zugestimmt oder abgelehnt werden. Die neuere Praxis – wie beim Maastricht-Vertrag und dem Welthandelsabkommen und auch bei weiteren Verträgen – ist, daß internationale Verträge inzwischen zahllose Einzelbestimmungen enthalten, die bestehende nationale Gesetze mit einem rein innenpolitischen Gehalt außer Kraft setzen beziehungsweise umformulieren. Die parlamentarische Demokratie wird damit durch eine faktische Diktatur von Regierungsausschüssen zum Teil fast ausgeschaltet.

Die Abbildung S. 119 zeigt, wie auf den verschiedenen Ebenen parlamentarische Vertretungen, die untereinander keine Verflechtung haben können, Regierungen und Verwaltungen gegenüberstehen, die untereinander nicht nur verflochten, sondern in der Wahrnehmung ihrer Aufgaben voneinander abhängig sind. Auf den jeweiligen Zwischenebenen fallen, unter völligem Ausschluß der Öffentlichkeit, inzwischen zahllose Entscheidungen über den Inhalt nationaler Gesetze und europäischer Richtlinien. Sobald im deutschen Gesetzgebungsverfahren der Bundesrat im Spiel ist, hat faktisch ein Gremium von 16 Fachbeamten der Länderregierungen mehr Einfluß als die Mehrheit des Bundestags und aller Landtage zusammen. Auf der europäischen Ebene sind es 15 Regierungsbeamte, die die Richtlinientexte auf Punkt und Komma determinieren können. Diese Mechanismen machen heute schon die parlamentarische Demokratie streckenweise zur Farce. Fritz Scharpf nennt dies die »Politikverflechtungsfalle«[72]. Die jeweiligen institutionellen Interessen sind dabei durch kein parlamentarisches Gremium kontrolliert. Diese Entwicklung ist Ausdruck des »überentwickelten Staates«, wie ihn Leopold Kohr beschrieben – und als nicht überlebensfähig bewertet hat[73].

Diese Erosionserscheinungen der parlamentarischen Demokratie sind merkwürdigerweise kaum ein Thema politischer Diskussion, auch nicht in Parlamenten und Parteien. Daß dies noch nicht einmal in Parteien thematisiert wird, obwohl sich ihre Ziele über Parlamente realisieren müssen und sie ohne funktionsfähigen Parlamentarismus selbst funktionslos werden, zeigt vielleicht am deutlichsten, wie weit ihre Entpolitisierung schon fortgeschritten ist. Sie offenbaren damit einen tiefgreifenden Wandel ihres Selbstverständnisses: Sie operieren nicht mehr in erster Linie als Repräsentanten von Teilen des Volkes im politischen Institutionensystem, sondern als Repräsentanten dieses Institutionensystems in der Bevölkerung.

Offensichtlich gelten inzwischen andere Ziele als höherrangiger als das Prinzip demokratischer Selbstkontrolle, weshalb man sich dem Sachzwang zur »Entdemokratisierung« beugen müsse. Daraus ergibt sich die merkwürdige Logik, daß Völkerverständigung die weitgehende demokratische Entrechtung der Völker geradezu bedinge – und dies zu genau dem Zeitpunkt, an dem man den Entspannungspolitikern der 70er und 80er Jahre vorwirft, sie hätten die demokratischen Bedürfnisse der Ostblockbevölkerung zugunsten der Friedenspolitik vernachlässigt. Eine merkwürdige – und unhistorische (!) – Angst vor der Unberechenbarkeit autonomer demokratischer Entscheidungen kommt hier zum Ausdruck. Es ist ein Zurück zum Europa Metternichs.

Die Regierungen in der Europäischen Union, die den Schritt zu einer Demokratisierung der Europäischen Institutionen be-

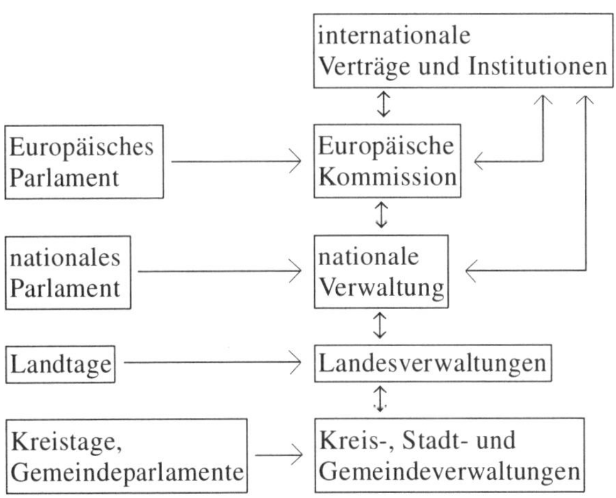

schließen müßten, tun dies ohne wirkliches Engagement, weil die gegenwärtigen Entscheidungsstrukturen für sie sehr komfortabel sind. Sie können in Ministerräten Gesetze verabschieden, ohne von der Öffentlichkeit oder parlamentarischen Gremien gestört zu werden. Tatsächlich sägen sie aber wegen der damit verbundenen Delegitimierung der parlamentarischen Parteiendemokratie permanent an dem Ast, auf dem sie selber sitzen.

Demokratische Prozesse und besonders Parteien leben von der Unmittelbarkeit der Beteiligung, weshalb sich die nationalen Parlamente und die Parteien selbst bei vollen parlamentarischen Rechten für das Europäische Parlament dennoch weiter delegitimieren würden – solange es bei der weiteren Zentralisierung von Zuständigkeiten und den undurchsichtigen vertikalen Mischkompetenzen bleibt. Demokratie in Europa hat darum nur eine Zukunftschance, wenn die Europäische Union in durchdachter Weise föderalistisch organisiert wird. Dies bedeutet: nur die nötigsten Entscheidungskompetenzen zu zentralisieren. Die Dezentralisierung innerhalb der politischen Institutionen muß an oberster Stelle stehen. Tatsächlich findet aber die umgekehrte Entwicklung statt. In der Bundestagsdebatte am 2. Dezember 1992 zur Ratifizierung des Maastricht-Vertrags begründete ich mein abweichendes Votum mit folgenden Worten: »Der erste große Versuch zu einer europäischen Friedensordnung, das Metternichsche Europa des Wiener Kongresses, scheiterte am Legitimationsdefizit der obrigkeitlich verfaßten europäischen Großstaaten. Diese Ordnung war gegen die junge Demokratiebewegung gerichtet, weil man von dieser ein Zerbrechen der inneren und äußeren Stabilität befürchtete. Die Demokratiebewegungen sprengten dieses Europa, aber sie lösten auch – größtenteils ungewollt – das Zeitalter nationalistischer Exzesse aus. Die Vermutung liegt nahe, daß ein integriertes Europa, das sich durch ein demokratisches Minus ausweist, deshalb gesprengt werden könnte und das ungewollte Ergebnis nationalistische Rückfälle wären. Deren tiefere Ursache wird dann sein, daß der Integrationsprozeß der Europäischen Gemeinschaft im Jahr nach dem demokratischen Aufbruch in Osteuropa und in Ostmitteleuropa in demokratischer Geschichtsvergessenheit konstruiert wurde.«[74] Zur Erosion der Parteiendemokratie in den westeuropäischen Demokratien hat diese Entwicklung wahrscheinlich schon wesentlich mehr beigetragen, als man sich eingesteht.

Komplexitätsfalle: das Versagen der Eliten

Neben der Politikverflechtung *zwischen den politischen Institutionen*, die zuvor behandelt wurde, steht aber noch zusätzlich die *Verflechtung der politischen Institutionen mit gesellschaftlichen Akteuren*. Während die eine Verflechtung die demokratischen Mitwirkungsmöglichkeiten marginalisiert, aber nicht das politische Mandat der Institutionen in Frage stellt, führt die Verflechtung mit nicht legitimierten gesellschaftlichen Kräften zur Marginalisierung des politischen Mandats.

Der Soziologe Niklas Luhmann meint, daß »komplexe Gesellschaften« auf eine »funktionale Differenzierung angewiesen« seien. Um die Komplexität zu reduzieren, müssen die Aufgaben an »gut profilierte Teilsysteme delegiert und dort im Interesse höherer Leistung funktional spezifiziert werden«[75]. Diese Teilsysteme müßten zugleich autonom sein und miteinander vernetzt arbeiten. Dies entspricht tatsächlich schon weitgehend dem Verhältnis der politischen Institutionen zu den gesellschaftlichen Organisationen: Die politischen Institutionen verstehen sich nicht mehr in erster Linie als diejenigen, die über das allgemeine Gesetzgebungsmonopol und ein Gewaltmonopol verfügen, sondern als Teilsystem neben den prinzipiell gleichrangigen Teilsystemen von Wirtschaft, Wissenschaften, Medien oder Verbänden, die zusammen als jeweils autonome Teilsysteme untereinander einen Konsens herzustellen versuchen, der letztlich nur noch durch Regierung und Parlament ratifiziert werden muß. Das besondere politische Mandat, die auf die Gesellschaft als Ganze bezogene Handlung, rückt in den Hintergrund – ein Vorgang, der eine entscheidende Relativierung und damit Auflösung des Politischen bedeutet.

Die politischen Institutionen, ihrerseits nunmehr nur noch ein Teilsystem, nehmen ihre besonderen originären Funktionen im demokratischen Verfassungsstaat nur noch nominell, aber in immer selteneren Fällen jedoch tatsächlich wahr. Sie degradieren damit ihre essentiellen Verantwortlichkeiten. Da sie die einzigen unter den Teilsystemen sind, die sich einer allgemeinen Wahl stellen müssen und die gesellschaftlichen Erwartungen auf sich ziehen, werden sie dennoch automatisch zum Sündenbock und zum Mülleimer jeglicher Kritik, auch für die Fehlentwicklungen, die sie nicht mehr verantworten können oder wollen. Das Teilsystem der Politik ist das einzige, das dauernd unter kritischer öffentlicher Beobachtung steht. Es ist deshalb auch, trotz nachlassender Gestaltungskompetenz, mehr als alle anderen der Gefahr der öffentlichen Delegitimierung ausgesetzt – während sich die anderen Teilsysteme im Schatten der sichtbaren Verantwortlichkeiten aufhalten. Da innerhalb des Teilsystems der Politik die Parteien als einzige mit den Menschen direkt konfrontiert sind, sind sie die öffentlich Angeklagten dieses Geschehens. Zugespitzt: Entweder das politische »Teilsystem« setzt die autonomen Gestaltungsvollmachten, die von den Verfassungsgrundsätzen her den höheren gesellschaftlichen Stellenwert haben, wieder in Kraft, oder es wird zur Marionette der anderen Teilsysteme und geht – zumindest als Parteiensystem – dabei unter.

Die Verkümmerung des politischen Teilsystems ist vielleicht der Grund, warum es den großen Bedeutungszuwachs – in den Augen der Bevölkerung – von Verfassungsgerichten und den Popularitätszuwachs von Plebisziten gegeben hat. Ein Verfassungsgericht entscheidet autonomer als Parlamente und Regierungen, es veranstaltet keine Konsensgespräche, ist nicht durchsetzt von Interessenverbänden und ist nicht unverblümten Erpressungsdrohungen ausgesetzt. Seine Entscheidungen haben also noch den autonomen Charakter, der sonst im politischen Teilsystem großenteils inoffiziell aufgegeben wurde. Das gleiche gilt für Plebiszite: Ihre Entscheidungen sind eindeutig und definitiv, können nicht sofort widerrufen oder verwässert werden. Sie dokumentieren den überlegenen Gestaltungsanspruch einer demokratischen Mehrheit, den allgemeinverbindlichen Mehrheitsbefehl in einer strittigen Frage. Obwohl es viele Fragwürdigkeiten bei Plebisziten gibt, die auch ich in einer früheren Schrift einmal zusammengefaßt habe[76], so steigt aber deren Sinnhaftigkeit, weil die Parlamente und damit auch Parteien ihre besondere politische Vorrangstellung gegenüber nicht demokratisch legitimierten Teilsystemen nicht mehr adäquat ausüben – besonders nicht gegenüber den großen wirtschaftlichen Interessen.

Diese Konsenssuche mit anderen Teilsystemen ist nicht etwa Ausdruck besonderer demokratischer Reife, sondern zeugt eher von konzeptioneller Unsicherheit und vom Bedürfnis, die Verantwortung nicht mehr allein tragen zu müssen. Sie ist der Versuch politischer Mandatare zur »Reduktion der Komplexität« (Luhmann). Der Verweis auf die Komplexität begründet auch den Rückzug der politischen Akteure auf ihre spezialisierten Zuständigkeiten, wie es heute dem parlamentarischen Alltag entspricht. Die unzweifelhaft vorhandene Komplexität führt zu der scheinbar logischen Schlußfolgerung, zur Lösung gesellschaftlicher Probleme seien – eben wegen der Komplexität – nur noch Detailantworten denkbar, die zu geben Sache des spezialisierten Gegenwartspolitikers sei. Damit läßt sich trefflich begründen, warum es auch kaum noch zentrale Prioritäten gibt.

So entstehen Hunderte von Kleinkonzepten und Miniantworten, die mit großem Fleiß erarbeitet werden, während jeder Versuch, auf ein komplexes Problem *die* zentrale Antwort zu formulieren, als »zu einfach« abgetan wird. Die Verweise auf die zahllosen Problemverästelungen, also auf den vermeintlich nicht mehr überschaubaren Zusammenhang, lähmen gleichzeitig die Einzelinitiative. Ebenso fördert die Komplexität die Versuchung, Lösungen dauernd zu vertagen – oder Probleme einfach über Bord zu werfen, von denen man sich überfordert fühlt. Damit erklärt sich auch die leichtfertige Bereitschaft zur Privatisierung öffentlicher Aufgaben: Man ist als politische Institution das Problem scheinbar los und bekommt in Zeiten wirtschaftsliberaler Hegemonie dafür sogar noch Beifall von der öffentlichen Meinung. Die Komplexität erleichtert es auch, die Kurzfristentscheidung vor die Langfristentscheidung zu setzen, weil es Gründe genug dafür gibt, sich auf die Unvorhersehbarkeit aller Entwicklungsströme zu berufen. Für jedes Detailproblem liefert obendrein die hochspezialisierte Wissenschaft, als Berater gerufen, auch noch eine Ausschnittsantwort. Die Diskrepanz zwischen den davoneilenden Megaproblemen und den Minirezepten wird zwar laufend größer, aber mit diesen Rezepten, möglichst im Konsens herbeigeführt, fühlt sich der politische Akteur auf sicherem Terrain. So wird permanent anhand von Expertenmeinungen begründet, warum die Komplexität – etwa der Energieversorgung – es verbiete, eine überzeugende Antwort zur Erhaltung der Ökosphäre zu entwickeln. In dieser Komplexitätsfalle befinden sich alle Funktionseliten, nicht nur die politischen. In ihrem jeweiligen spezialisierten Funktionsrahmen produzieren sie Teilantworten aus ihrer Sicht, die aber den Zusammenhang der Probleme meistens ignorieren. Wenn sich dann selbst die politischen Institutionen nur als ein Teil des Ganzen verstehen, ist niemand mehr für das Ganze zuständig.

Die Fachantworten, die die Funktionseliten der Teilsysteme präsentieren, haben sich in bemerkenswert vielen Fällen als falsch und kurzsichtig herausgestellt. Beispiele dafür fallen inzwischen jedem ein: ob es sich um die Verschätzung um Milliardenbeträge bei Investitionsprojekten handelt; oder um das unbedenkliche Setzen auf Technologien, die sich als höchst gefährlich herausgestellt haben; oder um wirtschaftswissenschaftliche Prognosen, die völlig an der Wirklichkeit vorbeilaufen; oder um eklatante Innovationsversäumnisse in der Industrie. Doch die Funktionseliten in den wirtschaftlichen, wissenschaftlichen und politischen Teilsystemen sind so etabliert, daß sie trotz breitester Fehlerspur weiter beanspruchen dürfen, die gesellschaftliche Kompetenz auf ihrem Gebiet zu repräsentieren. Wirtschaftsführer können Unternehmen in den Ruin führen, aber sie formulieren den Maßstab für »wirtschaftliche Kompetenz«, dem sich Politiker anpassen, wenn sie »Wirtschaftskompetenz« beweisen wollen. Trotz offenkundiger Perspektivlosigkeit gegenüber der ökologischen Krise und gigantischen Fehlinvestitionen wird den Repräsentanten der Energiewirtschaft noch immer der überlegene Sachverstand auf dem Energiesektor zugestanden, so daß sich trotz allem das Gros der Medien und der Politiker weiter an deren Empfehlungen orientiert. Den etablierten Sicherheitsexperten des NATO-Spektrums, obwohl sinnlose Rüstungsprojekte und gravierende sicherheitspolitische Fehleinschätzungen auf ihren »Sachverstand« zurückgehen, dürfen noch immer den Maßstab sicherheitspolitischer Kompetenz beanspruchen – so daß sich das Gros der Sicherheitspolitiker in ihrem Bemühen, von diesen als »kompetent« anerkannt zu werden, daran geistig anpaßt. Namhafte Architekten dürfen hanebüchene Fehlplanungen vorweisen, ohne daß es an Folgeaufträgen mangelt. »Technologiepäpste« können mit ihren Empfehlungen und Versprechungen katastrophal teure Fehlschläge provozieren, aber noch immer gelten sie als Sachverständige, auf die »man« hört und die auf Kongressen und in Medien das große Wort führen dürfen. Daß angesichts dieser Erfahrungen jetzt dennoch die Diskussion über die Notwendigkeit von Eliten hochkommt, ist hochgradig gemeingefährlich. Offenbar will man sich der lästigen Kritiker, die allzuoft recht hatten, entledigen.

Die Teilsysteme haben sich offenkundig verselbständigt, wobei ihre Funktionseliten ebenso offenkundige Wahrnehmungsstörungen haben, die sich häufig nahtlos über die Fachpolitiker – die selbst mehr integraler Bestandteil des jeweiligen Teilsystems sind – auf die politischen Institutionen übertragen. Das Ergebnis ist also nicht nur, daß das politische Teilsystem seine eigentliche Aufgabe, die in der Gestaltung des gemeinwohlorientierten Zusammenhangs liegt, nicht mehr ausreichend wahrnimmt und sich durch die Delegation von Verantwortung an andere selbst politisch amputiert hat. Das Ergebnis ist auch, daß es als politisches Teilsystem dabei seine geistige Autonomie verloren hat.

Luhmann selbst spricht von den Gefahren des Mißbrauchs eines »Pauschalbegriffs Komplexität«[77]. Offensichtlich ist dieser Begriff auch nicht geeignet, die Herausforderungen, vor denen wir stehen, in gesellschaftsverträglicher Weise zu bewältigen. Das könnte nur durch eine konstruktive Vernetzung der Teilsysteme untereinander geschehen. Dann müßten diese aber in einem gemeinsamen Bezugsrahmen operieren: Im Verhältnis der politischen Institutionen eines Staates zu einem multinationalen Unternehmen ist das jedoch immer seltener der Fall. Wenn die Vernetzung gelingen soll, dürfte auch kein Teilsystem andere dominieren können: Genau diese Dominanz ist aber gegeben, weil die private Unternehmenswirtschaft autonom vollendete Tatsachen schaffen kann, während die politischen Institutionen immer noch die Vernetzung suchen, wo sie autonom entscheiden müßten. Die Dominanz der privaten Unternehmenswirtschaft erstreckt sich mittlerweile auf große Teile der Wissenschaft und der Medien, die ihre Autonomie schon an die private Wirtschaft, die sie mit Anzeigen, Gutachter- und Forschungsgeldern versorgt, veräußert haben.

Ein anderer grundlegender Irrtum der Überlegungen, das Teilsystem der Politik funktionell mit anderen gleichsetzen zu wollen, ist die im Unterschied zu rein professionell und kommerziell arbeitenden Sektoren vollkommen andere Funktionsweise von Parteien. Diese können nur existieren, wenn und solange sich ideelle Motivationen in ihnen wiederfinden und realisieren können. Diese sind die Voraussetzung dafür, daß sie Mitglieder gewinnen und persönliches Engagement zur Übernahme öffentlicher Aufgaben mobilisieren können, das zum allergrößten Teil ein nichtprofessionelles ist. Diese Funktion einer Partei verkommt, wenn sie sich nur noch als ein funktionales Teilsystem versteht, das kein übergreifendes politisches Mandat mehr haben soll. Eine Partei, die nur noch in einem begrenzten Rahmen funktioniert, wird ihre Mitglieder- und Wählerbasis verlieren und damit ihren essentiellen Stellenwert für eine demokratische Gesellschaft. Sie verliert ihren Unterbau und degeneriert zu einer Institution ihrer wenigen professionellen Funktionsträger. Sie wird bestenfalls zu einer Klientelorganisation, schlimmstenfalls zu einer Klientel ihrer selbst, zu einem Berufsverband von Politikern.

Die funktionsorientierten Systemtheorien und -praktiken haben eo ipso kein Sensorium für die Motorik und Dynamik demokratischer Teilhabe. Sie dienen deshalb, wie Habermas in einer Antwort auf Luhmann hervorhebt, bewußt oder unbewußt der »Abwehr einer in komplexen Gesellschaften sich aufdrängenden Alternative«, nämlich der »Demokratisierung aller für die Gesamtgesellschaft folgenreichen Entscheidungsprozesse« – eine Demokratisierung, die es erlauben würde, »die legitime Geltung beanspruchenden Handlungsnormen beim Wort zu nehmen, um sie diskursiv einzulösen oder abzuweisen«[78]. Die »Komplexität« ist zur Handlungsnorm und zum Ersatz für politische Ideen geworden. Der Eindruck ist nicht zufällig weit verbreitet, daß

Parteiführungen ideelle politische Bezüge nur noch zur Befriedigung vorhandener ideeller Werte von Mitgliedern und Wählern artikulieren, um sie bei der Stange zu halten, ohne selbst noch daran zu glauben. Der Unterschied zu einer Firma, die ihre Stammkunden als treuen Käuferkreis besonders anspricht, wäre dann nur noch der, daß es in der Wirtschaft durchaus üblich ist, von heute auf morgen das Management zu wechseln, während dies zwischen Parteien nur gelegentlich vorkommt. Würden solche Wechsel prinzipiell selbstverständlich, fiele es allzusehr auf, daß die politischen Ideen der Parteien nur noch die Funktion einer politischen Handelsmarke haben, aber von vielen ihrer Repräsentanten nicht mehr ernst gemeint sind.

Jedenfalls ist die soziale und demokratische Entideologisierung der Parteiendemokratie der Beginn ihrer Agonie und ein zentrales Element der Auflösung des Politischen, das zum Ende der Möglichkeit einer humanen Gesellschaft führen muß. Menschen werden von Mißständen, von Not- und Elendstatbeständen politisiert, gegen die sich ihr natürliches Lebensinteresse richtet, und von mitmenschlichen Gefühlen und Werten, deren politische Artikulation dann eine ideologische ist. Bei dem globalen Flächenbrand an gegenwärtigen und kommenden Tragödien ist es scheinrationale Ignoranz oder blanker Unsinn, vom Ende eines ideologischen Zeitalters zu reden. Alles spricht dafür, daß wir am Beginn eines neuen ideologischen Zeitalters stehen, in dem sich lediglich die Fronten und die Konfliktfelder verlagert und die Akteure verändert haben.

Bisher haben wir die Auflösungstendenzen des Politischen vor allem im Zusammenhang mit der parlamentarischen Parteiendemokratie betrachtet, wie sie sich generell beobachten lassen, also ohne uns direkt auf konkrete Parteien zu beziehen. Das müssen wir nun tun und beobachten, wie sich die beschriebenen Tendenzen in den Parteien niederschlagen, wie diese sich bewegen und entwickeln und warum sie dem gesellschaftlichen Zusammenhang noch gerecht werden können. Wir behandeln dabei nur die beiden großen Parteiströmungen, die sich als rechtes und linkes Zentrum der westeuropäischen Parteiendemokratie herauskristallisiert haben: das liberalkonservative und das sozialdemokratische Parteienspektrum.

Wertelüge: die Existenzkrise konservativ-demokratischer Parteien

Zum Konservatismus neigen in der Regel diejenigen, die mehr zu verlieren als zu gewinnen haben – eine Haltung, die selbstverständlich keineswegs auf den offiziellen politischen Konservatismus beschränkt ist. Martin Greiffenhagen, der sich ausführlich mit dem Konservatismus beschäftigt hat, sieht einen wesentlichen Handlungsvorteil konservativer Parteien darin, daß sie den »Beweislastvorteil« hätten: Gesellschaftsreformerische Parteien dagegen müssen stets einer Mehrheit zu beweisen versuchen, daß etwas, zu dem es noch keine empirischen Erfahrungen der Menschen gibt, besser ist[79]. Ich nannte dies einmal den »Heimvorteil für rechts«. Von den drei klassischen Ideologien der Neuzeit – dem Konservatismus, dem Liberalismus und dem Sozialismus – hat sich in den meisten westlichen Demokratien der Konservatismus mit den mehr konservativen Strömungen des Liberalismus verschmolzen. In den Ländern, in denen sich sozialkatholische Strömungen politisch organisierten, haben sich diese überwiegend den konservativen Parteien angeschlossen und ihnen auch ein soziales Profil verliehen, so der CDU, den früheren italienischen Christdemokraten, der ÖVP oder den niederländischen Christdemokraten. Eine Charakteristik des Liberalkonservatismus besteht darin, die Gesellschaft als organisch gewachsen zu beschreiben. Sie habe sich in langsamer Evolution entwickelt. Diese gewachsenen Beziehungen werden von Konservativen gern als Vorwand gegen Veränderungen genommen, weil diese unvorhersehbare oder unkontrollierbare Entwicklungen auslösen würden. Der Staat legitimiert sich bei den klassischen Konservativen aus sich selbst heraus, – aus der einfachen Tatsache, daß er existiert. Der Akzent liegt auf der Unterschiedlichkeit der Menschen, weshalb auch Einkommensunterschiede, Erb- und Besitzprivilegien grundsätzlich nicht in Frage gestellt werden. In den Institutionen des Eigentums, der Familie und der Kirche sieht er die eigentlichen Garanten für eine gesellschaftliche Stabilität. Er votiert zwar für die individuelle Freiheit, sie darf sich aber nicht gegen diese genannten Institutionen – die den Rang von Werten haben – und das organische Staatsverständnis richten. Das Motiv für Liberale, sich dem Konservatismus anzuschließen, liegt in der Eigentums- und Marktorientierung sowie in der Betonung der Unterschiede zwischen den Menschen, die nicht weiter erklärt oder gerechtfertigt werden müßten. Meist lehnen Konservative Gesellschaftstheorien ab und haben ein eher praktisches Staatsverständnis, das sich auf die unmittelbar anstehenden tagespolitischen Anforderungen konzentriert. Dabei gehen sie von der Annahme aus, sie hätten einen naturgesetzlich vorgegebenen Regierungsanspruch. Deshalb entwickeln sie, um die Regierungsmacht zu erwerben oder zu erhalten, oft eine erstaunliche pragmatische Flexibilität und stehen sich wesentlich seltener wegen eines Prinzips selbst im Wege, als das oft bei linken Parteien der Fall ist.

Diese Flexibilität erklärt sich wohl vor allem daraus, daß der Konservatismus eigentlich kein Grundprinzip hat, das er für die gesamte Gesellschaft anstrebt. Dies hat der amerikanisch-britische Philosoph Ted Honderich in einer brillanten Bestandsaufnahme über »Das Elend des Konservativismus« herausgearbeitet. Das eigentliche Merkmal konservativen Selbstverständnisses sieht er in dessen »Verdienstprinzip«: Was man hat, ob Eigentum oder Vorrechte, hat man sich verdient oder verdient man. Seine massenwirksame Attraktivität erreicht der Konservatismus dadurch, daß wir alle »uns zuerst um unsere eigene Bedürfnisbefriedigung und um die der wenigen, die uns nahe sind«, kümmern. Diese »universelle Gültigkeit der Selbstbezogenheit« bilde den Kern der konservativen Programme. Honderichs Verdikt des Konservatismus stützt sich jedoch nicht auf den in der Natur des Menschen angelegten Egoismus an sich, sondern auf die Feststellung, daß die Konservativen »nichts anderes als dies sind. Denn der Egoismus ist Anfang und Ende ihrer Ideologie, er ist die einzige Leitmaxime, die sie haben. Sie stehen da ohne die Unterstützung und die Legitimierung durch ein moralisches Prinzip. Und das ist es, wodurch sie sich von ihren Gegnern unterscheiden. Diese düstere Erkenntnis ist die beste und einzige Erklärung all ihrer Charakteristika. Die Art von Wandel, gegen den die Konservativen eingestellt sind, ist ein Wandel, der gegen ihre Eigeninteressen gerichtet ist... und dasselbe Motiv steht auch hinter ihrer Abneigung gegen Theorien und Ideologien, die selbstredend nicht einfach nur Theorie oder Ideologie sind.« Honderich geht noch weiter: »Die finstere Amoralität erklärt auch weitgehend den Stil der Konservativen, besser: ihre unterschiedlichen Stilformen und Verfahrensweisen. Zu ihnen gehören Auslassungen und vage Andeutungen, wie etwa in den Äußerungen über das Ziel eines Leistungsanreiz-Systems, ebenso bombastische Formulierungen, spirituelle Ausflüchte und getragene Töne an Stelle von Definitionen. Vorgetäuschte Leutseligkeit, politische Metaphysik und der Rückzug aus der Ernsthaftigkeit entsprechen in ihrem Niveau den schlechten Argumenten.« Der Konservatismus selbst habe »am Ende nichts zu sagen«[80].

Damit wird klar, wie der Konservatismus agiert, wenn sich Zielkonflikte zuspitzen, die Spreu vom Weizen getrennt werden muß und es unweigerlich wirklich ans »Eingemachte«, an den Kern geht. Bis dahin legen gerade große konservative Parteien ihre bereits angedeutete Flexibilität an den Tag. Als Partei wie als Organisation können sie, wenn es machtpolitisch opportun ist, von einem Tag auf den anderen und je nach Publikum ihre Farbe wechseln.

Selbstverständlich sind die Wähler und Mitglieder der konservativen Parteien nicht generell so zu bewerten; es gibt viele, die ein ausgeprägtes soziales Wertesystem haben und die individuelle Freiheiten, den Schutz der Familie, der Staatsgemeinschaft und die Bewahrung christlicher Werte bei diesen Parteien am besten aufgehoben wähnen. Beileibe nicht jedes Mitglied einer konservativen Partei ist persönlich ein Konservativer im beschriebenen Sinne.

Aber wie treffend Honderichs Beobachtungen sind, zeigt sich vor allem daran, daß alle diese Parteien seit den 70er Jahren, wenn auch, je nach ihrer Herkunft, unterschiedlich schnell und radikal, die neoliberale Ideologie übernommen haben und diese zu ihrem Hauptpunkt gemacht haben – als ein Indiz dafür, daß es nunmehr tatsächlich »ans Eingemachte« geht. Natürlich erfolgte dies nicht ohne innerparteiliche Widerstände und Brüche. Es ist kein Zufall, daß sich der Neoliberalismus mit seiner »Lumpenintelligenz« (Honderich) am unbekümmertsten da artikuliert, wo eine neue nur noch konkurrenzökonomistisch ausgerichtete Aufsteigergeneration auf den Plan tritt. Diese stellte zum Beispiel die Kader für Margaret Thatcher, als sie die Führung der britischen Konservativen fast putschartig an sich riß, oder für Haider, als er das gleiche bei der FPÖ machte. Auch Berlusconis Forza Italia ist eine sozialethisch skrupellose ökonomische Aufsteigertruppe, die ihre Stunde gekommen sieht.

Mit den sich zuspitzenden Krisen und den damit verbundenen existentiellen Ängsten wächst nun wieder die Zahl derjenigen, die sich auf das egoistische Kernmotiv zurückziehen und sich radikalisieren – mit Auswirkungen auf die Wählerschaft, die Mitglieder und die politischen Akteure vor allem in den liberalkonservativen Parteien.

- Eine Folge dieser Entwicklung ist die zunehmende Fremdenfeindlichkeit und die Infragestellung von Minderheitenrechten, einschließlich der Forderung nach Abbau der allgemeinen liberalen Grundrechte. Am deutlichsten schlug sich das in der Asyldebatte nieder, die bewußt zur fremdenfeindlichen Aufwiegelung genutzt wurde – jedesmal getrieben von den Kampagnen semi- oder neofaschistischer Parteien wie den deutschen »Republikanern« oder der Nationalen Front Le Pens, was zu einer Renaissance rechtskonservativer Haltungen in den liberalkonservativen Parteien führte.
- Eine andere, bisher zuwenig wahrgenommene Folge ist, daß die Wertelüge der liberalkonservativen Parteien offenkundig wird. Der neue »Hardliner-Kapitalismus« führt auch bei Wählern liberalkonservativer Parteien zu massiven Verstörungen, sobald ihnen die Kluft klar wird zwischen den offiziell verkündeten Werten und den Folgen des wirtschaftslibertären Strukturwandels. Eigentumssicherung und wirtschaftliche Selbständigkeit vieler Menschen sind dadurch nicht mehr gewährleistet. Auch die Anhänger konservativer Parteien registrieren irgendwann den unüberbrückbaren Widerspruch zwischen deren pathetischen Äußerungen zum Schutz und zur Förderung der Familie und der massiven Unterstützung all der Entwicklungen, die die Familienstrukturen und -werte zerstören: Kommerzialisierung des

Fernsehens, zunehmender beruflicher Mobilitätszwang und Dauerarbeitslosigkeit. Selbständige Landwirte und Familienbetriebe realisieren, daß vorwiegend die auf den internationalen Markt ausgerichtete Agrarindustrie gefördert wird. Kleine und mittelständische Gewerbetreibende und Handwerker erfahren am eigenen Leibe, wie die immer größere Ellbogenfreiheit der Großunternehmen noch politisch unterstützt wird. Ihnen wird früher oder später bewußt, daß die wirtschaftslibertären konservativen Parteien die Freiheiten gerade der globalwirtschaftlichen Akteure fördern, die für den globalen Wettbewerb sogar noch großzügig mit Technologieförderprogrammen ausgestattet werden – und daß sie die Zerstörung eines großen Teils der Werte- und Interessenbasis in Kauf nehmen, auf die sich diese Parteien traditionell immer gestützt haben. Sobald dieser Wertebetrug erkannt ist, führt er folgerichtig – insbesondere in den mehr ländlichen und kleinstädtischen Strukturen, die im allgemeinen die angestammte Basis konservativer Parteien bilden – zu Auflösungserscheinungen des konservativen Parteienspektrums.

– Die dritte, bisher nicht ins Bewußtsein gedrungene Folge besteht in einer Wertespaltung, so daß immer mehr Menschen – um sich psychologisch selbst zu schützen – dazu übergehen, die jahrzehntelang anerkannte offizielle Wertebasis der gleichen humanitären Rechte für alle in Frage zu stellen. Wenn die soziale Spaltung der westlichen Gesellschaft zunimmt, glauben die sozialen Opfer zwar nicht mehr daran, daß diese Werte umgesetzt werden können, aber sie geben diese Werte deshalb selten prinzipiell auf. Sie reagieren auf diese Enttäuschung allerdings anders als in früheren Jahrzehnten, nämlich resignierend. Dies ist vor allem ein Problem linker Parteien, wovon im nächsten Abschnitt gesprochen wird. Eher ein Problem der konservativen Parteien ist, daß sich unter denen, deren wirtschaftliche Existenzbasis noch gesichert ist, ein Wertewandel zu einem neodarwinistischen Ausleseprinzip vollzieht und dazu, das Vorrecht der Stärkeren und Erfolgreichen ideologisch zu beanspruchen. Je mehr sich darauf einstellen, daß für eine wachsende Zahl von Menschen auch in Zukunft nichts mehr übrigbleiben wird, desto mehr wird ein solcher negativer Wertewandel um sich greifen. Es kommt zur inneren Verrohung der Gesellschaft. Daß solche Vorstellungen das Spektrum des politischen Konservatismus beeinflussen, ist naheliegend.

Doch die Fähigkeit konservativer Parteien, sich wie ein Chamäleon zu verhalten, erschöpft sich in der sich zuspitzenden Krise. Damit stehen sie in verschärfter Weise vor der Versuchung, die eigenen Widersprüche mit Hilfe elektronischer Massenmanipulation zu übertünchen. Dabei beschränken sie sich nicht auf die traditionellen Methoden des Schürens von nationalen Emotionen, sondern machen dezidiert mobil gegen diejenigen, die mit der Infragestellung des bisherigen wirtschaftlichen Wachstums und der technologischen Eigendynamik zu den existentiellen Feinden von Wirtschaft und Beschäftigung werden. Die Strategie zielt darauf, den korporativen Egoismus unter den weitgehend entideologisierten Industriebeschäftigten und den Individualegoismus in den großstädtischen Dienstleistungszentren zu mobilisieren. Die Hauptmerkmale dieser Strategie sind eine neodarwinistische Grundeinstellung und das ungezügelte Setzen auf technologische Omnipotenzphantasien; man nimmt sogar die Zerstörung der Ökosphäre in Kauf, weil der technische Fortschritt angeblich in der Lage ist, ein Äquivalent dafür schaffen zu können.

Dies treibt große Teile der wertkonservativen und demokratisch verantwortungsbewußten »Mitte«, die sich bisher an den liberalkonservativen Parteien orientierten – vor allem diejenigen, die die ökologische Krise und die globale wirtschaftliche Monopolisierung nicht ungerührt läßt –, in politische Resignation und Heimatlosigkeit. Der größte Einschnitt für die konservativen Parteien wäre ein politischer Erfolg der Prototypen der »Neuen Rechten«, wie sie sich mit den Gingrich-Republikanern und dem von Berlusconi zusammengeführten Konglomerat formiert haben, weil er einen nochmaligen Nachahmungseffekt ähnlich wie bei der Transformation der konservativen Parteien in den 80er Jahren auslösen könnte. Es ist kaum vorstellbar, daß dies ohne Spaltung vonstatten geht. Ihre Rolle in den letzten Jahrzehnten als zwar konservative, aber integrale demokratische Kraft ist jedenfalls existentiell viel gefährdeter, als es den Anschein hat.

Umbruchslähmung: die Existenzkrise sozialdemokratischer Parteien

Wenn im folgenden auch von einer existentiellen Krise der sozialdemokratischen Parteien gesprochen wird, dann in dem Sinne, daß sie ihre authentischen Eigenschaften, ihre geistige Überzeugungs- und ihre praktische Gestaltungskraft für einen sozialen Zukunftsentwurf verlieren und nur mehr recht und schlecht vor sich hindümpeln.

Seit den 70er Jahren kursieren allerdings Thesen, die die gesellschaftliche Funktion sozialdemokratischer Parteien grundsätzlich in Frage stellen: Das »sozialdemokratische Jahrhundert« sei zu Ende[81]. Die sozialdemokratischen Parteien hätten, so 1974 der damalige CDU-Generalsekretär Biedenkopf, nach »hundertjährigem erfolgreichen Wirken gewissermaßen ihren Zweck und damit sich selbst erfüllt«. Deshalb wurde ihnen empfohlen, ihre »historische Mission der sozialistischen Bewegung im wesentlichen für beendet zu erklären und sich auf die Funktion einer reformerischen Partei, in jedem Fall aber einer nach ihren eigenen Vorstellungen konservativen Partei zu beschränken. Die Sozialdemokratie müßte sich deshalb im Prinzip auf eine pragmatische Tagespolitik beschränken, die sich nicht an langfristigen Perspektiven orientiert. Manches spricht dafür, daß sich die gegenwärtige Führung der Sozialdemokratie entschlossen hat, diesen Kurs einzuschlagen. Eine Grundlage für eine Strategie, die die Zukunft zum Gegenstand hat, hat sie damit nicht gewonnen.«[82] Solche Thesen wurden in grundsätzlichen Pamphleten vorwiegend von Neoliberalen beziehungsweise Neokonservativen gegen die Sozialdemokratie formuliert, um die Idee des gesellschaftlichen Fortschritts für die eigene Seite zu okkupieren. Doch bereits die Behauptung, es habe ein »sozialdemokratisches Jahrhundert« gegeben, ist, was die erste Hälfte des 20. Jahrhunderts angeht, abwegig und auch für die Zeit nach 1945 nicht haltbar. Tatsächlich haben die sozialdemokratischen Parteien, die erst nach 1918 in Europa Regierungsverantwortung übernehmen konnten, außerhalb Skandinaviens in der Regel nur verhältnismäßig kurze Zeit regiert, und dann meist auch nur in Koalitionsregierungen. Wohl war der tatsächliche Einfluß ihres Gedankenguts weit größer, als es allein die Regierungsbeteiligungen zeigen, vor allem durch die von den Gewerkschaften erkämpften sozialen Fortschritte und durch die prägenden Einflüsse, die sie in den westeuropäischen Demokratien in wesentlichem Maße auf die Kommunalpolitik ausübten. Nach 1945 gingen liberalkonservative Parteien oftmals auf sozialdemokratische Forderungen ein, weil sozialpolitische Zugeständnisse bekanntlich im Kalten Krieg das Erstarken sozialistischer oder gar kommunistischer Parteien verhindern sollten. Aber daß man sozialreformerische Vorschläge zum Teil aufgriff, darf nicht mit einer originären sozialdemokratischen Handschrift verwechselt werden, weil es sich stets um Maßnahmen handelte, die die vorhandenen liberalkonservativen Strukturen im Kern nicht antasteten.

Wenn es aber zu Reformen kam, die von den sozialdemokratischen Parteien eingeleitet worden waren, so erfolgte dies großenteils durch Koalitionsregierungen mit Parteien der bürgerlichen Mitte. Von einem »sozialdemokratischen Staat« kann man eigentlich nur im Falle skandinavischer Staaten sprechen. Wohl aber konnte man für die 50er und 60er Jahre in Westdeutschland aus guten Gründen von einem »CDU-Staat« sprechen, in Frankreich seit den 60er Jahren von einem gaullistischen Staat, in Italien von einem christdemokratischen Staat. Die Thesen der 70er Jahre vom sozialdemokratischen Jahrhundert spielten vor allem eine neokonservativ-agitatorische Rolle, um alle tatsächlichen oder unterstellten gesellschaftlichen Übel der Sozialdemokratie in die Schuhe schieben zu können.

Diese fadenscheinigen Versuche, mit gönnerhaftem Getue auf die historischen Verdienste sozialdemokratischer Parteien zu verweisen und gleichzeitig ihre gegenwärtige und künftige Funktion zu entwerten, sind nicht nur eine Geschichtsklitterung, sondern sind angesichts der um sich greifenden sozialen Misere grotesk. Die soziale Mission für die Gesellschaft liegt nicht hinter uns, sondern aufs neue und in einem weitaus größeren Umfang vor uns. Zur klassischen sozialen Frage, bei deren Lösung es immer schon – wie es die sozialen Konflikte über die Jahrhunderte zeigen – ein »Auf und Ab« gab, ist die neue soziale Frage hinzugekommen, die Zerstörung der ökologischen Lebensgrundlagen abzuwenden. Sie hat sich schon so zugespitzt, daß wir in den nächsten Jahrzehnten entweder vor einem neuen »Auf« oder einem definitiven »Ab« stehen werden. Im Sinne ihrer originären Grundwerte stehen die sozialdemokratischen Parteien also vor der bisher größten Herausforderung, gleiche Lebenschancen für alle durchzusetzen.

Sie haben dafür nicht etwa – wie so oft in ihren Reihen beklagt wird – schlechtere Ausgangsbedingungen als früher, weil die traditionellen Milieus großenteils zerfallen sind. In mancherlei Beziehung sind die Ausgangsbedingungen besser geworden:

- Da es wegen des wirtschaftslibertären Sturms auf den Wohlfahrtsstaat für die sozialdemokratischen Parteien auch in starkem Maße darum geht, bereits erreichte Standards zu erhalten, haben sie in diesen Fragen nicht mehr, wie früher, den sozialreformerischen »Beweislastnachteil«. Sie können zeigen, daß die von ihnen vertretenen Prinzipien für die Allgemeinheit in jedem Fall besser verträglich sind beziehungsweise waren als die »catch-as-catch-can«- und die »cash-as-cash-can«-Freiheiten des Neokapitalismus. Doch müssen viele der gewählten sozialpolitischen Ansätze geändert werden, um für die Zukunft noch tragfähig zu sein. In der strategischen Bewältigung der ökologischen Krise stellt sich allerdings das alte sozialreformerische Problem neu, eine Mauer der Skepsis gegenüber bisher ungekannten Ansätzen durchstoßen zu müssen.
- Nach dem moralischen und faktischen Ruin des Sowjetkommunismus kann der tiefgreifende Konflikt zwischen parlamentarisch demokratischen und parteidiktatorischen Handlungsgrundsätzen, der das internationale Spektrum linker Parteien seit 1918 immer wieder betroffen und ihre Entwicklung oft beeinträchtigt hat, zu den historischen Akten gelegt werden. Dieser Konflikt ist nun zugunsten der de-

mokratischen Sozialisten beziehungsweise Sozialdemokraten entschieden. Die Chance für eine politische Sammlungsbewegung aller linken Strömungen unter sozialdemokratischen Vorzeichen scheint gegeben.

- In den westlichen Demokratien ist eine Ernüchterung gegenüber dem neoliberalen Freiheitspathos eingetreten, das mit der Befreiung des Individuums von bürokratischen Fesseln hochtrabend eine menschlichere und gerechtere Gesellschaft samt mehr wirtschaftlichem Wohlstand versprochen hatte. Wie groß diese Enttäuschung ist, zeigt sich an einem Umfrageergebnis, das das deutsche Meinungsforschungsinstitut Allensbach zu der Frage ermittelt hat, ob der Wohlfahrtsstaat oder der neoliberale Staat menschlicher und sozial gerechter sei und welcher von beiden mehr Wohlstand oder Freiheit bringe. Obwohl für den Wohlfahrtsstaat beziehungsweise Sozialstaat der negative Begriff »Betreuungsstaat« und für dessen Gegenstück der positiv klingende Begriff »zurückhaltender Staat« gebraucht wurde, zeigte sich folgendes Ergebnis für die westdeutsche Bevölkerung:

	»Betreuungsstaat«		»zurückhaltender Staat«	
	West-deutschland	Ost-deutschland	West-deutschland	Ost-deutschland
menschlicher	57%	79%	21%	7%
mehr soziale Gerechtigkeit	54%	74%	18%	12%
mehr Wohlstand	44%	54%	32%	12%
mehr Freiheit	22%	32%	59%	40%

Dies Ergebnis beweist zwar, daß die neoliberale Freiheitskampagne Erfolg gehabt hat. Aber offensichtlich konnten im Bewußtsein der Menschen die anderen Bedürfnisse und Werte nicht verdrängt werden. Deshalb muß eine Mehrheitsbasis für diejenigen Ziele immer noch gegeben sein, mit denen die sozialdemokratischen Parteien vor allen anderen identifiziert werden.

Doch obwohl die allgemeinen gesellschaftlichen Verhältnisse ebenso wie die politischen Rahmenbedingungen die These vom Ende der sozialdemokratischen Mission schlagend widerlegen, machen die sozialdemokratischen Parteien dennoch den Eindruck, daß sie sich – unter Verzicht auf ideologische Orientierung und langfristige Perspektiven – fast nur noch auf die pragmatische Tagespolitik eingelassen haben. Sie handeln so, als hielten sie selbst das sozialdemokratische Zeitalter für passé, und präsentieren »Sachprogramme« statt einer politischen Richtung. Oft schließen sie vorauseilende Kompromisse, bevor ein Konflikt begonnen hat und man in diesem um die eigenen Punkte kämpfen müßte. Pragmatismus ist schon so sehr zur Verhaltensnorm geworden, daß sich weitergehende programmatische Zielsetzungen immer seltener in der aktuellen Politik sozialdemokratischer Parteien finden.

Das zentrale Handikap, das die sozialdemokratischen Parteien mit sich selbst haben, liegt darin, daß sie die wichtigste Funktion, die sie stets gehabt haben, nur noch kleinlaut und dabei ohne neue Ideen vertreten oder schon ganz aufgegeben haben: die aktive Präsentation und Repräsentation der Idee einer sozialen alternativen Wirtschaftsordnung und eines demokratischen Zukunftsstaats. Die sozialdemokratischen Parteien stehen auch mit ihren klassischen Themen verunsichert und weniger profiliert da: Nicht nur, daß ihre Anhänger ihren Glauben an die soziale Veränderungskraft sozialdemokratischer Parteien eingebüßt haben; diese selbst scheinen den Glauben an sich verloren zu haben.

Solche Beobachtungen können wir bei allen sozialdemokratischen Parteien machen. Sie fallen nur deshalb kaum als generelle Tendenz ins Auge, weil jede nationale Partei ihre Krise allein für sich und aus der jeweils spezifischen Lage des eigenen Landes betrachtet. Ist eine Parlamentswahl noch einmal halbwegs erfolgreich vorübergegangen, werden tieferliegende Probleme schnell wieder beiseite geschoben. Hat eine Wahl einen Mißerfolg gebracht, liegt mittlerweile auch für sozialdemokratische Parteien der beliebteste Verbesserungsversuch in der Suche nach einem neuen Spitzenkandidaten – ohne zu merken, daß dies für eine historische politische Bewegung nicht nur eine allzu dürftige Antwort, sondern geradezu der Abgesang an eine inhaltliche Identität ist.

Die Programme und die praktischen Ansätze der sozialdemokratischen Parteien Westeuropas unterscheiden sich teilweise stark. Dennoch sind generalisierende Beobachtungen möglich. Dies gilt insbesondere für zwei zentrale Fragen: der zur Ökologie einschließlich der sozialen Folgen technischer Entwicklungen und der zur Wirtschaftsphilosophie. Während einige der sozialdemokratischen Parteien die ökologische Krise programmatisch zu verarbeiten versuchten – so zum Beispiel die SPD mit ihrem Grundsatzprogramm von 1989 –, sind andere, wie die französischen Sozialisten oder die spanische PSOE, davon weit entfernt und verlassen sich auf Denkarten, die in pauschalem Wirtschaftswachstum und wissenschaftlich-technischen Entwicklungen die Voraussetzung für sozialen Fortschritt sehen. In der Wirtschaftsphilosophie gibt es bei einigen unterschiedlich ausgeprägte Vorstellungen direkter staatlicher Interventionen in den Wirtschaftskreislauf, während andere inzwischen zunehmend zu den Vorstellungen einer liberalen Angebotsökonomie neigen. Aber der Trend zu einer allmählichen Übernahme wirtschaftslibertärer Wirtschaftskonzepte ist bei allen sozialdemokratischen Parteien erkennbar, seit sich die Auffassung durchsetzte, daß die klassischen Möglichkeiten einer keynesianischen Steuerung der Wirtschaftskonjunktur aufgrund der Internationalisierung der Produktionsstrukturen nicht mehr greifen[83].

Der durchgängige gemeinsame Nenner der sozialdemokratischen Parteien ist, daß sie sich mehr als andere Parteien für den Ausbau der wirtschaftlichen Infrastruktur, für öffentliche Dienstleistungen, aktive öffentliche Beschäftigungsimpulse und soziale staatliche Ausgleichsleistungen einsetzen. Wie weit andererseits die Annäherung an neoliberale Wirtschaftsphilosophien gediehen ist, zeigt sich daran, daß auch die sozialdemokratischen Parteien dem wirtschaftslibertär organisierten Binnenmarkt der Europäischen Union die Priorität für die weitere europäische Integration zugestanden haben – und daran, daß sie weitgehend vorbehaltlos dem Welthandelsabkommen zustimmten.

Natürlich gibt es viele äußere Gründe für die Erschlaffung der Gestaltungskraft sozialdemokratischer Parteien – Gründe, die von ihnen allein nicht geändert werden können. Dazu gehören die bereits beschriebenen entpolitisierenden Folgen der Mediengesellschaft, die vielfältigen sozialen Bindungsverluste, die Demobilisierung durch die Erfolge des Wohlfahrtsstaats, die neuen gebieterischen Zwänge einer internationalisierten Ökonomie ebenso wie der Verlust an unmittelbarerem demokratischen Einfluß aufgrund der Internationalisierung auch politischer Institutionen. Dennoch muß man sich fragen, warum die sozialdemokratischen Parteien zunehmend dazu übergehen, diese Verhältnisse als gegeben hinzunehmen, statt eine gezielte Veränderung dieser Verhältnisse zu versuchen – mit dem Ziel der Rückeroberung sozialer und demokratischer Handlungsspielräume. Damit stellt sich die Frage nach den subjektiven Gründen für die strategische Selbstbeschränkung sozialdemokratischer Parteien. Erst die Antwort darauf kann uns erklären, warum trotz der sich rapide ausbreitenden sozialen und ökologischen Flächenbrände nicht das eintritt, was man erwarten müßte: ein neuer Massenzulauf zu den sozialdemokratischen Parteien in Westeuropa.

Die Erklärung, daß sich sozialdemokratische Parteien in der Regierungsverantwortung verbraucht hätten – wie in Frankreich, Österreich oder in Spanien –, ist zu vordergründig. Daß die Labour Party sogar nach 13 Jahren »langer, dunkler Nacht des Thatcherismus« (so der Labour-Führer Kinnock im Wahlkampf 1992) lange stagnierte; daß die SPD trotz der Wählerenttäuschungen über die liberalkonservative Regierung dennoch ihrerseits an Wähler- und Mitgliederbindung und noch mehr an Enthusiasmus ihrer Anhänger einbüßte; daß in Italien nach dem moralischen Ruin, den die korruptions- und mafiaverseuchten Regierungen der letzten Jahrzehnte hinterlassen haben, die PDS als linke Volkspartei kein Hoffnungsträger geworden ist – dies alles muß tiefere Gründe haben. Wenn die Legitimationsverluste sozialdemokratischer Parteien also offensichtlich nicht – ebensowenig wie bei den liberalkonservativen Parteien – in erster Linie davon abhängen, ob sie sich in der Regierung oder in der Opposition befinden, dann muß die Analyse bei ihrer Einstellung zur wirtschaftlichen und zur ökologischen Krise ansetzen. Nur so kann die Antwort darauf gefunden werden,

- warum sich die Sozialdemokraten genau dann in einer Identitätskrise befinden, wenn sie aufgrund der sozialen Verwüstungen durch den modernen Wirtschaftsliberalismus besonders gefordert wären,
- und warum sie als klassischer politischer Träger einer humanen gesellschaftlichen Zukunftsgestaltung trotz ihrer überlegenen ideellen Voraussetzungen den elementaren Gesellschaftsbedrohungen nicht kraftvoll Paroli bieten.

Die Gründe möchte ich vor allem am Beispiel der SPD untersuchen, nicht nur, weil sie die größte unter den sozialdemokratischen Parteien ist, sondern weil sie in den 80er Jahren mehr als die meisten anderen versucht hat, auch die neue soziale Frage der Ökologie programmatisch und praktisch zu integrieren. Ihr deutlichster Schritt in diese Richtung war die Absage an die Atomtechnologie nach harten innerparteilichen Auseinandersetzungen – ein Schritt, zu dem sich keine andere sozialdemokratische Partei durchgerungen hat, die in ihrem Land mit einem hohen Atomkraftanteil konfrontiert ist. Diese führte zu der These, daß die SPD hier zu weit gegangen sei, weshalb sich die Partei ihrer traditionellen Anhängerschaft entfremdet habe. Wie oberflächlich dieser Vorwurf ist, ist aber schon daraus ablesbar, daß der Verlust an Mitglieder- und Wählerbindung bei anderen sozialdemokratischen Parteien, die bisher keine ökologischen Programmansätze versucht haben, großenteils noch deutlich höher ist als bei den deutschen Sozialdemokraten. Diesem Vorwurf steht andererseits die These gegenüber, daß die SPD ihre Bemühungen um ein sozialökologisches Profil bisher nur halbherzig verfolgt.

Auch in sozialökonomischen Fragen ist die Spannweite der Bewertungen groß. Es gibt Vorwürfe, daß sich die SPD nicht weit genug von ihren früheren staatlichen Lenkungsideen und der sozialpolitischen Ausgleichsfunktion des Staates verabschiedet habe und deshalb in den Augen der Öffentlichkeit keine ausreichende »Wirtschaftskompetenz« besitze. Andererseits gibt es Meinungen, daß sie sich hier schon viel zu sehr an den wirtschaftlichen Liberalismus angepaßt habe. Wenn jedoch sogar konservative Parteien durch ihre Hingabe an neoliberale Wirtschaftskonzepte bei einem großen Teil ihrer Anhänger in eine Legitimationskrise gerieten, muß dies zwangsläufig bei sozialdemokratischen Parteien in noch viel empfindlicherem Maße der Fall sein. Der dramatische Wählerverlust der PSF und der PSOE hängt offensichtlich mit dem Verlust des sozialen Profils zusammen – so daß in Spanien mittlerweile die konservative Volksallianz in Wahlkämpfen die PSOE kritisiert, weil diese viele der sozialen Ungerechtigkeiten zu verantworten habe. Andererseits zeigt sich ebenso deutlich, daß mit einem starren Festhalten an traditionellen staatlichen Wirtschaftslenkungsansätzen, wie lange Zeit bei der britischen Labour Party, ebenfalls ein anhaltender Zustimmungsverlust verbunden war.

Offensichtlich sind alle diese Interpretationen schlicht zu simpel und belegen vor allem, wie oberflächlich politische Diskussionen ablaufen. Die Gründe für die strategische Handlungsschwäche sind in einer tiefgreifenden ideellen Verstörung zu finden und in einer inneren Lähmung durch das Spannungsverhältnis zwischen klassischer sozialökonomischer und neuer sozialökologischer Herausforderung.

Die ideelle Verstörung

Wir haben schon bei der Beobachtung, wie sich die konservativen Parteien entwickeln, sehen können, daß die Krisen der Gegenwart zu Wertespaltungen führen, weil viele denken, sie müßten sich jetzt entscheiden zwischen Egoismus und menschlicher Solidarität. Erst Krisen zeigen, wo der eigentliche Standort einer Person oder einer Partei ist und ob sie überhaupt einen Standort haben. Daß konservative Parteien in Krisen wieder nach rechts tendieren, ist also durchaus folgerichtig. Daß aber sozialdemokratische Parteien nicht nach links tendieren, sondern in Krisen eher unscheinbar wirken, hängt auch damit zusammen, daß die heutigen Krisen in ihrer internationalen Dimension nicht nur den Konflikt zwischen Egoismus und Solidarität, sondern auch den zwischen zwei »Solidaritäten« mit sich bringen: zwischen der konkreten und institutionalisierten Solidargemeinschaft im nationalen und der Solidarverpflichtung im internationalen Rahmen; zwischen der Solidargemeinschaft der Beschäftigten eines Betriebs oder einer Gewerkschaft insgesamt und der mit allen Beschäftigten; mit der gegenwärtigen Gesellschaft insgesamt und mit künftigen Generationen. Dieser Konflikt führt zu einer ideellen Verstörung sozialdemokratischer Akteure, wie sich deutlich bei der Asyldebatte zeigte: Die Menschen aus der einheimischen Bevölkerung, die auf staatliche Sozialleistungen angewiesen sind und deren Sicherung vor allem von den sozialdemokratischen Parteien erwarten, sehen in den wachsenden Immigrantenzahlen eine Konkurrenz um Sozialleistungen, Wohnungen, Arbeitsplätze und anderes mehr. Auf die sozialdemokratischen Parteien kam unweigerlich die Entscheidung zu, zugunsten einer einheimischen Solidarität hartherziger gegenüber Asylsuchenden zu werden, weil es offenkundig für keinen Staat möglich ist, eine unbeschränkte Immigration zuzulassen. Da aber die sozialdemokratischen Parteien die sozialethisch besonders motivierten Bevölkerungsgruppen repräsentieren, bringt diese Entwicklung eine moralische Verstörung mit sich.

Noch unmittelbarer stellt sich das Problem angesichts der wachsenden Arbeitslosigkeit im eigenen Land. Je mehr sich der Eindruck verbreitet, daß auch die von den Sozialdemokraten angebotenen wirtschaftlichen Strategien der millionenfachen Arbeitslosigkeit nicht gewachsen sind, desto mehr wird dies zur moralischen Verstümmelung ihres die Gesellschaft als Ganzes ansprechenden Wertesystems führen. Dieses Wertesystem gleicher Freiheit, allgemeiner Gerechtigkeit und zwischenmenschlicher Solidarität entfaltet seine Ausstrahlungskraft, solange es eine realisierbare Perspektive für die Gesellschaft insgesamt darstellt. Die sozialdemokratischen Parteien entwickelten sich, weil sie die Hoffnung auf die Verbesserung der sozialen Lage aller und auf allgemeine Demokratie und Gerechtigkeit verkörperten. Daß auch Sozialdemokraten diese Perspektive mittlerweile unter dem Zwang scheinbar unveränderlich gewordener wirtschaftlicher Verhältnisse für nicht mehr realisierbar halten beziehungsweise an eine solche Perspektive nicht mehr glauben, hat bereits jetzt zu einem schweren psychologischen Einbruch im Spektrum der sozialdemokratischen Parteien geführt. Der

Mangel an Perspektiven für alle muß zwangsläufig zu einer tiefen Erschütterung des sozialethischen Wertebewußtseins führen. Die Betroffenen wenden sich massenhaft vom politischen Geschehen ab – und damit auch von den sozialdemokratischen Parteien. Damit verbreitet sich die Einstellung, jeder sei sich selbst der Nächste.

Das Fatale ist, daß der so entstehende Zwiespalt des Wertebewußtseins die Mobilisierung der sozial Entwurzelten und Geschädigten für die sozialdemokratischen Parteien immer schwerer macht. Wählen diese die Rolle eines integrierten Trägers der bestehenden wirtschaftlichen Ordnung, obwohl diese Ordnung auf Dauer viele Millionen Menschen sozial deklassiert, kann sie vielleicht noch als eine unter mehreren Parteien bestehen, wird aber nie wieder die frühere Massenunterstützung und die moralische Schubkraft für die Gesellschaft erhalten. Sie verliert ihre sozialdemokratische Substanz. Wollen die sozialdemokratischen Parteien als *sozialdemokratische* Kraft überleben, sind sie auf Gedeih oder Verderb dazu gezwungen, alternative Strategien zu entwickeln, die das internationale und das nationale soziale Gefälle wieder überwindbar machen könnten. Je mehr die sozialdemokratischen Parteien demgegenüber verzagen, weil sie dies – aus »wirtschaftspolitischer Kompetenz« – für unrealistisch halten, desto mehr gefährden sie sich dadurch selbst. Geben sie den Kampf um soziale Utopien auf und werden Pragmatiker des »business-as-usual«, laufen ihnen die Menschen, sowohl Mitglieder wie Wähler, weg. Unter der Hegemonie wirtschaftslibertärer Leitbilder bleiben sie stets die teurere Variante, weil sie aus Rücksicht auf die nach wie vor besonderen Erwartungen und die Werte ihrer Mitglieder und Wähler in der Frage des Abbaus sozialer Bindungen der Wirtschaft nie so weit gehen können wie liberalkonservative Parteien. Sozialdemokratische Parteien haben also nur die Chance, das wirtschaftslibertäre Leitbild in Frage zu stellen und den Kampf für ein alternatives sozialökonomisches Leitbild wiederaufzunehmen. Jahrzehntelang haben sie die Menschen mit der Spirale steigender Hoffnungen mobilisiert, sie demobilisieren sich mit der Spirale sinkender Erwartungen unweigerlich selbst.

Die innere Lähmung zwischen »Arbeit und »Umwelt«

Industrielle Massenproduktion, Gewerkschaften und sozialdemokratische Parteien bildeten die materielle Kraft und die politischen Instrumente für die Durchsetzung des Wohlfahrtsstaats. Dabei stellte man die wirtschaftliche Ordnung nicht mehr prinzipiell in Frage, sondern veränderte sie zu einem sozialen Kapitalismus – einem »funktionalen Sozialismus«, wie ihn Gunnar Adler-Karlsson beschrieben hat[84]. In pfiffig-optimistischen Worten drückte dies Günther Nenning 1976 folgendermaßen aus: »Gerade weil der Kapitalismus in die Zukunft transportiert wird durch Sozialdemokratie, kann er unterwegs optimal verändert werden. Er kann auf möglichst friedliche, demokratische, menschliche, rationelle Weise fortentwickelt werden – bis er fort ist aus der Geschichte.«[85] Diese Sätze könnten heute in ihr Gegenteil umformuliert werden: Weil der wirtschaftslibertäre Globalkapitalismus die Volkswirtschaften in die Zukunft transportiert, kann er unterwegs optimal die wohlfahrtsstaatlichen Strukturen mit möglichst fortschrittlicher Rationalität demontieren, bis sie fort sind aus der Geschichte.

Die Säulen dieser wohlfahrtsstaatlichen Ordnung und zugleich die der Gewerkschaften und der sozialdemokratischen Parteien wurden die großen Unternehmen mit hohem gewerkschaftlichen Organisationsgrad ihrer Beschäftigten. Dies ist auch einer der Gründe, warum es in der SPD und bei den anderen sozialdemokratischen Parteien kaum Vorbehalte gegenüber der Internationalisierung der Märkte bis hin zum Welthandelsabkommen gegeben hat, mit dem die multinationalisierten Unternehmen ihre Zukunft planen. Da in diesen Multis andererseits die Gewerkschaften ihre großen Mitgliederkontingente haben, die weite Teile der sozialdemokratischen Stammwählerschaft darstellen, fühlen sich die sozialdemokratischen Parteien vom Gedeih dieser Unternehmen abhängig – auch wenn sie erkennen, daß der Beschäftigungsanteil der großen Unternehmen proportional ebenso permanent sinkt wie ihre Steuerleistungen zur Finanzierung der öffentlichen Haushalte. Wenn sozialdemokratische Parteien Alternativen entwickeln, die darauf hinauslaufen, sich gegen die Interessen und Strukturen der multinationalen Unternehmen zu stellen, kommen sie in ein schwerwiegendes Dilemma.

Ihre bisherige Entwicklung konnte so lange ohne größere Brüche funktionieren, wie die Unternehmen überwiegend im eigenen Land produzierten und das wirtschaftliche Wachstum nicht umstritten war. Das änderte sich zum einen durch die Internationalisierung der Produktion, zum anderen – und mehr noch – durch die ökologische Krise, die das bisherige Wachstum prinzipiell in Frage stellt. Daraus erklärt sich auch, warum die Mehrzahl der sozialdemokratischen Parteien bisher keine ökologische Strategie entwickelt hat. Im Gegenteil: Sie neigen teilweise dazu, die Notwendigkeit dafür immer noch herunterzuspielen oder gar zu ignorieren. Ökologische Fragen stehen auch für die meisten sozialdemokratischen Parteien an zweiter Stelle hinter der weiteren Förderung von Wachstum samt den konventionellen wachstumsfördernden Technologien. Die SPD gehört, wie gesagt, zu den wenigen westeuropäischen sozialdemokratischen Parteien, die seit den 80er Jahren versuchten, sich auf die ökologische Krise programmatisch einzustellen – was man mit dem Leitsatz von »Arbeit und Umwelt«, die miteinander zu »versöhnen« seien, umschrieb. Aber auch hier steht in der praktischen Politik im Zweifelsfall »Arbeit« vor »Umwelt«, was vor allem nach der deutschen Vereinigung 1990 deutlich wurde, als sich sofort die Auffassung durchsetzte, jetzt habe es erst einmal um die Arbeitsplätze zu gehen. Nach wie vor geht man also von einem natürlichen Konflikt zwischen Arbeit und Umwelt aus, trotz aller Erkenntnisse, daß gerade in einer ökologisch orientierten Wirtschaft zahlreiche neue Arbeitsplätze entstehen würden.

In jedem Fall bleibt die Kollision zwischen konkretem Arbeitsplatz und seiner Gefährdung durch eine ökologische Wirtschaftswende bestehen, die sich in zahlreichen Fällen ergibt: einerseits durch die internationalen Wettbewerbsbedingungen mit konkurrierenden Produktionen aus Ländern, die ihre Kosten durch Externalisierung der Umweltschäden senken, andererseits durch einen notwendigen Wechsel der Produktionsschwerpunkte – von der Automobil- und der Flugzeugindustrie zum Bau von Schienenfahrzeugen, vom Bau von Kohle- und Atomkraftwerken zur Produktion von Solarzellen und Windkraftanlagen, von der Kunststoff- zur Naturstoffindustrie, von Kraftwerks- zu Energiedienstleistungsunternehmen. Da diese Konversionsvorgänge in vielen Fällen nicht in demselben Unternehmen stattfinden können, müssen sich die Bemühungen um die unmittelbare Sicherung bestehender Arbeitsplätze umorientieren zu Strategien einer mittelbaren Schaffung neuer Arbeitsplätze andernorts. Dies ist die eigentliche neue Herausforderung, um die sich die sozialdemokratischen Parteien, die sich auf eine ökologische Wirtschaftsweise einstellen wollen, bisher weitgehend herumgedrückt haben.

Solange sie dieses Problem mit ihren strategischen Ansätzen nicht in Angriff nehmen, bleiben sozialdemokratische Parteien in der Entwicklung einer ökologischen Strategie gelähmt. Sie müssen sich ihm aber stellen, sowohl wegen ihrer sozialethischen Grundprinzipien wie auch wegen ihres Zieles, in der Zukunft für genug Arbeitsplätze sorgen zu können. Stellen sie sich jedoch der ökologischen Herausforderung, sind Konflikte mit denjenigen Stammwählern unvermeidlich, die ihren konkreten Arbeitsplatz gegen den notwendigen ökologischen Strukturwandel verteidigen. Stellen sie sich diesem Wandel nicht, riskieren sie den Verlust einer wachsenden Zahl von Menschen, die aus größerer Weitsicht, umfassenderer ökonomischer Vernunft und aufgrund ihrer sozialethischen Haltung diesen Strukturwandel fordern. Wie tiefgreifend der Konflikt ist, zeigt sich an vielen Beispielen: Das klassischste ist die Konversion der Rüstungsindustrie, die von den meisten sozialdemokratischen Parteien und auch von den Gewerkschaften offiziell angestrebt wird, was aber im konkreten Fall auch SPD-Politiker ebensowenig wie Betriebsräte davon abhält, sich für die Weiterführung von Rüstungsprojekten selbst dann einzusetzen, wenn diese politisch abgelehnt werden. In der Energiepolitik hält die SPD, trotz zahlreicher Beschlüsse zu einer ökologischen Energiewende, uneingeschränkt an Kohlesubventionen fest (wofür jährlich Milliarden öffentlicher Mittel bereitgestellt werden, von denen ein einziger Jahresbeitrag ausreichen würde, den Anstoß für eine Massenindustrie von Solartechnologien mit wesentlich mehr Arbeitsplätzen zu geben). Sie setzt sich auch weiter vehement für den Braunkohlebergbau ein, was sie bisher für ökologische Alternativen noch nie mit einer vergleichbaren Entschiedenheit getan hat. Wenn die SPD diesen Schritt in eine ökologische Energiewende aber nicht schafft, wird sie ihre historische Zukunftsaufgabe verfehlen – und damit ihre Zukunftschancen.

Im Gegensatz zu dem immer noch weitverbreiteten Mißverständnis ist die Beachtung der natürlichen Umwelt keine »immaterielle«, sondern die materiellste aller Fragen. Die Solidarität, ein entscheidender Wert der sozialdemokratischen Parteien, ohne den sie ihre ideelle Basis verlieren würden, gebietet die ökologische Orientierung. Die weitere Inkaufnahme der ökologischen Gefahren *trotz* der Möglichkeit einer Alternative ist unsolidarisch gegenüber den menschlichen Opfern des ökologischen Raubbaus, zu denen vor allem die jüngere Generation zählt. Mit den ökologischen Zerstörungen wird der gesellschaftliche Generationenvertrag gebrochen, so daß die nächste Generation nicht akzeptieren wird, daß sie mit einem zu erwartenden niedrigeren Durchschnittseinkommen – das schon durch das weltwirtschaftliche Lohndumping erzwungen wird – auch noch die Alterssicherung der jetzt Arbeitenden bezahlen soll, die ihnen obendrein die langfristigen Folgekosten der Umweltzerstörung hinterlassen haben. Aus diesem gesellschaftlichen Solidaritätsbegriff ergibt sich für die sozialdemokratischen Parteien die existentielle Aufgabe, die Umbruchslähmung zu überwinden und sich mit Hilfe eines wirtschaftlichen Konversionsprogramms zu einer ökologischen Wirtschaftsweise durchzuringen – selbst wenn dabei unvermeidbare Umbruchskonflikte in Kauf genommen werden müssen. Sie müssen aus ihrer Sackgasse herauskommen, aus Angst vor solchen Konflikten ihren sozialethischen Ruin und ihr Siechtum zu riskieren.

Mit anderen Worten: Es geht um nicht weniger als um die Frage, ob die sozialdemokratischen Parteien zu partiellen strukturkonservativen Interessenvertretern der verbliebenen Großstrukturen der industriellen Revolution werden oder ob sie sich in sozial abgefederten Übergängen zum politischen Träger des Umbruchs zu einer ökologischen Ökonomie wandeln – eines Umbruchs, durch den allein die humane Zivilisation das 21. Jahrhundert überdauern wird. Die umfassende Dimension dieses Problems haben auch die sozialdemokratischen

Parteien noch kaum erkannt, obwohl sie – vor allen anderen Parteien – das größte politische Opfer sein werden, wenn die westlichen Demokratien diesen entscheidenden Wandel verfehlen.

Die Konsenslähmung

Im Unterschied zu den liberalkonservativen Parteien, die schnell der Verführung erliegen, schwierige Fragen zu simplifizieren, versuchen die sozialdemokratischen Parteien eher, sich der gesellschaftlichen Komplexität zu stellen. Ihre Methode besteht darin, das politische Handeln am breiten Dialog mit allen gesellschaftlichen Gruppen auszurichten. Die Konsenssuche erscheint ihnen nicht nur als der konfliktloseste, sondern auch als der adäquateste Weg, der Interessen- und Wertevielfalt gerecht zu werden. Dies gilt insbesondere da, wo sich die Wohlfahrtsstaaten in ihrer Niedergangsphase selbst einreden, es gebe keine prinzipiell unüberwindbaren Interessen- und Wertegegensätze mehr. Da sich die sozialdemokratischen Volksparteien weitgehend in die Gesellschaft integriert haben, erscheint die Konsenssuche auch als die einzige Möglichkeit, der eigenen weitverzweigten Repräsentanz gerecht zu werden.

Daraus hat sich bei den sozialdemokratischen Parteien mehr als bei allen anderen das Selbstverständnis entwickelt, sie seien der umsichtigste und integerste Sachwalter der berechtigten Anliegen aller. Beispielhaft dokumentiert ist dies in dem Abschnitt »Unser Verständnis vom politischen Handeln« im Grundsatzprogramm der SPD: »Ins Zentrum der Politik rückt der ergebnisoffene Bürgerdialog.« Gegen diesen Satz habe ich seinerzeit, als Mitglied der Programmkommission, Stellung genommen. Polemisch schlug ich vor, nach der Formulierung dieses Satzes weitere Programmaussagen zu unterlassen, weil diese sonst im Widerspruch stünden zu der angestrebten Ergebnis*offenheit* des Bürgerdialogs. Der Grund meines Einwands war und ist, daß damit die Gegensätze unterschiedlicher Interessen und Werte, die in der Zeit der sozialökonomischen und der sozialökologischen Krise wieder verstärkt aufbrechen und eben nicht alle dialogisch oder konsensual überwindbar sind, unterschätzt werden – Gegensätze, die unvermeidbar Konflikte und auch Entscheidungen gegen einen Dialogpartner zur Folge haben müssen.

Wenn man dies umgehen will, ist eine Konsenslähmung programmiert: Man schiebt dann notwendige Entscheidungen auf die lange Bank oder unterläßt sie ganz, solange zwischen allen einflußreichen gesellschaftlichen Gruppen kein Konsens erzielbar ist. Es spricht für den inneren Friedenswillen sozialdemokratischer Parteien, daß sie der demokratischen Konsensbildung eine so große Rolle zuweisen. Aber gleichzeitig ist dies Ausdruck einer politischen Naivität und Handlungsschwäche gegenüber denen, die aufgrund ihrer Interessen oder ihrer vor allem wirtschaftlichen Machtstellung einen Konsens weder akzeptieren können noch wollen und ihn auch nicht nötig haben. Die Konsensorientierung wird zur scheintheoretischen Rechtfertigung, den Umbruchkonflikten aus dem Weg zu gehen, und führt zu einem freiwilligen zweifachen Mobilisierungsverzicht: Zum einen stellen sich viele die Frage, warum sie sich in einer Partei noch besonders engagieren sollen, die alle anderen Meinungen und Positionen für gleich wertvoll hält und die sich lediglich als neutralen Vermittler anbietet – statt aus einer klaren eigenen Werte- und Interessenorientierung ihre Legitimation für ihr politisches Handeln abzuleiten. Zum anderen bedeutet der konsensorientierte Dialog den freiwilligen Verzicht auf die Mobilisierung der demokratischen Öffentlichkeit. Diese ist nur zu schaffen, wenn sich die Öffentlichkeit mit einem klar formulierten politischen Ziel identifizieren kann.

Die Menschen wählen lieber die Vertreter einer klaren politischen Richtung als die Moderatoren zwischen verschiedenen Richtungen. Die Konsensorientierung ist vielleicht deshalb in den sozialdemokratischen Parteien am weitesten verbreitet, weil sie in der Bedrohung des Wohlfahrtsstaats das Gefühl haben, dessen Blütezeit demokratischer und sozialer Stabilität werde vielleicht nie wiederkehren. Das Bemühen, an eingespielten Konsensbildungsmechanismen solange wie möglich festzuhalten, ist daher psychologisch verständlich. Doch ist ein solcher Konsens von der ökonomischen Entwicklung und der ökologischen Zerstörungsdynamik heute schon längst aufgekündigt.

Daß sie trotzdem daran festhalten, muß die sozialdemokratischen Parteien in die Defensive treiben. Der Versuch, sich die Probleme aller zu eigen zu machen, also so etwas wie die Rolle der »ideellen Gesamtgesellschaft« zu spielen, treibt sie in eine Situation, wie sie der Kabarettist Dieter Hildebrandt einmal treffend – gemünzt auf die SPD – formuliert hat: »Wer seine Finger überall drin haben will, kann daraus keine Faust mehr machen.« Ihr Konsensbedürfnis liefert auch die Erklärung dafür, warum sozialdemokratische Parteien mehr als andere dazu neigen, neue Mehrheiten durch eine Addition von verschiedenen Forderungen gesellschaftlicher Gruppen zu erreichen und auf eine verbindende zentrale politische Botschaft zu verzichten. Daraus entsteht eine janusköpfige Partei, mit der die Menschen keine Identifikationsmöglichkeit mehr haben.

Ihr Konsensverständnis hat die sozialdemokratischen Parteien in ihrem Handeln derart geschwächt, daß sie nicht einmal mehr imstande sind, politische Kampagnen durchzuführen, weil dies nur gegen einen Gegner möglich ist. So bestimmte Peter Glotz, einst Bundesgeschäftsführer der SPD, die anzustrebende Rolle der SPD als die eines »Schwamms«, der alle Meinungen und Anregungen aus der Gesellschaft aufsaugen und vermitteln solle. Sie dürfe nicht länger als »Trichter« wirken, der »von oben« seine Positionen in die Bevölkerung gieße[86]. Eine Partei als Schwamm ist sinnlos. Die Alternative zur Schwammfunktion ist nicht der meinungsautoritäre Trichter, sondern der Versuch einer Partei, die Werte und Interessen zu bündeln, die ihre prinzipiellen Ziele unterstützen und deren Realisierungschancen verbessern könnten. Die Fixierung auf konsensuale »Verhandlungslösungen«, so Johano Strasser, »ohne das strukturelle Übergewicht der ökonomischen Interessen zu berücksichtigen und die Machtfragen schamhaft auszuklammern, gibt damit implizit den Anspruch auf eine demokratische Gestaltung der Zukunft auf. Insofern steht und fällt jede Reformpolitik mit ihrer Fähigkeit, die Menschen für politische Zielsetzungen zu gewinnen, sie zu organisieren und den gebündelten politischen Willen den Beharrungskräften entgegenzusetzen.«[87]

Der Konsensansatz ist Ausdruck der eigenen Identitäts- beziehungsweise Zieleschwäche. Man beruft sich auf andere, wenn diese zufällig die eigenen Ziele mittragen – oder wenn man die eigenen Ziele, an deren Realisierung man nicht mehr glaubt, hinter den Konsens zurückstellen möchte, der die Preisgabe eigener Ziele dann legitimieren soll. Konsenspolitik wird damit begründet, daß sie gerade bei schwerwiegenden Umbruchsentscheidungen nötig sei – wie auch Große Koalitionen damit begründet werden. Aber Umbruchsentscheidungen sind zugespitzte Entscheidungen. Sie können nur rechtzeitig getroffen werden, wenn einer Partei die eigene demokratische Legitimation ausreicht und man bereit ist, auf einen Konsens mit Repräsentanten versäulter gesellschaftlicher Teilsysteme zugunsten einer Mobilisierung in der Bevölkerung zu verzichten. Die Problemdynamik wartet nicht auf einen Konsens. Weder das New-Deal-Programm Roosevelts noch die Ostpolitik Willy Brandts oder die Anerkennung Palästinas durch die israelische Rabin/Peres-Regierung – oder irgendeine andere historische Entscheidung – wäre möglich geworden durch das Warten auf einen breiten Konsens. Und eben solche Entscheidungen stehen heute an, von deren Zustandekommen die weitere Existenz der Demokratie abhängt.

In der schon längst angebrochenen Zeitenwende ist es eine Existenzbedingung sozialdemokratischer Parteien, daß sie

– eine große – strategisch konkretisierte – gesellschaftliche Idee verkörpern, die die verschiedensten Partial- und Privatinteressen moralisch übergreift und gemeinschaftsbildend für die Gesellschaft wirkt. Voraussetzung dafür ist, die Menschen nicht nur in ihren aktuellen ökonomischen Interessen anzusprechen, sondern in ihren sozialethischen Werten. Der neue Rückhalt, den die britische Labour Party seit 1993 erhält, läßt sich mit einer solchen zentralen Botschaft erklären – der Orientierung auf die »nationale Mission« der »Social Justice« als Strategie der nationalen Erneuerung. Es ist ein klassisches sozialdemokratisches Ziel, aber mit neuen Realisierungsansätzen für einen »intelligenten Wohlfahrtsstaat« und neuen ökonomischen Ansätzen einer öffentlich-privaten Partnerschaft[88]. Ob dieser Ansatz angesichts der weltwirtschaftlichen Verwerfungen praktisch durchzuhalten ist, ohne auch eine Alternative gegen die wirtschaftslibertäre

Ordnung der Weltwirtschaft und ohne eine ökologische Perspektive zu entwickeln, muß allerdings bezweifelt werden;
- den sozialen und kulturellen Konflikt gegen die antisozialen Interessen austragen und die auseinanderlaufenden und zerstreuten Massen wieder für eine zentrale gesellschaftliche Idee zusammenführen. Gerade in einer Zeit der beliebigen werbepsychologischen Besetzung aller Begriffe ist die Glaubwürdigkeit einer Strategie nur noch durch die Bereitschaft zum Konflikt gegen widerstrebende Interessenmächte wiederherzustellen.

Der größte Wahlerfolg der SPD im Jahr 1972 war – obwohl noch wenige Monate zuvor die Lage aussichtslos erschienen war – nur mit der übergreifenden friedenspolitischen Botschaft möglich, die durch den dramatischen parteipolitischen Konflikt um die Ostverträge unüberhörbar und glaubwürdig wurde. Was seinerzeit der konfliktbereite Einsatz für eine Friedenspolitik war, ist heute der konfliktbereite Einsatz für eine auf dem Gleichheitsprinzip beruhende Politik sozialer Gerechtigkeit und dafür, die Lebensgrundlagen aller durch eine Ökologisierung der Wirtschaft zu sichern. Konsenspolitik gibt dagegen denjenigen eine zusätzliche Vetomacht, die an sozialreformerischen Veränderungen nicht interessiert sind.

Fremdbestimmung durch Verzicht auf politische Theorie

Die sozialdemokratischen Parteien, die traditionellerweise aus der politischen Theorie ihre langfristige »strategische« Orientierung gewannen, haben diesen Vorteil – der allerdings von vielen in ihren Reihen stets als lästiger Nachteil empfunden wurde, weil er oft pragmatischen Lösungen im Wege zu stehen schien und weil oft Haarspalterei mit Theoriediskussion verwechselt wurde – mittlerweile weitgehend eingebüßt. Dies ist keine Frage von bewußten Entscheidungen: Es hat sich einfach so entwickelt. Die SPD hat zum Beispiel seit den 70er Jahren eine »Grundwertekommission«, in der auf hohem Niveau eine gesellschaftstheoretische Debatte mit unmittelbaren Bezügen zu den realen Entwicklungen geführt wird. Aber ihre Veröffentlichungen stoßen weder in der eigenen Partei noch in der Öffentlichkeit auf wirkliche Aufmerksamkeit. Die Gründe für das theoretische Desinteresse sind also nicht parteispezifischer Art. Sie hängen sicher mit der spezialisierten Orientierung auf die Tagespolitik zusammen, in der alles seinen Stellenwert verliert, was keinen unmittelbaren praktischen Nutzeffekt hat. Deshalb ist es auch kein Widerspruch, daß es ein Defizit an politischer Theorie gibt, obwohl es noch nie so viel wissenschaftliche Politikberatung gab wie gegenwärtig. Aber politische Theorie und wissenschaftliche Politikberatung, die sich auf Spezialfelder politischen Handelns bezieht, sind nicht dasselbe. Politische Theorie ist normativ, also an gesellschaftlichen Werten und Zielen orientiert. Sie darf sich nicht in der Betrachtung einzelner Segmente in deren aktueller Erscheinungsform erschöpfen. Sie muß ideelle, historische, ökonomische, ökologische, soziologische, sozialpsychologische und institutionelle Entwicklungen zusammen beobachten. Was ein guter Historiker für die Vergangenheit kann, muß eine gute politische Theorie für die Zukunft versuchen. Da dies einem einzelnen kaum möglich ist und immer im Blick auf die möglichen politischen Träger geschehen muß, ist es ein kollektiver Prozeß. Wer die Gelegenheit hatte, an solchen Prozessen politischer Theoriebildung teilzunehmen, der weiß, daß daraus mehr politische Umsicht und Perspektive entstehen kann als aus ganzen wissenschaftlichen Kolloquien. Für eine politische Partei mit einem gesellschaftsgestaltenden Anspruch ist eine so verstandene politische Theoriebemühung unverzichtbar, weil sie sonst Gefahr läuft, selber desorientiert zu sein, wo andere von ihr eine Orientierung erwarten. Daß dies im Medien- und Spezialistenzeitalter schwerer geworden ist, darf nicht bedeuten, darauf zu verzichten. Zu verzichten heißt, zwangsläufig zum Windsurfer auf den jeweiligen Modewellen der Tagespolitik zu werden.

Geistige Fremdbestimmung in der programmatischen Entwicklung ist Folge der Vernachlässigung politischer Theorie. Man ist dann in Gefahr, so lange an den einmal bezogenen Positionen festzuhalten, bis ihre Nutzlosigkeit offen zutage liegt, um dann fast panikartig und unreflektiert die durch äußeren Druck – des Zeitgeistes, der Medien und anderer – auferlegten

Positionen zu übernehmen. Was neu herangetragen wird, wird dann dem eigenen Denken allenfalls addiert und nicht in einer neuen perspektivischen Synthese integriert. Dies geschah leider auch bei den Anstößen aus solchen Bewegungen, die die SPD zu integrieren versuchte, weil sie Ideen repräsentierten, die prinzipiell den eigenen Grundzielen entsprachen – wie die 68er-Bewegung, die Friedens- und die Ökologiebewegung. Diese Bewegungen hatten sich als Protestbewegungen gegen bestimmte nicht tragbare Entscheidungen und Strukturen formiert, ohne daß sie mit ausgereiften Alternativstrategien hätten aufwarten können. Das nahm ein Teil der SPD zum Anlaß, sich zu distanzieren oder sich darüber zu erheben, während ein anderer Teil die Protestbewegungen zu integrieren und dabei deren Aussagen ungeprüft zu übernehmen versuchte – statt sie als Seismographen für eine neue gesellschaftliche Herausforderung zu begreifen und eine neue Synthese für sich selbst zu entwickeln. Weil eine solche Synthese ausblieb, wurde aus dem Anstoß der außerparlamentarischen Bewegungen oft nur ein mißtrauisch beäugtes Nebeneinander.

Den Anstoß der Anti-Atomkraft-Bewegung machte die SPD zu einer Absage an die Atomkraft, ohne gleichzeitig in voller Klarheit zu erkennen, daß damit sofort massive Bemühungen einhergehen müßten, auf die erneuerbaren Energien als nichtfossile Alternative zu setzen. Aus dem Anstoß der Ökologiebewegung generell wurde »Ökonomie *und* Ökologie«, ohne zu realisieren, daß dazu eine neue Philosophie der ökologischen Ökonomie zwingend nötig ist. Mit dem neuen SPD-Grundsatzprogramm gab es zwar einen solchen Versuch[89], ohne daß allerdings zu erkennen ist, daß die wirtschaftspolitischen Akteure der Partei ihn tatsächlich ausreichend verstanden hätten. Wenn man ein grundlegendes neues Konzept des Wirtschaftens hat, muß man dazu auch eine neue »Denkschule« bilden, die die Wirtschaftspolitik ebenso wie die Wirtschaftswissenschaften im Auge hat.

Aus der Absage an die Atomwaffen wurde lediglich ein verwässerter Ansatz zur »Überwindung der atomaren Abschrekkung«, um nicht zu sehr in Widerspruch zur offiziellen NATO-Strategie zu geraten. Zwar zog man 1983 die richtige Konsequenz, eine neue Philosophie der »kooperativen« statt »konfrontativen« Sicherheitspolitik zu entwickeln – ein Ansatz, von dem in der zweiten Hälfte der 80er Jahre wichtige Impulse für eine neue internationale Sicherheitsdebatte ausgingen, was auch Gorbatschow in seinen Memoiren hervorhebt. Aber diese Versuche, die scheinbar mit dem Zusammenbruch des Ostblocks hinfällig wurden, sind unter den neuen internationalen Verhältnissen nicht weiterentwickelt, sondern zugunsten der scheinbar bequemen Reintegration in den Mainstream der NATO wieder fallengelassen worden. Am besten gelang der SPD die politische Verarbeitung der Anstöße der Frauenbewegung, weshalb sie seit den 80er Jahren nur bei den Frauen einen Zuwachs an Wählerstimmen erhielt. Die Unterschätzung der theoretischen Bemühungen – sprich: Denkfaulheit und Oberflächlichkeit – hilft auch zu erklären, warum die sozialdemokratischen Parteien nicht frühzeitig die Engpässe des Wohlfahrtsstaats erkannten und nicht schon in den 70er Jahren Konzepte eines »intelligenteren Wohlfahrtsstaats« entwickelten, der sozial gerechter und billiger werden kann, indem Steuerprivilegien und Transferleistungen für diejenigen gestrichen werden, die zu den Privilegierten der Gesellschaft zählen. Die letzte Initiative der SPD zu einer grundlegenden großen Steuerreform liegt mittlerweile 25 Jahre zurück!

Ohne eine konsistente Verarbeitung dessen, was an neuen Ideen und Herausforderungen integriert wird, entsteht weder ein neues Selbstbewußtsein noch neue Ausstrahlungskraft. Damit aber fehlen der lange Atem und der Handlungsmut, mit denen man eine politische Strategie in der Gesellschaft für ein neues Mehrheitsbewußtsein und ein neues Mehrheitsvertrauen entwickeln könnte. Weil der letzte größere Versuch der SPD, mit der Strategie für eine ökologische Wirtschaftsreform in den Wahlkampf 1990 zu gehen, nicht sofort zum erhofften Erfolg führte, schrieb man diesen Ansatz kleinmütig wieder kleiner – statt ihn weiterzuentwickeln: Die schlechte Alternative war ein Rückfall in Stückwerk-Politik, in die fatale Neigung, es allen recht machen zu wollen, sich mehr an den Schlagzeilen der Tagespolitik, an der Normalität des Alltags zu orientieren als an einer zukunftsweisenden Strategie. So aber kann eine sozialdemokratische

Partei schon deshalb nicht bestehen, weil die Menschen, die auf sie setzen, eine Überwindung sozialer Widersprüche von ihr erwarten. Keine Partei kann sich, ohne in existentielle Gefahr zu geraten, den Erwartungen entziehen, die im allgemeinen Bewußtsein in sie – als »Kirche« einer grundlegenden gesellschaftlichen Idee – projiziert werden.

Die Probleme sozialdemokratischer Parteien liegen zusammenfassend darin, daß sie ihren originären ideologischen Standort durch zu weitgehende »Normalisierung« verloren haben. Damit zerbröselt das Ferment, das sie zusammengehalten hat. Aber das, was bei konservativen Parteien für Geschlossenheit meistens reicht – der Machterwerb oder der Machterhalt –, ist bei sozialdemokratischen Parteien nicht genug, weil deren Mitglieder und Wähler mehr ideelle Motive haben, die strenger nach dem Inhalt der angestrebten oder praktizierten Regierungsmacht fragen.

Entpolitisierung und Diffusion der Massenparteien?

Die großen sozialdemokratischen und liberalkonservativen Volksparteien – so noch meine These in »Parteien kontra Bürger?« – haben gerade wegen der desintegrativen Tendenzen der Gesellschaft die Funktion, diese zusammenzuführen und damit die Zerstreuung politischer Akteure zu verhindern. Wenn sich die Akteure aber nicht mehr integrieren lassen, weil ihre Positionen sich zu weit auseinanderentwickelt haben und nicht mehr miteinander vereinbar sind, dann werden die jeweiligen Parteirahmen zur Klammer, innerhalb deren sich alle Positionen wechselseitig verwässern und blockieren. Die Beschlüsse werden nichtssagend, klammern die Probleme aus oder vertagen die strittigen Punkte, die aber meistens die wichtigeren sind. Die Entscheidungen treffen dann um so eher andere: die Bürokratien oder – immer häufiger – die wirtschaftlichen Mächte ohne demokratische Legitimation, weil sie die Möglichkeit haben, vollendete Tatsachen zu schaffen.

Je mehr jedoch eingespielte Strukturen zusammenbrechen oder mit neuen Anforderungen kollidieren, je mehr Interessen sich verschieben und je mehr Werte umgewertet werden, desto negativer entwickelt sich die einst positive, integrierende Funktion eines Parteirahmens, wenn und falls die Partei auf ihren eingefahrenen Gleisen bleibt. Aus dem größten gemeinsamen Nenner wird der kleinste. Strategien werden zu nichtssagenden Formalkompromissen, eine Partei degeneriert zu mehreren Gruppen, die sich immer weniger zu sagen haben, und aus emotionalen Bindungen an die Parteien werden funktionale beziehungsweise auf Berechnung basierende Beziehungen. Um dennoch Geschlossenheit demonstrieren zu können, vermeidet man möglichst Diskussionen, besänftigt abweichende Positionen, macht sie unkenntlich oder unterdrückt sie gar. Da die Parteiführungen Angst vor den Widersprüchen in der eigenen Partei bekommen, versuchen sie den Deckel möglichst geschlossen zu halten.

Die Beispiele dafür häufen sich, gerade für brisante Themen: Eine kritische Diskussion über den Maastricht-Vertrag fand – mit Ausnahme der britischen Konservativen – in keiner der großen Parteien statt, obwohl diese Frage, wie die Volksabstimmungen zeigten, die Menschen tief bewegte. Nicht einmal in den sozialdemokratischen Parteien Westeuropas gab es eine vertiefte Diskussion über das Welthandelsabkommen, obwohl es um nicht weniger als eine neue ökonomische Weltordnung mit einschneidenden Konsequenzen ging. Ob die SPD gegenwärtig in der Lage wäre, so wie 1986 einen Ausstieg aus der Atomenergie zu beschließen, muß bezweifelt werden. Eine offene alternative Diskussion über den Kohlebergbau erscheint dort ebenso unmöglich wie eine in der CDU/CSU über Atomkraft – obwohl keineswegs alle in der SPD diesen Kohlekurs für richtig halten oder alle in der CDU/CSU den dort vertretenen Atomkurs. Der Konsens praktisch aller regierenden Parteien über die Strategie der atomaren Abschreckung oder über die NATO-Osterweiterung – trotz der damit verbundenen enormen Probleme – zeigt in gespenstischer Weise, wie es selbst in einer demokratischen Verfassungsordnung mit garantierter Meinungsfreiheit und einem Mehrparteiensystem möglich ist, die demokratische Meinungsbildung in Fragen von historischen Dimensionen zu ersticken. Da es aber in Umbruchszeiten immer mehr Fragen gibt, die die Parteien auch innerhalb ihrer selbst polarisieren, häufen sich die Tabus, mit denen sie sich und damit die Gesellschaft lähmen. Diskurse, die schon innerhalb der Parteien selten geworden sind, finden noch viel weniger zwischen den Parteien und im Parlament statt.

Wenn sich das Volk in den es bewegenden Fragen immer mühsamer in den Inhalten der Parteien und Parlamente wiederfindet, führt die Ausklammerungstaktik zur Krise der auf dem Repräsentationsprinzip gründenden Institutionen, und sie verfallen in Agonie. Dies ist, nach früheren politischen Erfahrungen, die klassische Situation, in der tiefe Kontroversen in den Parteien über ihren politischen Kurs aufbrechen, in der es zu Parteispaltungen beziehungsweise Neugründungen von Parteien kommt. Daß all dies gegenwärtig – von Splittern abgesehen – nicht geschieht, geht auf die allgemeine Politikmüdigkeit zurück.

Der wichtigste Grund für die Langmut, die zu innerer Emigration von der Politik statt zur Auflehnung führt, ist das Gefühl, andere als die getroffenen Entscheidungen seien im Politikbetrieb nicht mehr vorstellbar oder nicht realistisch – ein Gefühl, das zu vermitteln inzwischen die Hauptarbeit zahlreicher politischer Akteure darstellt. Für die Gründung neuer Parteien mit einem ernstzunehmenden und identifizierungsfähigen demokratischen Gesellschaftsprogramm gibt es keine größeren Milieus mehr, aus denen ihnen ein stabiler Kern erwachsen könnte. Daß sich die Partei der Grünen Anfang der 80er Jahre in Deutschland und anderen Ländern bilden konnte, hatte die Existenz eines solchen Milieus einer alternativen Kultur- und aktuellen Protestbewegung zur Voraussetzung, wobei wiederum fraglich ist, ob die Grünen heute, da es keine breiten aktiven Protestbewegungen gibt, noch einmal mit einem ähnlichen Erfolg gegründet werden könnten. Die Erosion der Parteiendemokratie zeigt sich vor allem darin, daß sich die einst von den Parteien repräsentierten materiellen Interessen und politischen Grundideen dort in im mer schwächerem Maße wiederfinden. Es sind nicht die politisch Desinteressierten, sondern zunehmend mehr politisch Interessierte, die sich abzuwenden beginnen.

Die Akteure in allen Funktionsbereichen der Gesellschaft haben sich weitgehend darauf eingerichtet, daß ihre jeweiligen Strukturen von Dauer sein könnten. Die politischen Akteure machen da keine Ausnahme. Sie sind voll integriert in den modernen Konformismus – jeder in seinem Boot – und lassen sich von der Gesamtströmung treiben und, je nach Windlage, auch hin und her schaukeln. Das gesellschaftliche Funktionssystem ist darauf ausgerichtet, und seine Funktionsträger sind darauf abgerichtet, den jeweiligen Kurs ohne riskante Manöver fortzusetzen. Kein Wunder, daß die Manövrierfähigkeit fehlt, wenn Stürme aufziehen. Alle halten sich an ihrem Boot fest, in der Hoffnung, daß der Sturm auch wieder aufhört – und sind mit dem Festhalten und den Platzkämpfen auf den Booten schon so beschäftigt, daß sie gar nicht wahrnehmen, auf welche Klippen und Abgründe sie mit zunehmender Strömungsgeschwindigkeit zusteuern.

Selbst in unseren Parlamenten ist die Angst, nichtkonformistische Positionen zu beziehen, inzwischen beängstigend weit verbreitet – obwohl keiner vor der Tür steht, der einen bei abweichender Meinung verhaftet, und obwohl nicht einmal die Existenz als Abgeordneter gefährdet wäre. Die Sorge, bei der nächsten Funktionsvergabe vielleicht nicht berücksichtigt zu werden; der Gruppendruck; die Angst vor einem negativen Kommentar oder die abfälligen Bemerkungen der pragmatischen Durchwurstler, wenn man etwas zur größeren Perspektive äußert, was unter den gerade gegebenen Konstellationen nicht durchsetzbar scheint – dies alles begründet den beklemmenden Konformismus politischer Akteure. Doch sind sie nicht die einzigen: Einen ähnlichen Konformismus aus denselben Motiven kann man heute unter Professoren und leitenden Beamten feststellen – obwohl sie unkündbar sind –, unter Unternehmensführern und erst recht unter den Verbandsvertretern. Die Angst um einen, im Vergleich zu den Gefahren, unwesentlichen beruflichen Nachteil macht allzu viele indifferent und veranlaßt sie, sich bedeckt zu halten und ihr Mäntelchen nach dem Wind zu hängen.

Dies sind klassische Merkmale einer zivilisatorischen Dekadenz. Wer die Anpassung von heute wahrnimmt, kann sich nicht mehr wundern über das Mitläufertum anderer unter wirklich gefährlichen Umständen. Offensichtlich denken zu viele, daß sie etwas zu verlieren hätten – in einer Zeit, wo wir alle *alles* verlieren können. Vielleicht ist es schon zuviel verlangt, daß sich Integrierte und Etablierte noch cinmal in großer Zahl aufraffen könnten, das Gegebene und damit sich selbst wieder in Frage zu stellen.

Aber die Konflikte werden kommen. Die Frage ist nur, ob sie in den Parteien ausgetragen werden, weil die Probleme und Spannungen von ihnen neue politische Orientierungen verlangen – oder ob sie sich gegen die Parteien richten, weil diese dem Konflikt ausgewichen sind. Ob demokratische Parteien durch Implosionen oder durch Explosionen ihre Funktion verlieren, ist im Endergebnis für die demokratische Gesellschaft gleich negativ. Es gibt also keine andere Wahl als den Weg zurück zur Politik. Man erhofft von den politischen Akteuren, daß sie die Probleme lösen, auch wenn man nicht erwartet, daß es in jedem Fall gelingt. Erwartet wird aber, daß sie es ernsthaft versuchen.

Teil III
Der sozialökologische Generationenvertrag

Nehmen wir also endlich die letzten Worte Willy Brandts ernst, statt sie nur zu zitieren: »daß jede Zeit eigene Antworten will und man auf ihrer Höhe zu sein hat«. Diese Antworten finden wir weder in den täglich wechselnden Schlagzeilen noch bei den Meinungsforschungsinstituten, weder bei den spezialisierten Wissenschaften noch bei den Fachbeamten, weder in den Vorstandsetagen der Unternehmen noch an den Stammtischen. Wir finden sie aber auch nicht bei den »Realpolitikern«, die jede Alternative nur daran messen, ob sie unter den gegebenen Verhältnissen durchsetzbar scheint. Hätte die Demokratiebewegung des 19. Jahrhunderts sich in erster Linie von aktuellen Durchsetzungschancen leiten lassen statt von einem historischen Ziel, so wären die demokratischen Verfassungsstaaten nie entstanden. Und hätten die sozialen Bewegungen des 19. Jahrhunderts ihre Perspektiven nur an der jeweils möglichen Durchsetzbarkeit orientiert und sich »pragmatisch« nur darauf beschränkt, wären soziale Fortschritte nie erreicht worden: Auch als es um die Abschaffung der Kinderarbeit ging, hieß es, daß die Wettbewerbsfähigkeit und damit die Unternehmensexistenz gefährdet werde.

Wenn sich große Umwälzungen vollziehen, dürfen die Antworten nicht kleinkariert sein. Realpolitik, die alles gegenwärtig nicht »Machbare« verwirft, ist pseudorealistisch. Eine reale Politik muß den Bedrohungen gewachsen sein und dabei das Interesse *und* das soziale Gewissen der Menschen ansprechen. Die Neuformierung des Politischen ist deshalb gar nicht denkbar ohne

- prinzipielle, für die Allgemeinheit gültige Werte, mit denen man die darauf zu beziehenden politischen Handlungen auch begründen muß;

- eine Neubesinnung der politischen Akteure auf das Primat der Politik im demokratischen Verfassungsstaat;
- eine Lösungsperspektive gegenüber der größten akuten Gefahr seit Beginn der Menschheitsgeschichte, der Vernichtung der natürlichen Lebensgrundlagen – eine Perspektive, die gleichzeitig die wirtschaftlichen Existenzbedürfnisse der Menschen befriedigen muß.

Die Globalwirtschaft operiert, wie wir gesehen haben, mit einem Selbstverständnis, nach dem nicht nur Natur und Naturschätze für die Wirtschaft verfügbar zu sein haben, sondern mittlerweile auch die Gesellschaft. Ökonomische und ökologische Interessen der Gesellschaft können dabei so lange gegeneinander ausgespielt werden, wie ein dualistisches – ein gegensätzliches – Verständnis von Ökologie und Ökonomie vorherrscht. Der Vorrang der ökonomischen vor den elementaren ökologischen Interessen ist es, der die Menschheit in den Abgrund treibt. Die Überwindung dieses Gegensatzes wird damit zur entscheidenden Frage der politischen Neuformierung, die auf einen sozialökologischen Gesellschaftsvertrag abzielen muß – als kategorischen Imperativ politischen Handelns.

Ökologie ist Ökonomie: Vom Reichtum und von der Armut der Nationen zum Reichtum der Natur

Die einzige allgemeingültige Idee, die seit der Entwicklung der Ideen von allgemeiner Demokratie und Gesellschaft neu hinzugekommen ist, ist die der ökologischen Vorsorge. Deshalb muß sich eine gesellschaftliche Alternative auf die Frage konzentrieren, wie demokratische, soziale und ökologische Prinzipien miteinander verknüpft werden können. Die Ökologie steht für die Funktionsweise des Hauses, in dem wir leben. Die Ökonomie steht für die Verwaltung dieses Hauses, und diese ist dabei, das Haus zugrunde zu richten.

Die programmatischen Formeln der Vereinbarkeit von Ökologie und Ökonomie, von Arbeit und Umwelt sind nur eine erste Annäherung an den Umweltgedanken. Sie verraten, daß man nicht verstanden hat, was Ökologie tatsächlich bedeutet: Die »Ökologie« bleibt so ein Aliud zur »Ökonomie« – wobei davon ausgegangen wird, daß beiden Ansätzen unterschiedliche logische Denksysteme zugrunde liegen, die aber dennoch miteinander verschränkt werden müßten. Doch damit befinden wir uns immer in einem Teufelskreis. Entweder hat dann eben die Ökonomie Vorrang vor der Ökologie, so daß notfalls weitere Umweltzerstörung in Kauf genommen werden muß. Oder die Ökologie hat Vorrang vor der Ökonomie, und die materiellen Bedürfnisse der Menschen gelten als zweitrangig. Oder aber man versucht Ökonomie mit Ökologie zu verknüpfen – und kann damit weder die »Ökonomen« noch die »Ökologen« überzeugen.

Daß Umweltschutz in »der Wirtschaft« zweitrangig bleibt – weil man ihn als wirtschaftliche Belastung ansieht –, ist die folgerichtige Konsequenz einer dualistischen Betrachtung von Ökologie und Ökonomie. Deshalb wird die unökologische Ökonomie so lange dominieren, wie man sie nur »ökologisch verträglicher« machen will, während die Umweltpolitik zum Sisyphus wird, der mit hängender Zunge immer neuen umweltschädigenden Entwicklungen hinterherläuft, diese hier zu beschränken und dort zu koordinieren versucht, obwohl Fortschritte in einem Bereich durch die weitere Zerstörungsdynamik in anderen Bereichen wieder zunichte gemacht werden: Katalysatoren und Emissionsschutzvorschriften einerseits, drastische Zunahme des Kfz- und des Flugzeugverkehrs andererseits.

Widersprüche der spezialisierten Umweltpolitik und des traditionellen Naturschutzes

Das oberflächliche Verständnis von Ökologie drückt sich in der Umweltpolitik aus. Deren systemtypische Antwort ist die Einrichtung spezialisierter Institutionen für den Umweltschutz. Doch die Reichweite der bisherigen Umweltpolitik ist begrenzt, ihre Möglichkeiten sind großenteils schon erschöpft:

- Umweltschonende Fortschritte vollziehen sich langsamer als die Zunahme von Umweltschäden. Dies muß zur psychologischen Frustrierung derjenigen führen, die sich um Verbesserungen bemühen – vielleicht einer der Gründe dafür, daß die Umweltbewegung trotz wachsender Probleme und eines wacher gewordenen Umweltbewußtseins schlaffer geworden ist.
- Da mit den sich häufenden Erkenntnissen über potentiell zahllose Gefahrenstoffe der detaillierte Regelungsbedarf immer größer wird, entsteht ein umweltpolitisches Regelungsdickicht. Dieses engt individuelle und wirtschaftliche Bewegungsspielräume immer mehr ein, wird entsprechend als Fessel und als administratives Investitionshemmnis empfunden und führt zwangsläufig zu wachsenden Widerständen, selbst bei einer grundsätzlichen Anerkennung umweltpolitischer Notwendigkeiten. Es ist auch tatsächlich aussichtslos, zu jedem der etwa 100 000 in der Industrie eingesetzten Stoffe eine spezielle Regelung zu finden, wenn ein Schadstoff erkannt ist, weil die Gesellschaft an einer solchen Bürokratie ersticken wird und die Kontrollbehörden überfordert sein werden. Nicht einmal die Staaten mit einer verhältnismäßig gut ausgestatteten öffentlichen Verwaltung haben es bisher auch nur annähernd geschafft, das Vollzugsdefizit gegenüber Umweltgesetzen zu überwinden; ein Beispiel ist die deutsche Wärmeschutzverordnung. Dieser Widerspruch ist offenbar nicht aufzulösen, insbesondere unter den Bedingungen einer Konkurrenzwirtschaft, die sich über Wettbewerbsnachteile aufgrund von Umweltschutzgesetzen beklagt, weil »zuviel des Guten« getan werde.

Wie sehr die dualistische Sicht von Ökologie und Ökonomie auch bei Umweltschützern verbreitet ist, zeigt sich in der Feststellung von Verbeek in seiner »Anthropologie der Umweltzerstörung«, daß »grundlegende ökologische Belange über konkurrierende ökonomische zu stellen sind, wenn die Menschheit ihre Hoffnung nicht beerdigen will«[90]. Damit bekräftigt der Autor das Vorurteil, Ökologie sei etwas Unökonomisches. So aber hat Umweltschutz gegenüber der »Ökonomie« keine Chance, woraus nicht wenige Umweltschützer den Schluß ziehen, daß die einzige Chance für die Gesellschaft darin bestehe, radikal den individuellen Lebensstil zu ändern, weitestgehend anspruchslos gegenüber Konsumgütern zu werden und ein bescheidenes Leben zu führen. Sogar die Idee einer quasistalinistischen »Ökodiktatur« als einzig denkbarer Ausweg taucht immer wieder auf; doch wird es bereits unmöglich sein, die Frage zu beantworten, wer eine solche Diktatur installieren, die Ökodiktatoren auswählen und deren Machtmißbrauch verhindern könnte.

Ein ökologisch begründeter Lebensstilrigorismus, der sich meist über moralische Appelle vermittelt, schürt – so respektabel eine entsprechende individuelle Entscheidung auch ist – Ängste bei denjenigen, die nicht sehen, wie sie diesen Anspruch mit einem wirtschaftlichen Erwerbsleben vereinbaren sollen. Konzepte, die die Befreiung aus der existentiellen Umweltfalle allein in einer individuellen Bewußtseinsbildung sehen – einer ökologischen »Umerziehung« –, werden im Gegenzug von den Blokkierern der ökologischen Politik dazu genutzt, um vor einem neuen »Umwelttotalitarismus« und vor dem »grünen Kreuzzug« zu warnen[91]. Da gleichzeitig die allgegenwärtige Werbung, von der die Massenmedien finanziert werden, den Konsum laufend anregt, ist an eine erfolgreiche kollektive Umerziehung zu umweltbewußtem Verhalten nicht zu denken – erst recht nicht im internationalen Maßstab.

Wenn »Ökonomie« und »Ökologie« tatsächlich zwei verschiedene Dinge wären, die unterschiedlichen Handlungsgesetzen folgen, dann hätte die Menschheit keine Chance, der ökologischen Todesfalle zu entrinnen, die gleichermaßen eine Todesfalle für die Ökonomie ist. Sie könnte lediglich den Zeitpunkt aufschieben, an dem diese Falle zuschnappt. Aber die Menschheit hat deshalb eine Chance, weil sowohl unökologisches ökonomisches Denken wie auch unökonomisches ökologisches Denken verkürzte Ansätze sind, die den elementaren Zusammenhang zwischen »Ökologie« und »Ökonomie« übersehen und sich in den herkömmlichen dualistischen Denk- und Verhaltenstraditionen bewegen. Die ökonomische Denktradition ist die »anthropozentrische«, wie sie Klaus Bosselmann in seinem Buch »Im Namen der Natur« beschrieben hat[92]. Der Mensch steht nicht nur im Mittelpunkt seines Denkens, sondern hat sich dabei auch außerhalb der Natur gestellt. Er behandelt sie als beliebig verfügbare Sache, die er sich aneignen könne und dürfe. Die traditionelle umwelt- beziehungsweise naturschützerische Denkweise stellt dies nicht prinzipiell in Frage, sondern versucht, um der Umweltzerstörung zu begegnen, zwischen Industriesystem und Natur eine »undurchlässige Mauer zu ziehen«, wie es Hans Immler in »Welche Wirtschaft braucht die Natur?« beschrieben hat[93]. Diese Mauer steht für ein defensives Naturschutzverständnis, das der Ausweitung des Industriesystems in noch unberührte Räume Einhalt gebieten und möglichst viele andere Räume der Natur zurückgeben will, was sich dann in Naturparks, Naturschutzgebieten und in Biotopen ausdrückt. Der klassische Naturschutz, wie er sich auch in den Naturschutzgesetzen niederschlägt, ist – wie Frederic Vester schreibt – »bestrebt, in der sich ausbreitenden technischen Welt wenigsten einige heile Oasen zu erhalten«, obwohl es doch längst darum geht, nicht nur »einzelne Oasen, sondern die Welt als ganzes zu retten«[94]. Immler kommt zu dem Ergebnis, das ich unterschreibe: Der Weg, »›Erhalten durch totalen Schutz‹ ist verschlossen, weil er das Ende jeglicher Ökonomie bedeuten wird«[95]. Dieser Weg wird sogar die Chance einer ökologischen Alternative in untragbarer Weise beschränken. Dies zeigt sich zum Beispiel bereits sehr deutlich an dem absurden Widerstand gegen die Installation von Windkraftanlagen, wie er von Naturschutzämtern und auch von Naturschutzgruppen praktiziert wird, die diese Anlagen als »Belastung der Landschaft« oder als »Beeinträchtigung des Landschaftsbilds« und als Störfaktor für die Vogelwelt diskreditieren. Dabei läßt man schlichtweg die Tatsache außer acht, daß mit jeder Windkraftanlage beachtliche Mengen an Emissionen aus Kraftwerken mit fossilem Energieeinsatz vermieden werden, daß dadurch wieder neuer Lebensraum für Vögel entsteht, der ihnen in den smogverseuchten Städten schon lange verlorengegangen ist, und daß das natürliche Landschaftsbild – insbesondere die Wälder – nur erhalten werden kann, indem auch mit zahlreichen Windkraftanlagen die herkömmlichen Energien abgelöst werden.

Ein defensives Umweltschutzverständnis ist oft auch ein ökologisch getarnter Egoismus: Das NIMBY-Syndrom ist weitverbreitet (*Not in my backyard* – nicht in meinem Vorgarten), bei dem Umweltprobleme Menschen erst dann interessieren, wenn sie sich persönlich – und mag es durch Nebensächlichkeiten sein – gestört fühlen. Das atomar-fossile Industriesystem hat bereits lange, bevor die Zerstörungen an breiter Front spürbar wurden, die Landschaft geprägt. Das ökologische Wirtschaftssystem wird sie ebenfalls auf seine Art prägen. Diese Prägung wird nicht der unberührte Naturpark sein können, weil es wirtschaftliche Aktivitäten geben *muß*. Ein ökologisches Wirtschaftssystem ist jedoch keines, in dem es lediglich um den stets mühsamen und meist faulen Kompromiß zwischen »Ökologie« und »Ökonomie« ginge – auf derselben Energie- und Rohstoffbasis von heute, nur eben besser kanalisiert und effizienter genutzt. Für uns, so denke ich wiederum mit Immler, »bleibt ausschließlich der Weg ›Erhalten durch Gestalten‹. Die Natur muß zum Sinn und Zweck der Wirtschaftsweise werden. In der ökologischen Wirtschaftsweise wird die Natur selbst zum Ziel des wirtschaftlichen Handelns.« Die Industrie wird der »entscheidende Ort einer ökologischen Reorganisation«, um den die »Ökonomie« wie die »Ökologie« in eine Sackgasse treibenden Prozeß umzukehren[96] – denn der tiefere Grund für die ökologischen wie die ökonomischen Gefahren ist derselbe, nur daß sich die Gefahren nicht mit denselben statistischen Methoden quantifizieren lassen und daß sie nicht zeitgleich und auch nicht ortsgleich auftreten.

Die Identität von ökologischer und ökonomischer Weltkrise

Die ökologischen Gefährdungen und die ökonomische Perspektivlosigkeit des bisherigen Wirtschaftswachstums ergeben sich aus den Folgen der Umwandlung von Energie und von Materie, also von Rohstoffen, in Produkte. Entsprechend den thermodynamischen Gesetzen ist die Menge der fossilen und atomaren Gesamtenergie auf dem Erdball konstant, sie kann nur von einer Form in eine andere umgewandelt werden. Bei dieser Umwandlung entstehen unweigerlich Verluste dadurch, daß die umgewandelte Energie zerstreut wird und dann nicht mehr verfügbar ist. Es wird *Entropie* produziert: die Vermehrung von Unordnung – ökologische Unordnung aufgrund der Emissionsfolgen und wirtschaftliche Unordnung aufgrund der ständigen Abnahme der verfügbaren Ressourcen, der ein gesteigerter Ressourcenbedarf einer wachsenden Weltbevölkerung entgegensteht. Das Entropiegesetz gilt aber ebenso für die Umwandlung von Rohstoffen, woraus der Wirtschaftswissenschaftler Nicholas Georgescu-Roegen das »vierte Gesetz der Thermodynamik« entwickelte[97]. Zwar gibt es bei den Rohstoffen – im Gegensatz zur umgewandelten Energie – noch Wiederverwertungsmöglichkeiten, die allerdings stufenweise abnehmen und immer mehr Energieaufwand erfordern.

Daraus folgt, daß eine Gesellschaft, die ihre wirtschaftliche Existenz auf diese abnehmende Ressourcenbasis gründet – und dies mit ständig steigendem Wirtschaftswachstum –, unweigerlich kollabieren muß. Dieser Vorgang geht Hand in Hand mit sich verschärfenden internationalen Konflikten über den Zugriff auf die Energiequellen und die Rohstoffe. Weil sich die verfügbaren Vorkommen auf der Erde ihrem Ende nähern, muß man zu ihrer Bereitstellung einen immer größeren Aufwand treiben. Dieser macht die Wirtschaft zunehmend »unwirtschaftlich« und führt zum »unendlichen Regreß« (Georgescu-Roegen) – bis zum Totalkollaps. Wie hoch dieser Aufwand tatsächlich ist, läßt sich gegenwärtig nicht in erster Linie an den Preisen ablesen, sondern an Kosten wie denen des militärischen Aufwands zur Sicherung der Rohstoffquellen, an Gesundheits- und Umweltschäden und an Zerstörungen von Kulturgütern. Exponentielles Wachstum und abnehmende Verfügbarkeit stehen also ökonomisch in unaufhebbarem Widerspruch zueinander – ein Widerspruch, der die weltwirtschaftlichen Akteure offenbar nicht stört, denn für die Industrieländer sind Primärenergien und mineralische Rohstoffe in den letzten Jahrzehnten sogar laufend billiger geworden – außer zu den Zeiten der beiden Ölkrisen 1973 und Anfang der 80er Jahre. Doch es ist uns noch eine zweite harte Grenze gesetzt: Die Umwandlungsverluste von Energie und mineralischen Rohstoffen in Form von Emissionen haben bereits jetzt solche Ausmaße erreicht, daß die Natur – und in ihr die Menschen

– die Folgekosten und Schäden immer schwerer verkraften. Wir können es uns also gar nicht mehr leisten, alle noch vorhandenen gespeicherten Vorkommen zu nutzen.

Es gibt also eine ungefähre Parallelität zwischen globalen ökonomischen und ökologischen Krisengefahren: Überall, wo Verfügbares in Nichtverfügbares umgewandelt wird, werden gleichzeitig in der Erde gespeicherte Energie- und Rohstoffvorkommen in Emissionen und Schrott umgewandelt. Die eine Seite dieses Vorgangs – die Verfügbarkeit – ist mit unseren Maß- und Zählmethoden etwas besser kalkulierbar, dafür wird uns die andere Seite der Ausschlachtungs-, Ausbeutungs- und Emissionsfolgen schneller vor vollendete und irreversible Tatsachen stellen.

Die Zeit, in der für den Westen Energie und Rohstoffe wie im Schlaraffenland flossen, bewegt sich beschleunigt auf ihr Ende zu: Da allein in China und Indien mehr als dreimal soviel Menschen leben wie in Westeuropa, Nordamerika und Japan zusammen, bedeutet deren gegenwärtiges industrielles Wachstumsprogramm auf der Basis herkömmlicher Energie- und Rohstoffquellen, daß unausweichlich die Verfügbarkeitskonflikte in rasendem Tempo auf die Weltökonomie zukommen – auch wenn diese nicht alle mit militärischen Mitteln ausgetragen werden. Die größte und vielleicht letzte Schlacht der Weltgeschichte dämmert herauf – von Augenwischern »Kampf der Kulturen« genannt. Die Schere zwischen abnehmender Verfügbarkeit und wachsendem Bedarf an Energie- und Rohstoffressourcen klafft von Jahr zu Jahr weiter auseinander und zerreißt die Weltgesellschaft an zahlreichen Stellen. Beispiele sind die zahllosen regionalen Konflikte um Öl – so der Golfkrieg –, die verzweifelte Lage der ausgepowerten Landarbeiter auf den Kaffeeplantagen, die kahlgeschlagenen Waldflächen Kanadas, der USA, Amazoniens, Sibiriens, Südostasiens ebenso wie die ausgeräumten Rohstoff-Fördergebiete an vielen Stellen der Erde; die Entvölkerung der ländlichen Regionen und die übervölkerten und vermüllten Großstadtsiedlungen, Sturm-, Flut- und Brandkatastrophen ebenso wie neue Massenepidemien: Der Globus wird zu einem Tollhaus politischer, ökonomischer und ökologischer Verwerfungen.

Der Ausweg liegt in der Tat nur in einer Energie- und Rohstoffbasis ohne Verfügbarkeitsgrenzen und ohne irreversible ökologische Umwandlungsschäden. Die Jahrmilliarden alte Natur lehrt: Eine Perspektive gibt es, wenn wir unverzüglich beginnen, unsere Energiebasis aus der einzig unbegrenzten Quelle beziehen, der Sonnenkraft, als der alleinigen Möglichkeit, die Menge an verfügbarer Energie immer wieder zu erneuern und damit zu vermeiden, daß die gesellschaftlichen – einschließlich der wirtschaftlichen – Kosten ins Unermeßliche steigen. Nur so läßt sich auch die Zerstörung der Ökosphäre verhindern, denn die ungespeicherte Sonnenenergie – in Form von Sonnenstrahlung, Sonnenwärme, Wind, Wellen – produziert bei ihrer Umwandlung keine Schadstoffe. Lediglich die energetische Kurzzeitspeicherung der Sonnenenergie in Form von Pflanzen hat Emissionen, wenn auch viel geringere als die fossiler Energien –, und die meisten davon rezyklieren sich von selber wieder (CO_2 durch neues Pflanzenwachstum) oder können rezykliert werden (durch den Einsatz von Verbrennungsrückständen als Düngemittel). In meinem Buch »Sonnen-Strategie. Politik ohne Alternative« habe ich die elementare Bedeutung dieses Wechsels der Energiebasis aufgezeigt, die weit über den aktuellen Umwelt- und Klimaschutz hinausgeht und Ausgangspunkt für eine neue ökonomische Leitvorstellung sein muß. Deshalb will ich dies hier nicht weiter ausführen.

In der Frage der fossilen Rohstoffe und chemischen Stoffe stellt sich prinzipiell dieselbe Alternative: *Neben erneuerbarer Energie sind erneuerbare Rohstoffe das zweite elementare Basiselement einer neuen Ökonomie.* Erneuerbare Rohstoffe sind Pflanzen, die ihr Wachstum bekanntlich der Photosynthese verdanken, also der Sonnenkraft. Es sind *solare Rohstoffe.* Daß praktisch jeder mineralische Rohstoff durch einen von der Sonne neu produzierten Rohstoff ersetzt werden kann, mehr noch: daß dieser Stoffreichtum durch das Artenspektrum um ein Vielfaches größer ist als der durch mineralische Rohstoffe angebotene, dringt erst allmählich ins Bewußtsein[98]. Prinzipiell alles läßt sich aus solaren Rohstoffen herstellen, nicht nur – wie es vor der Einführung von Kunstfasern und der Farbenchemie immer der Fall war – Textilien und Farben, sondern auch ungezählte feste Materialien: Allein aus Bananenschalen ergeben sich Dutzende unterschiedlicher Verwertungsmöglichkeiten. Die *solare Chemie* – eine »sanfte Chemie« – erhält eine Schlüsselfunktion dabei. Der Energieaufwand bei der Gewinnung (Ernte) von natürlichen Stoffen ist gleichzeitig durchschnittlich viel geringer als bei mineralischen Rohstoffen (Förderung, Rohstoffveredelung). Je komplexer und je schwieriger die Produkte zu synthetisieren sind, desto höher ist gleichzeitig nicht nur der dafür benötigte Energieaufwand, sondern desto größer auch die Emission. Darauf hat uns der Nobelpreisträger George Wald aufmerksam gemacht. Alle Pflanzen bestehen zu 99 % aus nur vier Elementen mit einer niedrigen Atomzahl: Wasserstoff (1), Kohlenstoff (6), Stickstoff (7) und Sauerstoff (8). Uran hat die Atomzahl 92, während das künstlich hergestellte Plutonium die Atomzahl 94 hat. Je höher das Atomgewicht, desto schwieriger die Umwandlung: »Tod und Zerstörung kommen mit den schwersten Elementen.«[99] Mehr noch: Produkte auf pflanzlicher Basis sind alle weiterverwertbar, vor allem als Energiequelle oder als Düngemittel. Einer Industriegesellschaft auf der Basis solarer Energie und Rohstoffe bietet sich die Natur als »Rezyklierungsmaschine« an. So wie die Natur seit Jahrmillionen ihre Bestandteile in der Jahres- und in der Generationenabfolge immer wieder umsetzt, wird der Mensch bei der Nutzung dieser Quellen auch die Geschlossenheit der natürlichen Zyklen nutzen können. Statt weiter parasitär zu leben, geht er eine Symbiose mit den natürlichen Kreisläufen ein. So verschwindet das Müllproblem in letzter Konsequenz.

Es leuchtet ein, daß durch die Umorientierung auf diese Basis erneuerbarer Energien und Rohstoffe die thermodynamische Falle vermieden werden kann, solange das Sonnensystem besteht, was noch fünf Milliarden Jahre der Fall sein wird. Dies macht den alles entscheidenden Unterschied. Natürlich gibt es auch durch die Sonnenwärme und das Sonnenlicht auf der Erde Entropie, etwa durch die dadurch hervorgerufenen Fäulnisprozesse bei organischen Substanzen und erst recht bei der Nutzung der Pflanzen. Aber einhergehend mit dieser Zunahme von Unordnung wird andererseits laufend das Entstehen neuer natürlicher Ordnungssysteme bewirkt – falls die Menschheit dies nicht durchkreuzt. Das ökologische Gleichgewicht ist ein »Fließgleichgewicht«[100]. Die Bemühungen, die konventionelle Energie- und Stoffumwandlung effektiv zu machen und damit den herkömmlichen Energie- und Rohstoffeinsatz drastisch zu reduzieren, sind bedeutende reformerische Ansätze. Die Möglichkeiten effizienter Stoffkreisläufe werden gegenwärtig von einer Enquete-Kommission des Deutschen Bundestags untersucht, ohne daß die politische Öffentlichkeit, einschließlich des Parlaments selbst, den Stellenwert dieses Ansatzes bisher erkannt hat[101]. Doch die Reduzierung des Rohstoffeinsatzes ist, ebenso wie die Einsparung von herkömmlicher Energie, nur der halbe Weg. Ernst-Ulrich von Weizsäcker schlägt mit vorsichtigem Optimismus den Faktor 4 vor, also eine Reduzierung um 75 % der eingesetzten Stoffe für gleichbleibende Konsumbedürfnisse[102]. Dagegen nennt Friedrich Schmidt-Bleek in seinem Buch »Wieviel Umwelt braucht der Mensch?«[103] den Faktor 10. Damit können die Verfügbarkeitsgrenzen zwar zeitlich ausgeweitet werden, ohne daß wir sie aber prinzipiell überwinden könnten, solange nicht die solaren Energien und Rohstoffe die Grundlage der Umwandlungstätigkeiten sind und damit die Produktionsweisen auf eine prinzipiell andere Basis stellen.

Zwei rationale Argumente wurden gegen diese neue Sicht bisher ins Feld geführt; das eine ist längst durch die technische Entwicklung widerlegt. Es ist ein Argument, das auch Georgescu-Roegen – der wirtschaftswissenschaftliche Nestor einer Ökonomie, die nicht länger die Gesetze der Thermodynamik ignorieren darf – einführte. Die Nutzung der Sonnenenergie erfordere mehr Energieaufwand für die Bereitstellung der dafür notwendigen Techniken, als sie uns an Nutzenergie liefere. Diese Techniken müßten, so Georgescu-Roegen, »allein mit Hilfe der Energie, die sie einfangen, reproduziert werden können«[104]. Damit spricht er die energetische Amortisationszeit beziehungsweise die Energie-Rückzahlzeit an. Die Möglichkeit, daß die für die Produktion einer Solartechnologie eingesetzte Energie durch diese selbst zurückgezahlt werden könnte, bestreitet er – und in seinem Gefolge viele Wirtschaftswissenschaftler, die diese Feststellung ungeprüft übernehmen, statt sich nach dem Stand der Sonnenenergietechnik zu erkundigen, was ja ihr zentrales

Erkenntnisinteresse sein müßte. Täten sie dies, dann könnten sie feststellen, daß diese energetische Amortisationszeit bei Windkraftanlagen schon bei fünf Monaten angelangt ist und die von Solarzellen bei zwei Jahren und weniger[105]. Dies bedeutet, daß eine Windkraftanlage bei 20 Jahren Laufzeit 40mal mehr Nutzenergie liefert, als für ihre Herstellung nötig war: Sie arbeitet also ein halbes Jahr für sich selbst und mehr als 19 Jahre für die gesellschaftlichen Energiebedürfnisse. Eine Solarzelle mit einer Lebensdauer von 30 Jahren muß zwei Jahre für sich selbst arbeiten und arbeitet dann 28 Jahre für andere. Im Gegensatz dazu kann sich ein herkömmliches Kraftwerk energetisch nie amortisieren – denn es braucht ja nicht nur den Energieaufwand für »graue Energie«, also für die Herstellung des Kraftwerks, sondern es wandelt im Betrieb laufend endliche Energie um, die damit nicht mehr verfügbar ist und obendrein die Umwelt zerstört beziehungsweise mit neuer Energie wieder aufbereitet werden muß.

Das andere Argument bezieht sich auf die Fragen: Gibt es auf der Erde genug Fläche, um nicht nur den Nahrungsmittelbedarf, sondern auch einen Teil des Energiebedarfs und den Bedarf an Rohstoffen zu befriedigen, und gibt es genug Wasser zur Bewässerung? Besteht nicht die Gefahr, daß der Anbau industrieller Rohstoffe noch mehr Monokulturen fördert und einen Intensivanbau mit allen bodenzerstörerischen Folgen provoziert? Diese Gefahren bestehen nur, wenn wir unbedacht handeln. Selbstverständlich muß dies alles in extensiven Anbaukulturen erfolgen und nicht mit chemischen Düngemitteln und Pflanzenschutzmitteln, sondern mit natürlichen – was möglich und sogar billiger ist[106]. Und je mehr wir auf die solaren Rohstoffe setzen, desto breiter wird die Palette der dafür notwendigen Pflanzen, was nicht zu Mono-, sondern zu Multikulturen führt.

Den Flächenbedarf errechnen diejenigen, die eine Konkurrenz zwischen Nahrungsmittelerzeugung und Energiepflanzen unterstellen, in der Regel für Energiepflanzen, zum Beispiel Raps, die einen sehr niedrigen Hektarertrag von nur 1,5 t Pflanzenöl haben. Doch es gibt Pflanzen mit einem vielfach höheren Hektarertrag, teilweise über 100 t. Schon wenn man bei bestimmten Waldarten – auch in Europa – nur die Jahreszuwächse schneidet, also ohne Wald zu opfern, kann man zu Hektarerträgen von über 20 t kommen. Die jährliche Erdölförderung von etwa 3 Milliarden t ließe sich bei einem solchen Ertrag von 20 t/ha bereits mit 1,5 Millionen km^2 Schnittfläche aus dem Wald erreichen. Mit anderen Worten: Ein Flächenproblem besteht nicht. Houghton und Woodwell zeigten 1989 in der Zeitschrift »Scientific American«, daß es – ohne Flächenkonkurrenz zu landwirtschaftlichen Tätigkeiten – ein Aufforstungspotential auf der Erde von 8,5 Millionen km^2 gibt[107] – mit allen sonstigen Vorteilen für den regionalen und globalen Naturhaushalt, für die Beschäftigung von Menschen und für die Rückbindung von CO_2 aus der Atmosphäre zur Restabilisierung des Weltklimas! Im übrigen ist entscheidend, daß man die effizienteste Energienutzung wählt, was erneut den Hektarbedarf reduziert: nicht einfache Verbrennung, sondern Verstaubung und Vergasung des Energiepotentials, um diese erst dann zu verbrennen und damit die CO_2-Emissionen von den nachwachsenden Pflanzen wiederaufnehmen zu lassen[108].

Woods und Hall zeigen 1994 in einer Studie für die FAO, daß von den weltweit 130 Millionen km^2 Landoberfläche 14,7 Millionen km^2 Feldanbauflächen sind, 40,8 Millionen km^2 Wälder und Forsten und 33,2 Millionen km^2 Weideland. Nimmt man von den zusammen 88,5 km^2 dieser Vegetationsflächen diejenigen aus, die zu steil und trocken sind oder schlechte Böden haben, so verbleiben 54,9 Millionen km^2 Fläche, die ertragreich nutzbar sind. Das bis 2025 als notwendig geschätzte Feldanbauland beträgt 18,8 Millionen km^2, so daß 36 Millionen km^2 übrigbleiben[109]. Hier ist noch nicht eingerechnet, daß es umfassende Möglichkeiten zur Wiederbegrünung der Wüsten gibt. Selbst unter extremen Annahmen – daß zum Beispiel der gesamte Nahrungsmittelverbrauch der Europäischen Union auf eigenen Flächen und in naturnahem Anbau erfolgen würde, so daß man auch noch 10 % der Gesamtfläche der Natur zurückgeben könnte – bleiben noch mehr als 160000 km^2 für den Anbau von Energie- und Rohstoffpflanzen[110]. Da die solaren Rohstoffe großenteils aus der Waldbewirtschaftung stammen, ist auch bei einer Extensivierung der landwirtschaftlichen Flächen, die beim Einsatz natürlicher Düngemittel nicht sehr viel zusätzliche Fläche braucht, eine Flächenkonkurrenz der solaren Rohstoffe mit der Nahrungsmittelproduktion nicht zu erkennen. Das eigentliche Flächenproblem entsteht durch die generelle Degradierung von Böden durch Intensivkulturen und schlechte Bewässerungstechniken und damit durch den wachsenden Verlust an Humus – ein Problem, das um so eher überwunden werden kann, je mehr wir zu einer modernen Kreislaufbewirtschaftung, auch mit energetischer Pflanzennutzung, zur Nutzung solarer Rohstoffe und natürlichen Rezyklierungsverfahren übergehen – und je mehr das Interesse zunimmt, die für diese einzigartige Perspektive höchst wertvollen Böden dauerhaft zu erhalten.

Vom »Minuswachstum« zum Wachstum

Dieser Wechsel der Energie- und Rohstoffbasis wird die Strukturen der Weltwirtschaft ebenso wie die der nationalen Wirtschaften und damit der gesamten Zivilisation entscheidend verändern. Die Weltökonomie hat sich seit der Industriellen Revolution des 18. und 19. Jahrhunderts von der gegenwärtigen konventionellen Energie- und Stoffbasis immer abhängiger gemacht. Doch da die Energie- und Rohstoffvorkommen in der Erde nicht gleichmäßig verteilt sind, wurden Kolonien annektiert, rohstoffreiche Länder imperialistisch ausgebeutet und dafür ein enormer militärischer Aufwand betrieben. Die ungleiche geographische Verteilung der Energie- und Rohstoffvorkommen hat die Konzentration von wirtschaftlicher Macht entscheidend begünstigt und zur Bildung solcher Machtmonopole verführt.

Die alternative Stoffbasis dagegen ist wesentlich gleichmäßiger verteilt. Jede Region hat das kostenlose Einkommen an Sonnenenergiezufuhr, überall weht Wind, nahezu überall wachsen Pflanzen und können Anbauflächen kultiviert werden. Da jedes Land damit eine unabhängige und dauerhafte Energie- und Rohstoffbasis hat, die ihm von niemandem geraubt werden kann, ergibt sich die große Chance zur Autonomie aller Nationen und zu ihrem wirtschaftlichen Austausch untereinander, denn die unterschiedlichen klimatischen Bedingungen bedeuten unterschiedliche natürliche Stoffproduktionen. Selbst Autarkie würde erstmals seit Beginn der Industriellen Revolution praktisch wieder möglich. Hier liegt jedenfalls die fundamentale Chance, nachdem die Strukturen immer zentralisierter geworden sind, zu einer politischen Dezentralisierung beziehungsweise Regionalisierung zu kommen, von der so oft gesprochen wird. *Die entscheidende zivilisatorische Veränderung, die mit dieser Perspektive erkennbar wird, ist die Rückverlagerung der wirtschaftlichen Basis in die Landwirtschaft.* Der primäre Wirtschaftssektor gewinnt entscheidend und auf Dauer wieder an Bedeutung. Die Basis der künftigen Industriegesellschaft wird in der Land- und Forstwirtschaft liegen, anders haben auch die industriellen Tätigkeiten keine Zukunft. Damit kommen wir zurück auf die Erkenntnisse, wie sie François Quesnay 1758 in seinem »Tableau économique« formulierte, der im 18. Jahrhundert die Denkschule der Physiokraten begründet hat[111]: Diese betrachteten den Kreislauf der Wirtschaft als naturgesetzlichen Vorgang, als eine natürliche Ordnung, in die nicht willkürlich eingegriffen werden dürfe: ein natürlicher Zyklus, der durch die biologische Energie – also durch die von der Sonne ermöglichte Photosynthese – möglich ist. Weder die Physiokraten selbst noch die wirtschaftlichen Denkschulen, die mit dem Aufkommen der Industriegesellschaft deren Ideen als rückständig verwarfen, konnten sich vorstellen, daß es eine technisch-industrielle Entwicklung innerhalb dieses Kreislaufs geben könnte[112].

Seit dem Beginn der Industriellen Revolution hat es – bedingt durch den immer umfangreicheren Prozeß, verfügbare Stoffe durch Umwandlungsaktivitäten zu verbrauchen, das heißt zu »minimieren« – eigentlich ein »Minuswachstum« gegeben. Daß dies nur allzu wenigen bewußt ist, ist allein daraus zu erkären, daß die Natur in der Neuzeit als ein zu vernachlässigender Faktor und als »bloße Sache« angesehen wurde. Was man immer noch Wachstum nennt, ist ein globaler Prozeß der Umverteilung und Umwandlung von Energie und Stoffen zugunsten der Organisatoren dieser Umverteilung: aus der Erde in die Luft, in die Gewässer und auf die Müllhalden; aus rohstoffreichen Ländern in produzierende und konsumierende, von immer ärmer werdenden Gesellschaften zu immer reicheren. Echtes Wachstum kann es, wie gezeigt, nach den Gesetzen der Thermodynamik, auf unserer Erde mit ihren erschöpflichen Ressourcen eben nur geben, wenn wir die einzigen wirklichen Energie- und Stoffzuwächse mit unseren wirtschaftlichen Tätigkeiten nutzen, die die Erde dauernd, unerschöpflich und kostenlos von der Sonne geliefert bekommt. Weil die Landwirtschaft von der Sonnenenergiezufuhr lebt, kommen aus ihr die einzigen wirklichen »Nettoerträge« (Mercedes Bresso)[113], zumindest wenn diese nicht durch zuviel fossilen Energie- und chemischen Düngemitteleinsatz produziert werden. Durch die Nutzung erneuerbarer Energien und Rohstoffe würden wir erstmals seit Beginn der Neuzeit – auch außerhalb der Landwirtschaft – ein wirtschaftliches Nettowachstum bekommen.

Eine einzigartige Umkehr bahnt sich damit an, vom »Reichtum der Nationen« (Wealth of Nations) – die Formel von Adam Smith, die zur Zauberformel der fossilen industriellen Revolution wurde, die aber auch eine »Armut der Nationen«, so der Titel eines Buches von Elmar Altvater[114], schuf – nunmehr zum »Wealth of Nature« (Donald Worster)[115], dem dauerhaften Reichtum aller, wenn wir die Natur als lebendigen Produktivitätsfaktor sehen und intelligent nutzen. Dies ist die Perspektive, mit der sich die Menschheit von der Arbeit befreien kann – nicht auf Kosten der Natur, sondern mit deren dauerhafter und aktiver Unterstützung, wenn wir ihre Produktivität erkennen und sie erhalten. Es geht also nicht um die Frage von Ökologie und/oder Ökonomie, mehr oder weniger Wachstum, mehr oder weniger Konsum, sondern um eine Revolution der natürlichen Basis. Ökologie – als das Gebot, haushälterisch mit dem umzugehen, was wir haben, und dafür zu sorgen, daß wir es nicht verlieren, sondern sogar mehren – *ist* Ökonomie, und diese ökologische Ökonomie ist im Kern eine Naturwirtschaft[116], ist die überlegene, die alle wirtschaftlichen Aktivitäten übergreifende Ökonomie. Die Wirtschaft muß sich der Natur unterordnen.

Was für die Wirtschaft festgestellt wird, gilt genauso für die Forschung. Diese diente seit der Industriellen Revolution der Unterordnung der Natur, die man als leblos betrachtete, in immer kleinere Teile zerlegte und deren lebenden Zusammenhang aus den Augen verlor. Dieselben Wissenschaftler und Forscher bieten sich heute mit ihren allzu unzulänglichen Methoden als Reparateure an, statt von diesen intelligenten Zusammenhängen zu lernen. Nur die intelligenten Systeme haben in der evolutionären Entwicklung überlebt. Wenn unsere gesellschaftspolitische und ökonomische Intelligenz nicht ausreicht, uns in die natürlichen Systeme einzugliedern, können wir nicht überleben. Sich daran zu orientieren ist – nach den Worten Carl Amerys – die »Botschaft des Jahrtausends«[117]. Daß diese – noch (?) – nicht gehört wird und an den politischen und wirtschaftlichen Strukturen vorbeirauscht, zeigt die »moderne« fundamentalistische Verirrung – denn es sollte nicht schwer sein, die Botschaft zu verstehen. Ihre Umsetzung in eine sozialökonomische Praxis ist die neue und lebensentscheidende politische und wirtschaftliche Revolution. Diese muß das 21. Jahrhundert prägen, wenn die Menschheit nicht in Blutbädern ertrinken und das 22. Jahrhundert noch erleben will. Deshalb ist es höchste Zeit, die Frage nach den Prinzipien gesellschaftspolitischen Handelns erneut zu stellen.

Links und rechts vor dem 21. Jahrhundert

Daß ideologische Prinzipien keinen Stellenwert mehr hätten, ist eine ideologische Lüge und längst von den politischen Gegebenheiten der Gegenwart widerlegt. Was in den Hintergrund gedrängt worden ist, ist die soziale Idee – obwohl gerade sie sich auf die Menschheit insgesamt bezieht. Doch diese Idee muß sich inhaltlich erneuern, um eine adäquate Antwort auf die Krisen, die die Menschheit insgesamt bedrohen, zu finden, bevor diese Menschen sich in barbarischer Weise innerhalb ihrer Staaten und international an die Gurgel gehen. Die Frage von links und rechts muß neu aufgerollt werden, damit wir politische Grundkonflikte wieder besser verstehen und Perspektiven wieder klarer sehen können.

Unsere »Modernisierer« sind es vor allem, die aus den Trägern von Ideen zu deren Verwaltern oder Verkäufern wurden, die handlungsleitende Ideen katalogisieren und etikettieren, sie in Fachressorts ablagern und in Supermärkten verramschen. Daß »links« und »rechts«, die Grobunterteilung des politischen Ideen- und Verhaltensspektrums, hinfällig geworden seien (auch wenn es noch ein paar »Ideologisierte«, »Ewiggestrige«, Außenseiter, verträumte politische Nostalgiker, nicht ernstzunehmende Romantiker oder extreme Spinner von links und rechts gebe), soll jedoch vor allem diejenigen einschläfern, die nach politischen Alternativen nicht in bezug auf Einzelprobleme, sondern auf die Entwicklungsrichtung der Gesellschaft suchen. Wenn aber so viele den Eindruck haben, daß die Kategorisierung von »links« und »rechts« überholt sei, dann liegt das in erster Linie daran, daß diese Begriffe zu Worthülsen geworden sind, weil sich die damit assoziierten Inhalte und Gestaltungsinstrumente scheinbar oder tatsächlich verbraucht haben.

Das traditionelle Verständnis von »links« im 19. Jahrhundert bezog sich auf die Forderung nach allgemeinen und gleichen demokratischen Rechten, nach Planwirtschaft und Gemeineigentum an Produktionsmitteln, weil man nur dadurch neben der politischen auch die ökonomische Gleichheit meinte herstellen zu können; »rechts« stand für Demokratiefeindlichkeit, Kapitalismus, Marktwirtschaft und privates Eigentum an Produktionsmitteln. Mit der Errichtung der ersten »Diktatur des Proletariats«, die sich nie einer demokratischen Wahl gestellt hatte, und mit der Entstehung der demokratischen Verfassungsstaaten nach dem Ersten Weltkrieg hörte die ursprünglich selbstverständliche Identifizierung von »links« mit »demokratisch« auf. Dogmatisch aber blieben die Erkennungsmerkmale bezüglich der ökonomischen Ordnung: Linke nahmen ungern zur Kenntnis, daß einerseits auch ein öffentliches Unternehmen gegen die Interessen der Allgemeinheit handeln und daß andererseits auch der Markt eine soziale Funktion haben kann. Und Rechte übersahen gern, daß auch Kapitalismus die Marktwirtschaft zerstören und öffentliche Unternehmen die Marktwirtschaft fördern können. Die reale Entwicklung war differenzierter: Die Dogmen lockerten sich durch Konzepte eines »sozialen Kapitalismus«, einer »sozialen Marktwirtschaft«, durch genossenschaftliche oder gemeinwirtschaftliche Unternehmen in der Marktwirtschaft, durch »Markt und Plan«-Konzepte, durch gemischtwirtschaftliche – private wie öffentliche – Produktionsverhältnisse. Alles, was eine institutionelle Sozialbindung sicherstellte, galt aber stets als das linke Element, während alles, was diese lockern wollte, als tendenziell »rechts« angesehen wurde.

»Rechts und links«, so Norberto Bobbio, »sind keine Wörter, die ein für allemal feststehende Inhalte bezeichnen. Sie können, je nach Zeit und Situation, unterschiedliche Inhalte bezeichnen.« Dies bedeutet auch, daß es Inhalte gibt, die einmal der Linken oder der Rechten zugeordnet waren, obwohl es in manchen Punkten heute umgekehrt sein kann. Wenn aber neue gesellschaftliche Herausforderungen kommen und eine Veränderung von Positionen erfordern, dann erfolgt ein Bedeutungswandel von Inhalten und erschwert die Zuordnung von »links« und »rechts« auch in den dazugehörigen Parteien. Deshalb gibt es Vorschläge, andere Begriffe zu wählen: zum Beispiel »progressiv« oder »fortschrittlich« für links. Doch diese Begriffe sind letztlich nichtssagend, was sich auch dadurch nicht bessert, daß einige Leute vom »neuen Fortschritt« reden. Daß es in einer Gesellschaft immer mindestens zwei große gegeneinanderlaufende Grundströmungen gibt, dürfte kaum zu bestreiten sein, ganz gleich, ob es die zwischen sozial und antisozial, demokratisch und undemokratisch, zwischen verändernd und konservierend oder zwischen öffentlichen und privaten Interessen sind. Untersuchen wir also, weil die alten Begriffe immer noch weniger umschweifend sind, die Frage der heutigen inhaltlichen Bedeutung von »links« und »rechts«.

Was für die wechselnde Bedeutung von Inhalten gilt, gilt nicht für die Prinzipien, die den Inhalten zugrunde liegen sollten. Das entscheidende prinzipielle Kriterium zur Unterscheidung von links und rechts, um wiederum Bobbio zu zitieren, ist »das der unterschiedlichen Haltung, die die in der Gesellschaft lebenden Menschen im Hinblick auf das Ideal der Gleichheit einnehmen«, das die Menschen »zusammen mit dem Ideal der Freiheit und dem des Friedens anstreben und für das sie bereit wären zu kämpfen«. Das linke Prinzip der Gleichheit ist das einzige Kriterium, »das dem Verschleiß, der Auflösung durch die Zeit widersteht«[118]. Mittlerweile haben wir gelernt, daß Gleichheit – womit nicht willkürliche Gleichmacherei bezüglich menschlicher Eigenschaften und Fähigkeiten gemeint ist – für Menschen unter chancenlosen Lebensbedingungen nicht möglich ist; daß sie durch Ausbeutung und Diktatur, durch soziale wie durch politische Entrechtung verhindert wird. Gerade in einer zusammenwachsenden und verflochtenen Welt kann das Gleichheitsprinzip nicht auf wenige Länder beschränkt bleiben, was insbesondere für den gleichen Anspruch aller auf eine nicht zerstörte Umwelt gilt: Die extreme Mißachtung des Gleichheitsprinzips ist die Vernichtung einer lebensgerechten Ökosphäre, denn sie zerstört die Lebenschancen aller – was sicher nicht im Sinne des Gleichheitsprinzips liegt, das sich auf das Leben bezieht. Mindestens aus diesem Grunde müssen wir versuchen, die konkreten Inhalte von links und rechts neu zu bestimmen, wobei wir sowohl die Erfahrungen aus mißlungenen Versuchen, das Gleichheitsprinzip zu realisieren, wie auch seine aktuellen Widersprüche berücksichtigen müssen.

Links als kategorischer Imperativ

Links ist – ausgehend vom Gleichheitsprinzip – ein Synonym für die Verallgemeinerungsfähigkeit und -würdigkeit des Ziels der Gleichheit, während rechts für Nichtanerkennung der »einen Welt« oder für mutwillige Rücksichtslosigkeit ihr gegenüber steht. Die treffendste Definition hat uns damit, schon vor der Entwicklung der sozialen Bewegung der Neuzeit, Immanuel Kant mit seinem kategorischen Imperativ gegeben: »Handle so, daß die Maxime deines Willens zugleich als Prinzip einer allgemeinen Gesetzgebung gelten könne.«[119] Oder auch noch strenger: »Handle nach der Maxime, die sich selbst zugleich zum allgemeinen Gesetze machen kann.« Der kategorische Imperativ ist *das* entschiedene und umfassende linke Prinzip. Wenn wir politische Strategien und Handlungsweisen, Strukturen und Verhältnisse konkret an diesem Prinzip messen, so ergeben sich daraus wesentlich mehr Konsequenzen, als man sie üblicherweise mit dem Gleichheitsprinzip verbindet: die gesellschaftliche Gleichstellung der Frau, der Einsatz für die Rechte der Kinder, die Überwindung von Privilegien in der Bildung, in der Besteuerung oder in der Eigentums- und Vermögensbildung. Doch wie sieht es bei ordnungspolitischen und ähnlichen Fragen aus?

– In wirtschaftlichen Beziehungen ist für das linke Prinzip nicht die Frage nach Plan- oder Marktwirtschaft entscheidend, sondern viel mehr die nach den Bedingungen und Folgen, unter denen produziert und konsumiert wird. Wirtschaftspolitik, die die *Internalisierung der sozialen Kosten* erzwingt – wobei die Frage sekundär ist, wie das durchgesetzt wird –, ist links orientiert. Die Internalisierung bedeutet, daß die Preise die gesamte gesellschaftliche Wahrheit ausdrücken müssen – daß also diejenigen Volkswirtschaften und Unternehmen, die auf Kosten der Menschen, ihrer sozialen Rechte, ihrer Gesundheit und auf Kosten der Umwelt billig produzieren, in ihrer Marktfreiheit begrenzt werden müssen, statt sie zugunsten eines im humanen Sinne minderwertigen Prinzips der gleichen Marktfreiheit auf den Märkten sogar noch zu privilegieren. Deshalb ist eine wirtschaftliche Ordnung, die die Externalisierung der sozialen Kosten zuläßt, also die Kosten für Schäden an Menschen und an ihren Lebensgrundlagen der Gesellschaft aufbürdet, eine rechte Ordnung – und daher ist die neue Welthandelsordnung eine eindeutig rechte Ordnung.
– Ein privates Unternehmen, das zum Beispiel unter marktwirtschaftlichen Bedingungen Strom aus erneuerbaren Energien erzeugt, operiert aufgrund der positiven gesellschaftlichen Wirkungen dieses Tuns »links«, im Gegensatz zu einem öffentlichen Stromunternehmen, das potentiell menschengefährdende Atomstromproduktion betreibt, auf Dauer künftigen Generationen die Atommüllbürde aufzwingt und deshalb »rechts« operiert. Ein landwirtschaftlicher Familienbetrieb, der gesunde Nahrungsmittel in umweltschonender Anbauweise produziert, handelt »links« im Gegensatz zu einem Kollektivbetrieb, der durch massiven Einsatz chemischer Düngemittel den Boden zerstört und chemiehaltige

Nahrungsmittel erzeugt. Die Weigerung, schnellstmöglich die Gewinnung von fossiler Energie durch umweltfreundliche erneuerbare Energie abzulösen, ist »rechts«, während das Engagement *für* diesen Ablösungsprozeß dem linken Prinzip entspricht. Andererseits handelt auch ein Naturschützer, der sich gegen Windkraftanlagen stellt, weil er den freien Blick auf die Landschaft behalten möchte, »rechts«. Wenn, wie geschehen, die britische Labour Party das Vorhaben der konservativen Regierung einer höheren Energiesteuer attackierte, dann hat sich in dieser Frage das traditionelle Links-Rechts-Muster zwischen diesen Parteien ins Gegenteil verkehrt.

- Der gleiche Gedankengang gilt für den Besitz von Atomwaffen: Wer für die Strategie der atomaren Abschreckung ist, steht politisch ganz klar rechts. Atomwaffenversuche, die mutwillig die Gesundheit von Menschen riskieren (wie etwa die französischen Atomwaffenversuche im Südpazifik, deren angebliche Unschädlichkeit für die Menschen schon dadurch widerlegt ist, daß man sie nicht in Frankreich stattfinden läßt), sind rechtsextremistische Aktionen.
- Eine politische Ordnung, die den Menschen mehr demokratische Mitwirkung ermöglicht, um ihre Bedürfnisse und Ideen einzubringen, ist links ausgerichtet, im Gegensatz zu einer politischen Ordnung, die diese Mitwirkungsmöglichkeiten erschwert. Angesichts der zahlreichen verdeckten wie offenen Gefährdungen der Demokratie verrät die Tatsache, daß die Frage nach der Demokratie zu einer Sachfrage unter mehreren degradiert wird, eine nach rechts tendierende Entwicklung. Allen Ernstes wird ja eine echte Demokratisierung der europäischen Institutionen als nicht funktionsgerecht betrachtet, weil das die Entscheidungsprozesse zu sehr aufhalten oder unberechenbar machen könnte. Über die Frage der Währungsunion oder über Agrarpreise wird intensiver gerungen und gestritten, nicht jedoch über die Frage nach mehr Demokratisierung. Daß sich traditionell linke Parteien hier kaum von den traditionell rechten unterscheiden, zeigt das Ausmaß bereits erreichter sozialethischer Prinzipienlosigkeit.

- Wegen der größeren politischen Beteiligung entspricht eine demokratische Ordnung mit weitgehender kommunaler Selbstverwaltung und mit föderalistischen Strukturen mehr dem linken Prinzip als eine zentralistische Ordnung – und deshalb ist die Organisation der Demokratie mit Hilfe von Parteien, in denen es die ständige Möglichkeit zur Willensbildung gibt, demokratischer und damit »linker« als eine andere, die sich turnusmäßig auf die Wahl einer begrenzten Zahl von individuellen Funktionsträgern beschränkt.

Diese Beispiele zeigen, daß neu zu überprüfen ist, wie dem Gleichheitsprinzip besser entsprochen werden kann. Es ist die dauernde Herausforderung an linke Politik. Bewußt oder unbewußt gehen oft linke und rechte Prinzipien in einer Person oder einer Organisation Symbiosen ein.

Daß sich die Programmvorstellungen der traditionellen Linken von dem, was heute notwendig ist, unterscheiden, ist offensichtlich:

- Das einstige klassengebundene Solidaritätsverständnis muß heute zu einem *gesamtgesellschaftlichen Solidaritätsverständnis* unter Einbeziehung künftiger Generationen ausgeweitet werden.
- Die klassische Orientierung der sozialen Bewegungen der Industriellen Revolution galt dem sekundären Sektor der Industrie, der später ergänzt wurde durch den tertiären Sektor der Dienstleistungen und den »quartären Sektor« der Wissenschaft, wo die materiellen Kräfte der sozialen gesellschaftlichen Reform zu finden waren. *Doch nun rückt wieder der primäre Sektor der landwirtschaftlichen Produktion in den Vordergrund*, der bei der Wende zu einer bleibenden ökologischen Wirtschaftsweise eine Schlüsselfunktion erhalten wird. Dies steht im völligen Gegensatz zu der sich gegenwärtig noch beschleunigenden Marginalisierung dieses Sektors.
- Die Zentralisierung der Staatsfunktionen, die zur Verbesserung seiner sozialen Ausgleichsfunktionen eher von linken Parteien befürwortet wurde (in anderen europäischen Ländern allerdings mehr als in Deutschland, wo sich dies bereits seit den 50er Jahren veränderte), muß wegen der mit ihr

verbundenen Demokratiedefizite abgelöst werden durch eine *weitgehende Dezentralisierung*. Nur dadurch können die sozialen Vorteile einer ökologischen Wirtschaftsweise ihren optimalen Ausdruck finden und kann demokratische Mitwirkungsbereitschaft aufrechterhalten werden.

– Nicht die äußere Form der Produktionsverhältnisse – Staats- oder Privateigentum, Plan- oder Marktwirtschaft – ist entscheidend, sondern die *verallgemeinerungsfähige Produktionsweise*. Danach bestimmt sich, wie die wirtschaftliche Ordnung gestaltet werden muß, was öffentlich kontrolliert und was im Rahmen einer ökologischen und sozialen Regulierung und der Marktentwicklung überlassen bleibt. Falls solche Regeln durchgesetzt werden können, ergeben sich aus marktwirtschaftlichen »Verhältnissen« unverzichtbare sozialökologische Funktionen. Eine sozialökologische Wirtschaftsordnung muß Monopolstrukturen beseitigen, weil sie der Integration und der Nutzung der breit verteilten erneuerbaren Ressourcen im Wege stehen, vor allem in der Energieversorgung. William Ashworth hat in »The Economy of Nature« beschrieben, daß eine sozialökologische Wirtschaftsweise marktwirtschaftlicher sein wird als die heute praktizierte[120]. Sie setzt die politische Durchsetzung eines volkswirtschaftlichen Rahmens voraus, der reguliert sein muß, um weniger Barrieren zu haben, in dem es vollständige Informationen über die Produkte geben und das wirtschaftliche Angebot mengenmäßig der Nachfrage innerhalb eines Wirtschaftsraums entsprechen muß. Der wichtigste Punkt dabei ist, daß die Marktfreiheit für nichterneuerbare Energien und Rohstoffe mit ihren schädlichen Umwandlungsfolgen für Wasser, Luft und Böden eingeschränkt werden muß.

– Weil es darum gehen muß, die Produktionsweisen zu ändern und die Wirtschaft auf eine erneuerbare Energie- und Rohstoffbasis zu stellen, darf es einer linken Politik nicht mehr darum gehen, sich – nur um Arbeitsplätze zu erhalten – für die Weiterführung einer nicht länger gesellschaftsfähigen Produktion einzusetzen – aber sie *muß* sich durch industrielle Konversionsprogramme darum kümmern, daß die Beschäftigten alternative Arbeitsplätze bekommen. Dies ist ohne die gezielte Lenkung von Auftrags- und Investitionsströmen in von einem solchen Strukturwandel betroffenen Regionen nicht möglich.

Der kategorische Imperativ als naturgesetzliche Pflicht

Diese Schwierigkeiten schmälern die Bedeutung des kategorischen Imperativs nicht, sondern unterstreichen sie noch. Kant hat diesen Imperativ als Verpflichtung angesehen und ihm den Stellenwert eines Naturgesetzes gegeben: »So könnte der allgemeine Imperativ der Pflicht auch so lauten: handle so, als ob die Maxime deiner Handlungen durch deinen Willen zum allgemeinen Naturgesetze werden sollte.« Inzwischen ist deutlich geworden, daß es schon lange nicht mehr um ein »als ob« geht: Wie wir gesehen haben, verstößt das Wirtschaftswachstum auf der herkömmlichen erschöpfbaren Stoffbasis gegen das Naturgesetz. Bei anhaltendem Gesetzesverstoß gibt es keine Überlebenschance. Die Verstöße haben mittlerweile ein Ausmaß erreicht, daß sie zu einem blindwütigen Chauvinismus gegenüber den Mitbewohnern des Planeten ebenso wie gegenüber den nächstfolgenden Generationen entarten, wenn man nicht äußerste Anstrengungen macht, Kants Maxime zu entsprechen. Offensichtlich werden auch die klassischen linken Parteien diesem linken Prinzip keineswegs mehr gerecht: Sie sind mehr oder weniger weit davon entfernt, einige sogar meilenweit.

Linke Parteien haben sich historisch immer dadurch ausgezeichnet, daß sie das Prinzip verallgemeinerungsfähigen Handelns bewußter beachtet haben als andere Parteien. Damit haben sie auch andere dazu gebracht, diesen Prinzipien mehr Raum zu geben, als diese es freiwillig getan hätten. Es ist deshalb verhängnisvoll für die Gesellschaft, daß linke Parteien drauf und dran sind, die notwendige Revision und die Ausweitung bestimmter traditioneller linker Inhaltsbestimmungen mit dem Abrücken von dem linken Prinzip zu verwechseln – und damit die konservativen Parteien aus solchen politischen Anforderungen entlassen, womit sich das gesamte Koordinatensystem der Politik in die Menschheitsfalle des Egoismus verschiebt. Die

Zukunft linker Parteien hängt entscheidend davon ab, ob sie die ökologische Frage als das erkennen, was sie ist: als die prinzipiellste aller sozialen Fragen. Angesichts der ökologischen Weltkrise ist ökologisches Handeln linkes Handeln. Es ist kein Zufall, daß der CDU-Politiker Heiner Geissler – der innerhalb seiner Partei als »Linker« gilt und ihren Rechtsruck zu verhindern sucht – sein Votum für eine Zusammenarbeit mit den Grünen folgendermaßen begründet: »Die Sorgen und Ängste, die von den Grünen vorgetragen werden, haben ein *fundamentum in re*. Es handelt sich um existentielle Probleme: Wie ein ökonomischer Fortschritt vereinbar gemacht werden kann mit der Erhaltung unserer Schöpfung, ist eine Frage der Zukunft.«[121] Was für die liberalkonservative Volkspartei gilt, muß allemal mehr für eine linke Volkspartei gelten, wenn sie sich selbst nicht verlieren will: Eine linke Partei, für die die ökologische Frage lästig ist, wäre von allen ihren guten Geistern verlassen. Sie würde sogar das verlieren, was sie besonders auszeichnet und was sie bisher den Grünen voraus hatte: ihr Solidaritätsgefühl und ihre Skepsis gegenüber gesellschaftlich nicht tragbaren individualistischen Tendenzen. Der Ökonomismus einer Generation, die für einen niedrigeren Kilowattstundenpreis heute die Zerstörung der Ökosphäre in Kauf nimmt, ist schlimmer als Individualismus: Er ist der Egoismus der Rechten. Dadurch, daß man die Arbeitsplätze von heute gegen die von morgen ausspielt, die Freiheiten und die sozialen Chancen von heute gegen die der nächsten Generation, macht man aus einer sozialen Partei eine gruppenegoistische, aus einer historisch linken eine nach rechts driftende Partei. Soziale Politik, allein für die jetzige Generation gemacht, wird unsozial.

Rechtes Handeln weist sich durch Ziele aus, die nicht verallgemeinerungsfähig sind, man kann auch sagen: nicht gesellschaftsverträglich. Es kann durchaus sein, daß etwas in einer Gesellschaft mehrheitsfähig ist, was dennoch für sie selbst bei Betrachtung der Folgen nicht tragbar ist – zum Beispiel eine Volksabstimmung über die Abschaffung aller Steuern, die die Beendigung aller öffentlichen Aufgaben erzwingt, ohne die aber keine Gesellschaft, will sie unter humanen Bedingungen leben, bestehen kann. »Freie Fahrt für freie Bürger«, die Trotzformel gegen ein Tempolimit, das zu mehr Rücksicht innerhalb der Gesellschaft führen soll, ist eine eindeutig rechte Formel. Rechtes Handeln ist im Kern apolitisches Handeln. Doch haben auch rechte Parteien mehr oder weniger ausgeprägte Elemente von linken Prinzipien, andernfalls wären sie gar nicht in der Lage gewesen, Gesellschaften in ziviler Weise zu organisieren.

Symptomatisch für rechtes Denken und Handeln ist zum Beispiel, wie die neue Rechte in den USA in aggressivster Weise alles bekämpft, was mit der Einschränkung umweltzerstörerischer Freiheiten zu tun hat – den Tierschutz ebenso wie den Schutz der Wälder vor hemmungsloser Abholzung, die Erhöhung der niedrigsten Treibstoffsteuern der Staatenwelt ebenso wie Initiativen gegen den ungebremsten Einsatz chemischer Düngemittel. Die militante Widerstandsfront, die bereits in Anti-Umweltbewegungen organisiert ist und die David Helvarg in seinem Buch »The War against the Greens« anhand der amerikanischen Gesellschaft beschreibt[122], reicht von den neonazistischen Milizen bis zur radikal wirtschaftslibertären Managerkaste, die alle sozialen und ökologischen Alternativen hintertreiben, von Skinheads in Lederjacken bis zu Skinheads in Nadelstreifen. In populistischen Kampfparolen beruft man sich immer auf die Gefährdung der »Jobs« und versucht so, die schon weitestgehend entideologisierten Arbeiter ins rechte Lager zu ziehen und in primitivster Weise rücksichtslose Selbsterhaltungsinstinkte zu wecken. Diese Entwicklungen signalisieren, was entstehen kann, wenn man die ökologische Frage prinzipiell als Bedrohung gegenwärtiger materieller Interessen begreift: ein hemmungsloser Rechtsruck in der Gesellschaft, der auch Teile des klassischen linken Spektrums erfassen kann.

Bevor die ökologische Krise sichtbar wurde, war eine linke Politik nur denkbar mit einer sozialen Ökonomie. Nunmehr ist sie nur denkbar mit einer sozialökologischen Ökonomie – und dies unter den Bedingungen demokratischer Selbstkorrekturmöglichkeiten und nichtmonopolisierter Wirtschaftsverhältnisse. Traditionell linke Parteien, die sich dieser alles entscheidenden zivilisatorischen Perspektive nicht stellen oder es nur halbherzig tun, werden keine linken Parteien mehr sein können und sich damit aus der weiteren Geschichte allmählich verabschieden. Und grüne Parteien, die sich wie in Italien oder Frankreich als jenseits von links und rechts verstehen und nicht erkennen wollen, daß das ökologische Prinzip – einschließlich der sozialökonomischen Konsequenzen – ein elementar linkes ist, werden sich als ökologische Parteien nicht entfalten können. Ebensowenig werden sie das können, wenn sie bei einem defensiven Naturschutzverständnis verharren, weil es reaktionär wird, wenn es sich gegen den ökologischen Strukturwandel stellt. Ohne die Integration unserer ökologischen Grundlagen wird nichts mehr Bestand haben können, was für die Gleichheit der Menschen bestimmend war oder noch ist.

Handlungsfelder der archimedischen Wende

Ohne die Wiederbelebung des Politischen wird es nicht möglich sein, aus den verzweigten Sackgassen herauszukommen und die Alternative durchzusetzen. Die Repolitisierung muß sich in den sich dafür anbietenden Schlüsselbereichen vollziehen. Dazu gehört, das Primat der Politik wiederzugewinnen, ohne das es keine Chance für den demokratischen Verfassungsstaat gibt. Nur so können wir aus der Situation herauskommen, in der politische Akteure zunehmend auf Nebenplätzen spielen oder gar nur Zuschauer sind, während gleichzeitig das Hauptfeld denjenigen überlassen bleibt, die asoziale Interessen verfolgen. Ohne eine konkrete Alternative dominiert der sich alternativlos gebende »Sachzwang«. Die Möglichkeiten und Ansätze für die Durchsetzung der erneuerbaren Energien habe ich in »Sonnen-Strategie« begründet und beschrieben. Doch wie muß der einen sozialökologischen Generationenvertrag ermöglichende wirtschaftliche Rahmen aussehen? Wie können die politischen Institutionen wieder funktionsfähiger und die Gesellschaft wieder demokratiefähiger werden? Wie kann der generelle Strukturwandel zu einer Naturökonomie praktisch eingeleitet werden? Und wie muß die internationale Politik umgestaltet werden, damit sie nicht die Wege in die Zukunft weiter verbaut?

Gerade weil es um ganzheitliche Initiativen geht, müssen wir von anderen wirtschaftlichen Maßstäben ausgehen als von denen, die die Sackgassen-Ökonomie von heute hat: die Kurzzeitkalkulation von Stückkosten, die sie unfähig macht, in volkswirtschaftlichen und in langfristigen Kategorien zu handeln. Wenn wir die Alternativen konkretisieren, werden wir erkennen, daß ganz andere Fragen ins Zentrum rücken, als gegenwärtig im Mittelpunkt der politischen Aufmerksamkeit stehen. Die Drehbühnen der archimedischen Wende sehe ich vor allem in einer

- weltwirtschaftlichen Märkteordnung als Alternative zur globalökonomischen Gleichmacherei, die weder die ökologischen noch die sozialen und kulturellen Bedürfnisse der Weltgesellschaft berücksichtigt;
- weitgehenden Entflechtung wirtschaftlicher Machtstrukturen, um sowohl eine funktionsfähige Marktwirtschaft als auch die notwendigen öffentlichen Regulierungen zu ermöglichen;
- demokratieorientierten Entflechtung politischer Institutionen und privater Medienmacht, um elementar notwendige Staatsfunktionen zu verbessern und demokratische Spielräume zu erweitern.

Die wichtigsten Sektoren, die archimedische Punkte zu einer naturökonomischen Wirtschaftsweise darstellen, sehe ich in der Landwirtschaftspolitik, in der Baupolitik, in der Verkehrspolitik – jeweils in einer Weise, die weit über die bisherige Rolle dieser Sektoren hinausgeht – und in einer Außen- und Sicherheitspolitik, die sich endlich auf die Sicherheitsfragen des 21. Jahrhunderts konzentriert.

1. Welthandelsordnung: ökologischer und sozialer Protektionismus

Vorrang internationaler Umweltschutz- und Arbeitsschutzregeln – Produktion in Binnenmärkten: internationale Investitionsfreiheit statt uneingeschränkter Handelsfreiheit – Zollsätze nach Arbeits- und Umweltstandards – Internationale

Sozial- und Umweltgerichtshöfe – Besteuerung von Devisengeschäften

Eine sozialökologisch ausgerichtete Weltordnung kann nicht in den klassischen Protektionismus nationalwirtschaftlicher Autonomie zurückfallen, über den die wirtschaftlichen Beziehungen hinausgewachsen sind, sie kann aber auch nicht weiter das Leitbild globalen Freihandels verfolgen. Lediglich nach globalen Umwelt- und Sozialstandards im Rahmen einer künftigen – wann auch immer in Angriff genommenen – Novellierung des Welthandelsabkommens zu rufen kann nicht genügen. *Ob* und *wann* es darüber einen Konsens gibt, steht in den Sternen. Bereits jetzt sollten Regierungen, die es mit der sozialökologischen Verantwortung ernst meinen, darauf bestehen, daß *sozial- und umweltpolitische völkerrechtliche Vereinbarungen nicht nachrangig zum Welthandelsabkommen behandelt werden.* Zum Beispiel sollten die Staaten sich unter Berufung auf dieses Abkommen gegen die Verpflichtung wehren, Güter von bestimmten Staaten frei importieren zu müssen, wenn diese ihre Kostenvorteile offensichtlich dem Verstoß gegen andere gültige völkerrechtliche Bestimmungen verdanken – wie die Sozialcharta von 1966 (!) und die Arbeitsschutzbestimmungen der Internationalen Arbeitsorganisation (ILO). Das gleiche gilt für die internationalen Konventionen, die dem Schutz der Ökosphäre dienen sollen, wie die »Agenda 21«, die Klimakonvention, die Konvention zum Schutz der Biodiversität, das Meeresschutzabkommen oder andere internationale Verträge zum Umweltschutz[123]. Produktionen von Unternehmen beziehungsweise Ländern, die offensichtlich diesen Normen zuwider handeln und sich rücksichtslos Kostenvorteile sichern, sollte man unter Berufung auf diese Normen mit zusätzlichen Zöllen belasten. Voraussetzung ist selbstverständlich, daß die Staaten, die die Zusatzzölle erheben, in diesen Fragen selbst glaubwürdig sind. Es geht also um einen *Sozialschutz- und einen Umweltschutzzoll.* Es darf nicht hingenommen werden, daß das Welthandelsabkommen Vorrang vor diesen Verträgen beansprucht und im Konfliktfall Wirtschaftsinteressen vor Umweltschutz gehen. Das Welthandelsabkommen ist völkerrechtlich gesehen eine »lex specialis«. Die älteren und breiter angelegten völkerrechtlichen Bestimmungen gehen vor, zumal sie ja mit der Ratifizierung des Welthandelsabkommens nicht ausdrücklich außer Kraft gesetzt wurden. Dem Einwand, daß dies eine Rückkehr zum Protektionismus sei, setze ich mit Horst Afheldt, der für eine »Märktewirtschaft« eintritt, das Argument entgegen: »Der neue Protektionismus unterscheidet sich vom alten dadurch, wen und was er schützen will. Der alte Protektionismus diente dem kurzfristigen Vorteil machtvoller nationaler Eliten und Unternehmen; der neue Protektionismus sucht die Mehrheit der Weltbevölkerung gegen die ›Freihandelselite‹ zu schützen.«[124]

Es geht hier nicht darum, irgendwelche Importeure zu diskriminieren, sondern darum, die wirtschaftlichen Nachteile derjenigen aufzuheben, die die sozialen Aufgaben, die globale Ressourcenkrise und die ökologische Krise ernst nehmen. Einen solchen Konflikt zwischen sozial- beziehungsweise umweltrechtlichen und freihandelsrechtlichen Normen auszutragen wird um so leichter fallen, je einflußreicher und größer der Initiator ist. Die Europäische Union wäre stark genug: Dieser Kampf würde unverzüglich dazu führen, daß das jetzige Welthandelsabkommen gesprengt würde – so daß man entweder rasch die Beachtung von Sozial- und Umweltnormen einbaute und ein für die Zukunft der Zivilisationen tragfähiges Welthandelsabkommen schüfe oder daß dieses durch verstärkte Bemühungen, kontinentale oder halbkontinentale Wirtschaftsregionen zu etablieren, abgelöst würde. Beides wäre ein Fortschritt gegenüber dem jetzigen Zustand.

Einer den sozialen und ökologischen Erfordernissen entsprechenden Welthandelsordnung müssen folgende Prinzipien zugrunde liegen:

Globale Handelsfreiheit von Waren und Dienstleistungen soll durch das *Prinzip einer globalen Investitionsfreiheit ersetzt werden*: Unternehmen sollen nicht mehr die Möglichkeit haben, in immer größerem Umfang die Standorte der Produktion von den Märkten zu entkoppeln. Dagegen sollen sie die Möglichkeit haben, dort frei zu investieren, wo sie ihre Waren verkaufen –

und Regierungen müssen die ordnungspolitische Möglichkeit haben, sie ab einer bestimmten Importmenge dazu zu veranlassen, indem sie sich im Falle einer Weigerung, direkt zu investieren, mit höheren Zöllen schützen. Dies entspricht der zentralen Empfehlung von James Goldsmith in seiner Schrift »The Trap«[125]. Wenn sich also Unternehmen große Marktanteile in anderen Ländern sichern wollen, werden sie wegen der Zolldifferenzierung zwischen extern und intern erzeugten Produkten dazu veranlaßt, dort zu produzieren und Arbeitsplätze zu schaffen, wo sie große Stückmengen verkaufen wollen. Damit ist sowohl Sozial- wie auch Umweltdumping am leichtesten zu verhindern. Es garantiert sogar mittel- und langfristig stabilere Absatzmärkte, denn diese kann es nur geben, wenn es durch die Sicherung von Beschäftigung auch Kaufkraft auf diesen Märkten gibt.

Das Hauptargument gegen Protektionismus, daß eine Volkswirtschaft in ihrer Produktivitätsentwicklung zurückbleibt und sich damit selber schadet, wäre damit entkräftet: Da ein produktiv arbeitendes Unternehmen in seiner Investitionsfreiheit in einem der Binnenmärkte nicht behindert ist, zwingt es auf diesem Weg auch die mit ihm konkurrierenden Unternehmen innerhalb dieses Binnenmarkts zu Produktivitätsanstrengungen. Dies bringt allen Ländern Vorteile und fördert sogar die Entwicklungsländer in ihren Bemühungen um Investitionskapital. Gefördert wird damit auch, daß sich die Produktion dort an den eigenen Marktbedürfnissen orientiert – statt ihre ausgebildeten Menschen, also ihr Humankapital, für die Billigkonsumbedürfnisse auf den Exportmärkten einsetzen zu müssen.

Eine Welthandelsordnung, der dieses Prinzip zugrunde liegt, fördert gleichzeitig die Entstehung von multinationalen Wirtschaftsregionen. Je größer der jeweilige Binnenmarkt ist, desto attraktiver wird er für Investitionen.

Die Kriterien, die bisher der Festlegung von Zöllen dienten, sollen durch generalisierbare und quantifizierbare Kriterien ersetzt werden, die sich an den Arbeitsnormen der ILO und an ökologischen Normen orientieren. Eine so ausgerichtete Welthandelsordnung wird sich zwar nicht ohne Konflikte durchsetzen lassen, aber sie erspart uns uferlose Konflikte, die sich aus der jetzigen Ordnung ergeben. Sie würde einen Schub zur Regionalisierung wirtschaftlicher Beziehungen auslösen, der jedoch durch weitere Maßnahmen auch innerhalb von multinationalen und nationalen Binnenmärkten verstärkt werden kann und muß.

Damit diese Mittel nicht willkürlich gehandhabt werden, kann die neu geschaffene Welthandelsorganisation nicht als Schiedsinstanz in Frage kommen, denn ihre Prämisse ist das Welthandelsabkommen und sind nicht soziale und ökologische Fragen. Bei der ILO gibt es solche Beschwerdestellen, die den Status eines *Internationalen Sozialgerichtshofs* erhalten sollten. Sein Urteil muß zu handelspolitischen Konsequenzen legitimieren. Dafür spricht auch, daß damit unter Umständen fairerweise nicht generell alle Importe aus einem Land mit einem Sozialschutzzoll zu versehen wären, sondern einzelne Firmen, die dagegen verstoßen. Das motiviert Unternehmen in Ländern mit unzureichenden sozialen Schutzregeln, von sich aus diese Bedingungen zu verbessern, um damit auf den internationalen Märkten frei operieren zu dürfen. Das gleiche gilt für die Umweltbelange. Das Konzept eines *Internationalen Umweltgerichtshofs* ist von Völkerrechtlern schon formuliert und findet beim Internationalen Gerichtshof in Den Haag eine große Zustimmung[126]. Hierbei können auch Einzelklagen Betroffener vorgebracht werden, denn Regierungen scheuen sich häufig aus diplomatischen Gründen, andere Regierungen anzuklagen. Ein Umweltgerichtshof könnte moralisch Urteile verhängen, nicht jedoch Sanktionen. Würde er aber von einer Regierung angerufen, um Abwehrmaßnahmen einer Volkswirtschaft gegen Umweltdumping zu legitimieren, oder von privat Betroffenen, um erlittene Schäden bei denjenigen Regierungen und Unternehmen einzuklagen, die für Umweltkatastrophen verantwortlich sind, so würde das dazu beitragen, die Orientierung zu einer ökologischen Wirtschaftsweise zu fördern.

Devisengeschäfte müssen prinzipiell besteuert werden, um die Devisenspekulation einzudämmen und nicht ausgerechnet den

Devisenspekulanten freibeuterische Bewegungsfreiheit zu erhalten. Eine Regelung müßte überdies gefunden werden, bei sogenannten Termingeschäften – mit denen im Vorgriff auf erwartete Veränderungen von Wechselkursen Kontrakte abgeschlossen werden und die Derivate in einer von der Warenwirtschaft abgekoppelten Kette von Spekulant zu Spekulant weitergereicht werden – effektive Kontroll- und Kanalisierungsmaßnahmen einzuführen. Diese Kontrollen müßten sich nicht nur auf eine Eigenkapitalunterlegung beziehen, wie es die sogenannte Kapitaladäquanz-Richtlinie der EU besagt, sondern auch darauf, daß Termingeschäfte an zwei Geschäftspartner gebunden sind und vor der Realisierung eines Waren- beziehungsweise Geldtauschs nicht an weitere weitergereicht werden dürfen.

2. Sozialökologische Marktwirtschaft, wirtschaftliche Entflechtung und Arbeit für alle

Differenzierung zwischen erneuerbaren Produkten und nicht erneuerbarer Ressourcennutzung – Ökologische Klima- und Gesundheitsschutzversicherung – Infrastruktur als prinzipielle öffentliche Aufgabe – Entflechtung von Stromproduktion und Netzbetrieb – Entflechtung von Banken und Industriekapital – Genossenschaftliche Beteiligung der Beschäftigten am Produktivvermögen – Vollbeschäftigung durch Humanisierung der Arbeit und Finanzierung gemeinnütziger Arbeiten statt Arbeitslosigkeit – Produktinformation und Unternehmenshaftung

Der Hauptvorteil marktwirtschaftlicher Strukturen ist, daß sie – wenn sie nicht monopolistisch verbogen sind – eine optimale Allokation der Ressourcen ermöglichen. Ein Hauptmangel ist, daß der Markt »zukunftsblind« ist, weil er sich neutral gegenüber sozialen und ökologischen Belangen verhält. Damit stellt sich die Frage, wie dieser Hauptmangel überwunden werden kann. Alles, was allgemeines und unverzichtbares Gut – Luft, Wasser, Böden, Wälder – beschädigt und damit Leben beeinträchtigt, ist nicht marktwirtschaftsfähig und kann keine gleichen Marktchancen beanspruchen.

Wenn dies zum Prinzip der Steuerpolitik wird – in meinem Buch »Sonnen-Strategie« benutzte ich dafür den Begriff der »Entropiesteuer« –, ist der definitive Umstieg auf eine bleibende Energie- und Rohstoffbasis und eine Schonung der Lebenselemente eingeleitet. In der Folge fördert das den Trend zur Regionalisierung der Produktionsverhältnisse, weil ja der landwirtschaftliche Sektor eine wesentliche Bedeutungssteigerung erfährt.

Nur wenige Industrieländer haben, obwohl die Besteuerung herkömmlicher Energien seit Ende der 80er Jahre intensiv diskutiert wird, daraus praktische Konsequenzen gezogen und die Energiesteuern – geringfügig – erhöht. Den meisten Regierungen und den Parteien fehlt es offensichtlich an der Courage, einen solchen Schritt zu tun, aus Angst vor öffentlichem Unmut. Dieser hat – trotz der weitverbreiteten Einsicht in die allgemeine Notwendigkeit einer Energiesteuer – im wesentlichen drei Gründe: Zum einen fällt die Energiebesteuerung in eine Zeit, in der die Steuerlast ohnehin sehr hoch ist; zum zweiten unterstellen viele Menschen den Regierungen, daß sie solche Steuern nicht wirklich aus ökologischen Gründen einführen wollen, sondern um Löcher in den Staatsbudgets zu stopfen; zum dritten glauben sie nicht, daß es – sofern es versprochen wird – für diese konkrete steuerliche Mehrbelastung eine Steuersenkung in anderen Bereichen geben wird, die ein gleichwertiges Äquivalent für sie persönlich wäre.

Andererseits ist nicht zu verantworten, das Problem ungelöst zu lassen. Deshalb sind Neuüberlegungen nötig, durch welches Konzept die psychologischen Barrieren übersprungen werden könnten. Da die zentrale Begründung für die Energiesteuer die sozialen Kosten der herkömmlichen Energien sind, liegt der Ansatz für einen neuen Anlauf in einer Neuregelung der Finanzierung der Sozialversicherung. Statt die herkömmlichen Energien durch höhere Steuern zu verteuern, könnte man eine Klima- und Gesundheitsschutzabgabe erheben und dafür die Krankenkassenbeiträge senken. Dies wäre ein zentrales Element eines sozialökologischen Generationenvertrags. Die jährlichen Kosten für das System der Gesundheitsvorsorge zum Beispiel in

Deutschland liegen bei über 400 Milliarden DM, wovon ein hoher und zunehmender Anteil auf die Gesundheitsschäden durch Energieemissionen zurückgeht. Bei einer ökologischen Klima- und Gesundheitsschutzversicherung, die ein Element der Krankenversicherung wäre, würde zunächst durch sinkende Krankenversicherungsbeiträge die Energieabgabe kompensiert. Findet – mit angeschoben durch die Klima- und Gesundheitsabgabe – die ökologische Energiewende statt, dann entfällt Zug um Zug diese Abgabe. Die damit einhergehende Senkung der Einnahmen für die Krankenversicherung wäre dennoch zu verkraften, weil mit dieser Energiewende die Gesundheitsschäden und damit die Gesundheitskosten ebenfalls zurückgehen.

In all den Bereichen, in denen nachweisbar ist, daß ein ökologisches Produkt genauso kostengünstig hergestellt werden kann wie ein herkömmliches, sind Genehmigungsverbote für letzteres ein Gebot der öffentlichen Moral. Warum soll man jemandem erlauben, die Umwelt und die Mitmenschen zu belasten, wenn man dies sogar ohne wirtschaftliche Nachteile für den Kunden verhindern kann? Wo zum Beispiel Windkraftanlagen Strom nicht mehr teurer produzieren als Atom- oder Kohlekraftwerke, dürfen keine Kohlekraftwerke mehr genehmigt werden. Bereits jetzt lassen sich auch in anderen Bereichen zahllose Beispiele nennen, von Waschmitteln bis zu Plastikmaterialien, die den Anforderungen naturbezogener Produkte zum Preis von synthetischen Produkten entsprechen. Dies würde auch massive Forschungsanstrengungen von Unternehmen in die ökologische Richtung auslösen. Das einzige Gegenargument ist die Patentfrage: Hat nur ein einziges Unternehmen das Patent für die jeweils entscheidende Erneuerung, würde es bei Produktionsverboten zum Monopolisten werden. Es ist zu überlegen, ob man dieses Problem durch eine Pflicht zur Lizenzvergabe an weitere Interessenten lösen kann.

Nicht jedes Unternehmen, das heute noch in öffentlichem Besitz ist, muß das auch bleiben. Was aber auf jeden Fall in öffentlichem Besitz sein oder zumindest nach öffentlich angegebenen Regeln operieren muß, sind die Versorgungsnetze eines Landes, die zur Infrastruktur gehören, damit sie immer für jeden gleichermaßen zugänglich sind. So wie es selbstverständlich ist, daß Straßen im öffentlichen Besitz sind, muß das auch für die Stromnetze (nicht aber für die Kraftwerke), für die Gas- und Wassernetze, für die »Datenautobahn« und für die Schienenwege gelten. Strom- und Gasversorgungsunternehmen müssen entflochten werden in solche Unternehmen, die nur noch die Netze betreiben, und solche, die Strom und Gas liefern. In der Stromversorgung wurde dies in den 80er Jahren in Großbritannien durchgeführt. Soweit Stromproduzenten und Gaslieferanten in öffentlicher Hand sind, können sie privatisiert werden.

Wenn es in der Infrastrukturversorgung dennoch zu Privatisierungen kommt, so darf dies nur mit zeitlich befristeten Betreiberlizenzen geschehen, die die Benutzung dieser Versorgungsnetze für alle gleichermaßen sicherstellen und eine Preisaufsicht gewährleisten. Läßt man konkurrierende Unternehmen zu, etwa in der Telekommunikation oder bei Postdienstleistungen, so müßten sie alle die *gleiche allgemeine Versorgungspflicht* haben. Nur so läßt sich die »Rosinenpickerei« bei den lukrativen Dienstleistungen verhindern. Die Lizenz muß, ohne daß Kosten für die politischen Institutionen entstehen, zurückzuholen sein. Diese Prinzipien sind bei zahlreichen Privatisierungen unbeachtet geblieben, was zu der Gefahr geführt hat, daß ein Gemeinwesen in seiner Grundversorgung in untragbare Abhängigkeiten geraten kann, bis hin zum Ausfall der Grundversorgung in Konkursfällen.

Das Banken- und das Industriekapital müssen entflochten werden. Es ist gesetzlich festzuschreiben, daß *Kreditbanken keine Unternehmensbeteiligungen* halten dürfen – es sei denn vorübergehende Beteiligungen im Konkursfall. Banken, die Unternehmensbeteiligungen unterhalten, verstoßen gegen das Wettbewerbsprinzip, weil sie ihre Bankenmacht gegen konkurrierende Anteilseignerinteressen ausspielen können. Im Falle einer Entflechtung müssen sie ihre Anteile an Beteiligungsgesellschaften übereignen. Der Staat sollte selbst Träger einiger Beteiligungsgesellschaften sein, um die Möglichkeit zu haben, Betriebe aufzufangen und so Arbeitsplätze zu sichern. Die Übernahme solcher Betriebe darf nicht auf Dauer erfolgen.

Die Hindernisse, die einer Beteiligung von Beschäftigten am Produktionsvermögen gegenüberstehen, rühren aus hergebrachter dogmatischer kapitalistischer oder altsozialistischer Sicht, die jeweils Kapital und Arbeit voneinander getrennt halten wollten. Der Verdacht, daß die Beschäftigten eines Unternehmens in ihrer gleichzeitigen Rolle als Kleinaktionäre untereinander an Solidarität verlieren und sich gewerkschaftlich weniger organisieren würden, ist unter anderem durch das Beteiligungsmodell des Porzellanunternehmens Rosenthal längst widerlegt[127]. Inzwischen häufen sich die Fälle von »buy-out«-Strategien durch Aktienspekulanten oder Unternehmensmanager selbst, und die Welt der Aktionäre mit ihrer Bindungslosigkeit – und den damit verbundenen Rücksichtslosigkeiten im Kauf und Verkauf von Unternehmen – trennt sich zunehmend von der realen Welt eines Unternehmens. Schon deshalb ist die *Beteiligung der Beschäftigten am Unternehmen* eine zwingende Notwendigkeit, um auf diesem Weg die direkte Mitwirkungsmöglichkeit am Unternehmensschicksal zu erhalten, neben den Mitbestimmungsrechten der gewählten Vertreter der Beschäftigten. Sie fördert überdies die Lokalbindung eines Unternehmens, so daß kaltschnäuzige Standortwechsel schwieriger werden, und sie fördert die Mitverantwortung im Unternehmen und die Möglichkeit der Umverteilung des Mehrprodukts.

Bei der Beteiligung am Produktivvermögen sollte die Häufung von Stimmrechten in einer Hand, die sich etwa durch den Massenaufkauf von betriebsfremder Seite ergeben könnte, vermieden werden. Die geeignetste Form ist, die Anteile in einer Anteilseignergenossenschaft zu bündeln. Die Beschäftigungsanteile wären damit der Spekulation auf den Aktienmärkten entzogen, und auf längere Sicht könnten Unternehmen Anteilsmehrheiten durch ehemalige und aktuelle Beschäftigte bekommen und in ein genossenschaftlich organisiertes Selbstverwaltungsmodell hineinwachsen. Indem dies die Lokalbindung von Unternehmen erhöht, ist es gleichzeitig ein zusätzlicher Anreiz zur Regionalisierung von wirtschaftlichen Beziehungen.

Die Idee, Arbeit statt Arbeitslosigkeit zu finanzieren, liegt den Beschäftigungs- und Qualifizierungsgesellschaften zugrunde, die den Übergang in ein neues Arbeitsverhältnis ermöglichen können. Sie haben damit, wie eine Untersuchung von Christa Müller zeigt, eine »Überbrückungsfunktion«, die einen Strukturwandel abzufedern und sozial zu erleichtern imstande ist[128]. Damit Beschäftigungsmöglichkeiten für alle gesichert werden und nicht ein »Sozialismus in einer Klasse« bei denen entsteht, die einen noch einigermaßen gesicherten Arbeitsplatz haben, bleibt die Umverteilung der Arbeit durch Arbeitszeitverkürzungen eine zwingende Notwendigkeit. Statt aber die Gesamtarbeitszeit zu verkürzen, ist es besser, die Arbeitsplätze mit längeren Pausenregelungen, die auch die Kommunikation am Arbeitsplatz fördern, zu humanisieren. Betriebsorganisatorisch läßt sich durchaus sicherstellen, daß dennoch die Maschinen durchgehend produzieren.

Eine zweite, auf Dauer angelegte große Chance besteht darin, durch den anzustrebenden Wechsel zu erneuerbaren Energien und Rohstoffen zahlreiche neue Möglichkeiten für selbständige Erwerbsarbeit zu schaffen, insbesondere im Bereich des Handwerks und in der Landwirtschaft – was auch bedeutet, daß sich die Arbeitschancen dezentralisieren.

Aber selbst dann wird es aller Wahrscheinlichkeit nach noch Menschen ohne Erwerbsarbeit geben. Das bedeutet, den Grundsatz, daß Arbeit statt Arbeitslosigkeit finanziert werden sollte, weit über die bisherigen Ansätze ausdehnen zu müssen. Es ist nicht nur unmenschlich, Menschen in unfreiwilliger Untätigkeit zu belassen, sondern für die Gesellschaft auch in hohem Maße unproduktiv. Solange Dauerarbeitslose – einschließlich der Sozialhilfeempfänger – keine neue Erwerbsarbeit gefunden haben oder nicht in einer Berufsweiterbildung stehen, müssen sie in gemeinnützige Tätigkeiten einbezogen werden, so daß jedermann eine nützliche Arbeit tun kann. Dies entspricht dem Grundgedanken, den Fritz W. Scharpf zur Debatte gestellt hat[129]. Die Felder solcher Tätigkeiten sind groß: ob es sich um die Mitarbeit bei ökologisch wichtigen Aufforstungs- und Begrünungsarbeiten handelt oder um die Mitarbeit bei Wohlfahrtsverbänden und in den zahllosen gemeinnützigen Vereinen, die alle für die Erledigung ihrer organisatorischen Aufgaben Mitarbeiter brauchen. Damit läßt sich am leichtesten der Schattenwirtschaft und der Scheinarbeitslosigkeit entgegenwirken – der Zustand also, der immer wieder öffentliches Ärgernis erregt, daß eine unbekannte Zahl von Personen Sozialunterstützung in Anspruch nehmen, aber in Wahrheit einer nirgendwo registrierten Beschäftigung nachgehen und damit die Gesellschaft übervorteilen. Die prinzipielle Bedingung dafür ist, daß es sich um gemeinnützige Tätigkeiten handelt – und keinesfalls um die Bereitstellung billiger und öffentlich bezahlter Arbeitsplätze für kommerziell arbeitende Unternehmen. Letzteres wäre ein Instrument zur systematischen Senkung der Erwerbseinkommen, weil Unternehmen dazu übergehen würden, Beschäftigte zu entlassen und dafür im Gegenzug von der öffentlichen Hand finanzierte Arbeitskräfte einzustellen.

Eine immer wichtigere Frage ist die nach einer vollständigen *Produktinformation* in Form einer Auszeichnungspflicht der Waren. Dazu sollte nicht nur gehören, daß die einzelnen Produktkomponenten angegeben werden müssen, sondern auch der Energieaufwand, der für das Produkt nötig war – und bei Arznei- und Lebensmitteln die eventuelle gentechnologische Herstellung. Daß sich Unternehmen dagegen vehement sperren, beweist nur, daß sie marktwirtschaftliche Freiheiten nur für sich gelten lassen wollen, nicht aber für die Konsumenten. Darüber hinaus muß die *Haftungspflicht* für Unternehmer ausgeweitet werden, die sowohl ihre Beschäftigten wie die Allgemeinheit schwerwiegenden Risiken aussetzen. Wenn zum Beispiel die skandalös niedrige Haftungsobergrenze bei Atomkraftwerksunfällen aufgehoben und der Betrieb eines Atomkraftwerks von der Vorlage einer Versicherungspolice abhängig gemacht wird, erledigt sich die Atomtechnologie von selbst. Und unterlägen die gentechnologischen Risiken einer Haftpflicht, zum Beispiel beim Anbau gentechnisch manipulierter Pflanzen, würden sich wiederum auf marktwirtschaftlichem Wege die damit verbundenen Probleme regeln, weil man dann nur höchst bedacht mit solchen Ansätzen umgehen würde.

3. Politik- und Medienentflechtung und Wiederherstellung der Gewaltenteilung

Entflechtung öffentlicher Institutionen durch Kompetenzabgrenzungen und parlamentarische Kontrolle – Ausweitung parlamentarischer Rechte und zeitliche Begrenzung der Amtszeit von Regierungschefs – Volksbegehren und Volksabstimmungen bei Grundsatzfragen – Medienentflechtung – Informationsfreiheit für Parlamente, Medien und gemeinnützige Verbände

Mischfinanzierungen zwischen verschiedenen Ebenen der politischen Institutionen müssen beseitigt werden. Verwaltungseinrichtungen müssen prinzipiell einer parlamentarischen Kontrollmöglichkeit unterliegen, das heißt, administrative Zwischenebenen, etwa die Regierungspräsidien in deutschen Bundesländern, sollten aufgehoben werden. Verfassungskommissionen sollten eingesetzt werden, die – von der Ebene der kommunalen Selbstverwaltung bis zu den Europäischen Institutionen – eine neue Kompetenzaufteilung beraten, die dazu führen wird, daß manche dezentrale Zuständigkeiten zentralisiert und manche zentrale Kompetenzen dezentralisiert werden, wobei im Zweifelsfall der Dezentralisierung der Vorzug gegeben werden muß. Zentralisiert werden müßte zum Beispiel die Finanzverwaltung in Deutschland, dezentralisiert bleiben müßten Abgaben- und Gebührenordnungen. Zentralisiert werden müßten die Hochspannungsleitungen in der Stromversorgung – bis zur europäischen Ebene –, aber dezentralisiert werden müßten die Mittelspannungsleitungen auf die Ebene der Regionen und die Niederspannungsleitungen auf die der Gemeinden.

Die *parlamentarischen Vollmachten müssen ausgeweitet werden.* Manches, was heute noch in der Gesetzgebungskompetenz von Parlamenten liegt, hat eine geringere Relevanz als das, was Regierungen verordnen dürfen, ohne daß es die Parlamente beeinflussen können. Zum Beispiel hat die deutsche Verpackungsverordnung oder die technische Anleitung Siedlungsabfall eine sehr weitreichende Konsequenz für die ganze Frage der nationalen Müllentsorgung, ohne daß es eine Gesetzgebungskompetenz des Parlaments gibt; dagegen muß die Anpassung der Versorgungsbezüge für Beamte, die auf einem Verhandlungsergebnis mit den Berufsverbänden beruht, dennoch ein parlamentarisches Gesetzgebungsverfahren durchlaufen. Hier müssen Revisionen erfolgen. Darüber hinaus müßten Parlamente und mit ihnen die Öffentlichkeit stärker einbezogen werden in Personalentscheidungen: zum Beispiel Bundestag und Landtage bei der Bestellung von Leitern von Bundes- beziehungsweise Landesbehörden. Vor allem aber muß eine *strengere Trennung von Parlamenten und Regierungen* erfolgen, damit die Parlamente ihre Aufsichtsfunktion gegenüber Regierungen unabhängiger wahrnehmen können: Regierungsmitglieder dürften nicht länger zugleich Abgeordnete sein, was sich nicht individuell regeln läßt, sondern eine Verfassungsbestimmung sein muß. Die sinnvollste Regelung wäre, daß Abgeordnete im Fall der Ernennung zum Regierungsmitglied ihr Mandat nicht aufgeben, sondern ruhen lassen müssen und ein anderer nachrückt. Wenn ein Minister im Falle seines Rücktritts sein Mandat wieder einnehmen möchte, muß der Nachrücker weichen. Die Unabhängigkeit parlamentarischer Entscheidungen könnte auch durch *geheime Gesetzesabstimmungen* erhöht werden. Traditionell sind nur Personalabstimmungen geheim, um die Abstimmenden vor Pressionen zu schützen – aber solche Pressionen sind bei Sachabstimmungen genauso gegeben.

Für Regierungschefs sollte eine Begrenzung der Amtszeit auf die Zeit einer Wahlperiode eingeführt werden. Das sogenannte Rotationsprinzip wird gelegentlich für Parlamentsmitglieder diskutiert, was aber zu kurz gedacht ist. Begrenzungen von Amtszeiten sollen dem Machtmißbrauch entgegenwirken, weshalb sie für Regierungsmitglieder – also für exekutive Machtpositionen – richtig sind, aber nicht für parlamentarische Mandatsträger, die selbst eine kontrollierende Funktion haben.

Um die parlamentarische Demokratie nicht mehr weiter durch internationale Verträge auszuhöhlen, die tief in die nationale

Gesetzgebung einschneiden, ist ein neues nationales Entscheidungsverfahren für den Abschluß internationaler Verträge geboten: Immer, wenn internationale Verträge in geltende Gesetze eingreifen, muß auf der Grundlage einer parlamentarischen Beratung eine mehrheitliche Zustimmung des Parlaments gegeben werden, *bevor* die Regierung diesen Vertrag unterschreibt. Erfolgt die Zustimmung erst danach, gibt es faktisch keine Möglichkeit mehr zu einer parlamentarischen Korrektur – und kaum noch eine politische Möglichkeit, nein zu sagen. Eine Vorratifizierung ist also notwendig.

Volksabstimmungen über politische Grundentscheidungen würden die Demokratie fördern, wenn solche Abstimmungen an bestimmte Voraussetzungen geknüpft würden: Eine Inflationierung muß vermieden, und die Medien müssen dazu verpflichtet werden, daß die Kontrahenten ihre Positionen gleichgewichtig darlegen können.

Die demokratische Qualität von Volksabstimmungen ist nur dann gewährleistet, wenn es sich dabei nicht um ein Instrument der Regierungen handelt, mit dem sie lediglich ihre Politik plebiszitär untermauern. Es geht also um Volksbegehren auf der Basis von Bürgerunterschriften, deren notwendige hohe Unterschriftenzahl von vielleicht 7,5 % der Wahlberechtigten nur für Fragen zu erreichen ist, die keine vorübergehenden Stimmungen betreffen und große Teile der Bevölkerung bewegen. Sie dürfen sich auch nicht auf freiheitliche Grundrechte erstrecken, die zum elementaren Minderheitenschutz gehören. Unter dieser Voraussetzung können *Volksentscheide eine Systemlähmung der Demokratie* überwinden.

Zum Abbau und zur Verhinderung von demokratiegefährdendem Medienmißbrauch müssen Medienmonopole abgebaut und neue verhindert werden. Dazu gehören vor allem die Entflechtung von elektronischen und gedruckten Medien und die Entflechtung von normalen Geschäftsunternehmen und Medienunternehmen. Damit kann die demokratische Meinungsfreiheit in den Medien auf unbürokratische Weise besser gesichert werden: Am ehesten ist das praktikabel, wenn man – um der Rolle der Medien als »Vierte

Gewalt« in einer Demokratie Rechnung zu tragen – gesetzlich ausschließt, daß ein Geschäftsunternehmer zugleich Medienunternehmer sein kann, wie es vor allem in Italien weitverbreitet ist. Außerdem sind *Doppelmonopole zu unterbinden*: Der gleichzeitige Besitz einer Zeitung, eines Fernsehsenders und eines Rundfunksenders in einem Verbreitungsgebiet darf nicht erlaubt sein. Man muß also entweder Zeitungs- und Zeitschriftenverleger oder Fernseh- oder Rundfunkeigentümer sein, und Querverbindungen über Beteiligungen müssen ausgeschlossen sein. Nur dadurch lassen sich zum Beispiel auch für die lokale Ebene Doppel- oder Dreifachmonopole verhindern. Ebenso muß auf dem Fernsehsektor sichergestellt werden, daß ein Fernsehunternehmer nicht mehr als einen Kanal zur Verfügung hat. Damit wird der für eine Demokratie unverzichtbaren Erkenntnis Rechnung getragen, daß die öffentliche Information keine beliebige Ware ist – und dies auf einem marktwirtschaftlichen Weg. Bei der Bestellung von Chefredakteuren muß ebenfalls per Mediengesetz gesichert sein, daß die Redakteure ein Vetorecht haben, um auf diese Weise die »innere Pressefreiheit« sichern zu helfen.

Die Regierungs- und Parteieneinflüsse auf die öffentlichen Fernseh- und Rundfunkanstalten können durch die *direkte Wahl der Aufsichts- und Entscheidungsgremien* durch die Bevölkerung verhindert werden. Wenn ein solches Gremium zum Beispiel 20 Sitze hat und offiziell von unabhängigen gesellschaftlichen Organisationen nominierte Vertreter auf Wahllisten stehen (auf der Basis einer Mindestzahl von Bürgerunterschriften), dann wären diejenigen Organisationsvertreter gewählt, die unter den 20 mit den meisten Stimmen sind. Jede Organisation darf dabei nur einen Repräsentanten entsenden, um Stimmenhäufungen zu verhindern. Die jeweilige Repräsentanz würde sich dann mit der gesellschaftlichen Entwicklung ändern.

Von zentraler Bedeutung ist, daß die Information der Parlamente, Medien und gemeinnützigen Verbände über Verwaltungsakte gewährleistet wird, um die demokratischen Kontrollen wesentlich zu verbessern. Dies hilft auch im Kampf gegen die Korruption. In Schweden gibt es bereits seit den 50er Jahren eine umfassende Auskunftspflicht der Verwaltung, die vorwiegend von der Lokalpresse in Anspruch genommen wird. Schwedische Behörden legen zum Beispiel ihre Post vor der Bearbeitung in einem Presseraum aus. In den USA legt seit 1966 der »Freedom of Information Act« das Recht von Einzelpersonen und Medien fest, unter bestimmten Bedingungen Einsicht in schriftliche Verwaltungsvorgänge nehmen zu können[130]. Für eine parlamentarische Demokratie muß es aber das mindeste sein, daß jeder Parlamentarier sich genau wie ein Ministerialbeamter durch Einsichtsrecht in die Akten informieren kann, was bisher nur in den Untersuchungsausschüssen möglich ist.

4. Die Neuformierung der Landwirtschaft als Primärsektor

Vermarktungsvorrang für regionale Nahrungsmittelerzeugnisse bei Grundnahrungsmitteln – Erneuerung der landwirtschaftlichen Produktionsbasis – Verbot der Patentierung von genetischen Materialien – Brechung des Saatgutmonopols

Ein Vermarktungsvorrang für regionale Nahrungsmittelerzeugnisse bei Grundnahrungsmitteln sollte in der Europäischen Union nach der norwegischen Praxis organisiert werden: Regionale Vermarktungsgenossenschaften kaufen die landwirtschaftlichen Erzeugnisse ihrer Region auf und *vermarkten sie vorrangig in derselben Region.* Dies ist allerdings auf Grundnahrungsmittel wie Milchprodukte, Fleisch, Getreide und Gemüse beschränkt. Erst wenn von diesen Produkten in der jeweiligen Region mehr verbraucht als produziert wird, was vorwiegend für städtische Regionen gilt, ist der Zukauf frei. Produktionsüberschüsse einer Region werden frei auf dem überregionalen Markt verkauft. Die freie Nachfrage nach Nahrungsmitteln, die nicht in der Region produziert werden, bleibt davon völlig unberührt. Es geht hier um die Förderung regionaler landwirtschaftlicher Märkte, so daß überall eine landwirtschaftliche Produktionsbasis erhalten bleibt und Transporte reduziert werden – in der Erkenntnis, daß landwirtschaftliche

Produkte nicht mit Industrieprodukten gleichgesetzt werden können.

Die landwirtschaftliche Produktionsbasis muß dadurch erneuert werden, daß chemische Düngemittel und Pflanzenschutzmittel durch natürliche Mittel ersetzt und daß Pflanzen für den Energie- und Rohstoffeinsatz angebaut werden. Die Forschungs- und Entwicklungsanstrengungen dafür müssen zentrale Priorität erhalten. Politische Initiativen und Rahmenbedingungen für die Markteinführung von Bioenergie und Biorohstoffen sind notwendig.

Da nach gesicherten wissenschaftlichen Erkenntnissen die chemischen Düngemittel und Pflanzenschutzmittel in einem verhältnismäßig kurzen Zeitraum durch natürliche Dünge- und Pflanzenschutzmittel abgelöst werden können – besonders durch die Verwertung landwirtschaftlicher Abfälle –, muß man diesen Prozeß nun kurzfristig einleiten[131]. Dies ist schon deshalb nötig, weil erhebliche Einsparungen für die landwirtschaftlichen Betriebe möglich werden, die deren Existenz sichern. Parallel dazu muß man die energetische Verwertung landwirtschaftlicher Abfälle gezielt fördern. Der Anbau von Energie- und Rohstoffpflanzen muß an die Voraussetzung einer extensiven Anbauweise geknüpft werden. Dazu gehören umfangreiche Aufforstungsprogramme. Daß diese Programme schnell realisiert werden, ist von höchster Dringlichkeit: Landwirtschaftliche Betriebe werden immer häufiger stillgelegt, die Landflucht aus den ländlichen Räumen der Dritten Welt steigt unentwegt, und die Zahl der degradierten Flächen mit Humusverlust nimmt dramatisch zu. Zusätzlich zu den dadurch verursachten sozialen Katastrophen geht der Menschheit außer ihrer Ernährungsbasis auch die industrielle Zukunftsbasis verloren.

Zu den notwendigen politischen Rahmensetzungen für diese neue Perspektive gehören zum Beispiel:

- die zeitliche Befristung des weiteren Einsatzes von chemischen Düngemitteln und Pflanzenschutzmitteln, ebenso wie von synthetischen Verpackungsmaterialien,
- die Förderung von Anlagen zur energetischen Verwertung organischer Abfälle, insbesondere Biogasanlagen,

- intensive Entwicklungsanstrengungen zum optimalen Einsatz von Pflanzen als Energieträger,
- die Streichung sämtlicher Transportsubventionen für landwirtschaftliche Produkte,
- ein umfassendes Programm zur globalen Aufforstung und zur Förderung der Agroforstwirtschaften sowie zur landwirtschaftlichen Bewässerung – einschließlich der Meerwasserentsalzung –, betrieben mit erneuerbaren Energien,
- die Festlegung von Forschungsschwerpunkten für die Nutzung natürlicher Ressourcen, wozu vor allem die Umorientierung der biotechnologischen Forschung auf die evolutionär entwickelte Pflanzenbasis gehört.

Mit der Realisierung dieser Programme wird ein neues Zeitalter eingeleitet: Neben der *Rückbesinnung auf die natürliche Lebensbasis und der langfristigen Sicherung der wirtschaftlichen Grundlagen* bringt es die Revolutionierung der chemischen Industrie, der Verpackungs-, der Textil-, der Papier- und der Baustoffindustrie, wie sie bereits von einigen Unternehmen – zum Beispiel dem deutschen Waschmittelkonzern Henkel – begonnen worden ist.

Genetische Materialien müssen von der Patentierung ausgeschlossen werden, um das natürliche Erbe der Menschheit für alle Wirtschaften verfügbar zu halten und einen globalen privatwirtschaftlichen Imperialismus zu verhindern. Die Patentierung von menschlichen Genen auszuschließen ist aus prinzipiellen Gründen der Menschenrechte erforderlich, während der Ausschluß der Patentierung von pflanzlichen und tierischen Genen aus wirtschaftlichen Gleichheitsgründen geboten ist. Alle Landwirte müssen das elementare Recht behalten, alle gesäten und gesetzten Pflanzen oder gehaltenen Tiere selbst vermehren zu können.

Gegen ein Patentierungsverbot wird eingewandt, es nehme den Unternehmen den Anreiz für weitere Forschungen und sei deshalb »fortschrittsfeindlich«. Wenn zum Beispiel die Europäische Union als einzige den Patentschutz versage, werde die Forschung andernorts mit überwiegenden Nachteilen für die europäische Industrie stattfinden. Doch diese Argumente sind höchst zweifelhaft, wie eine genaue Betrachtung der wirtschaftlichen Grundlagen des Patentrechts des amerikanischen Nobelpreisträgers für Wirtschaftswissenschaften Fritz Machlup zeigt. Schon aus Eigeninteresse betreiben Firmen ihre Forschungen auch ohne Patentschutz, zumal sie in jedem Fall einen zeitlichen und planerischen Vorsprung vor ihren Konkurrenten bei der Markteinführung haben: Patentschutz könne andererseits sogar technischen Fortschritt verhindern, weil andere durch den Ausschluß von der Nutzung an alten Produktionsverfahren festhalten. Machlup kommt zu dem Ergebnis: »Kein uns zugänglicher empirischer Beweis und kein bisher vorgebrachtes Argument können die Aussicht, das Patentsystem habe den Fortschritt der Technik und die Produktivität der Wirtschaft entscheidend gefördert, schlüssig bestätigen oder widerlegen.« Die Abschaffung des Patentschutzes sei nur aus einem Grund nicht mehr möglich: weil es ihn schon so lange gebe und weil man dadurch ein ganzes Rechtssystem zum Einsturz bringt. Doch: »Gäbe es bei uns keinen Patentschutz, so wäre es nach der gegenwärtigen Kenntnis seiner wirtschaftlichen Folgen unverantwortlich, die Annahme eines Patentschutzes zu empfehlen.«[132]

Da wir aber bei der Patentierung von Genen erst am Anfang einer großen Patentierungswelle stehen, muß diese aus den genannten Gründen möglichst schnell ausgeschlossen werden. Das beste wäre eine diesbezügliche weltweite Konvention, von der man den Patentausschluß nicht abhängig machen muß. Was einige Unternehmen dann als wirtschaftlichen Nachteil im globalen Wettbewerb empfinden, ist für viele andere ein eminenter Vorteil. Der Ausschluß der Patentierung von Genen würde auch die Genforschung positiv beeinflussen: Wenn es keine exklusiven Profitmöglichkeiten mehr gibt, erledigt sich manches obskure Forschungsprogramm von selbst.

Bestehende Saatgutmonopole müssen gebrochen werden. Es ist von elementarer Bedeutung, daß zum Beispiel die Europäische Union auf ihre eigene Saatgutautonomie hinwirkt – nicht nur aus Gründen politischer Autonomie, sondern um die Gefahr verheerender Hungersnöte als Folge von Umweltkatastrophen zu vermeiden. Auch andere Länder sollten die Saatgutautonomie wiedergewinnen, wobei es eine zentrale Aufgabe der Welternährungsorganisation (FAO) ist, ihnen dabei zu helfen.

Der Materialfluß an Keimplasma von Süd nach Nord hält unvermindert an, insbesondere in die USA. Dort lagert man das Keimplasma ein und macht so zunehmend mehr Teile der Welt vom amerikanischen Saatgutmonopol abhängig – nicht zuletzt auch Europa. Es ist ein zwingendes Gebot, *die Genbanken, das natürliche Erbe der Menschheit, einer UNO-Behörde zu unterstellen, die die gesammelten Arten allen zur Verfügung stellt*[133]. Generell gehören alle diese Genbanken in öffentlichen Besitz. Jedes Land sollte dazu übergehen, Genbanken seines eigenen Artenreichtums anzulegen. Und jedes Land beziehungsweise die Europäische Union müßte eine eigene Saatgutproduktion für die Hauptnahrungsmittel aufbauen, um autonomer zu werden, weil dies die einzige Möglichkeit ist, weiteren Abhängigkeiten entgegenzuwirken. Damit vermeidet man Hungerkatastrophen, wie sie die Geschichte bisher nicht gesehen hat. Wenn sich in den USA die weiträumigen Dürre- und Überschwemmungskatastrophen in den Gebieten der Saatguterzeugung häufen, könnte dies wegen der monopolistischen Saatgutlieferantenrolle Amerikas dramatische Folgen für die gesamte Menschheit haben. Schon dies ist ein schlagendes Argument für die »Dezentralisierung« des Saatguts. Sehen wir im Saatgut gleichzeitig die entscheidende Basis für die künftige wirtschaftliche Verfügbarkeit von Rohstoffen, so wird deutlich, wie wichtig – auch abgesehen von den Naturkatastrophen – seine Sicherung für jede Volkswirtschaft ist.

5. Bauen für ein neues Millenium

Null-Emissionsgebäude als baugesetzliche Auflage – Umorientierung auf biologische Baumaterialien – Ein ökologisches Altbau-Sanierungsprogramm

Das Haus ist nicht nur der Mittelpunkt des Lebens der Menschen. Die Kulturgeschichte des Bauens hat stets die jeweilige kulturelle und auch gesellschaftspolitische Entwicklung widergespiegelt, von der die noch erhaltenen antiken Gebäude zeugen. Energie, die man sich gesondert beschaffen mußte, war in der Geschichte immer ein knappes Gut. Überall auf der Welt wurde immer mit der Sonne und dem Umgebungsklima gebaut: Solararchitektur und bioklimatische Architektur wurden selbstverständlich angewandt, ebenso Wärmedämmung beziehungsweise Kühlung in den südlichen Regionen, mit Windturm-Lüftungssystemen, Verdunstungskühlung durch Springbrunnen, Kuppelbauten für Sonnenabstrahlungen und Strömungsabsaugung, mit hohen Räumen zur Abkühlung warmer Luft, mit Bodeneinsenkungen und Grasbewuchs als Kälteschutz, optimaler Haus- und Dachneigung zur Sonne hin, mit Abschattungen, Wintergärten, Wärmeisolierung durch Zonenbildung im Gebäude. Die Menschen imitierten häufig die Energieregulierung biologischer Systeme[134]. Mit dem Beginn des Ölzeitalters und der Elektrifizierung kam – für die Länder beziehungsweise Bevölkerungsgruppen, die sich die Energie leisten konnten – die Energieschwemme, und sie führte zu einem kulturellen Einbruch in der Architektur. In der Bauweise – sowohl in der westlichen Welt wie auch im Ostblock und auch in den Metropolen der Entwicklungsländer – wurde auf die natürliche Umgebung keine Rücksicht mehr genommen und die kulturelle Vielfalt des Bauens beendet. Die Architektur der letzten 50 Jahre antwortete auf die zunehmenden Umweltprobleme mit der Trennung der Funktionsbereiche des Lebens – von Wohnen, Arbeit, Freizeit und Handel –, wie es Le Corbusier in der »Charta von Athen« in den 40er Jahren empfohlen hatte. Dieser Ansatz hat seitdem mehrere Architekten- und Bauplanergenerationen geprägt[135].

Der Archtitekt Stefan Behling hat die Entwicklung der Architektur mit der Sonne und ihre Abkehr davon im 20. Jahrhundert dokumentiert – als architektonische Denkschrift zur Wiederanknüpfung an diese Traditionen, indem man sich gleichzeitig der Möglichkeiten der heutigen Solartechnologie bedient[136]. 1993, auf der Europäischen Konferenz »Solarenergie in Architektur und Städteplanung«, erklärte der britische Architekt Sir Norman Foster:

»Die Zeit ist gekommen zur Neudefinition von Architektur und Städteplanung für das nächste Jahrtausend:

– Um überleben zu können, müssen wir all unsere Aktivitäten an die natürlichen Rhythmen der Erde und ihrer Systeme anpassen.
– Sonnenenergie ist die grundlegende Ressource und Solararchitektur eine Antwort auf die Krise der Menschheit.
– Das gegenwärtige Wissen und die Fähigkeit der Architekten, Planer, Ingenieure und der Industrie können die Krise lösen.«[137]

Solare Architektur ist nicht nur eine in hohem Maße transparente und damit kommunikationsfreundliche Architektur, sie ist die sozialere, weil sie die Menschen von den laufenden Energiekosten und den dadurch bedingten Umweltlasten befreit und weil sie die individuelle Autonomie erhöht, aber zugleich mitverantwortlich für die Gesellschaft agiert, die nicht mehr durch Emissionen belastet wird. Sie ist eine baubiologische, gesündere Architektur. Im Städtebau macht sie wieder die Integration von städtischen Funktionen möglich. Sie ist ein weiteres wesentliches Moment zur Dezentralisierung der Energieversorgung und der Wirtschaftsaktivitäten.

Da mehr als ein Drittel des Energieverbrauchs in Häusern stattfindet, wird durch die Solararchitektur der größte und zugleich von den monopolisierten Strukturen am wenigsten aufzuhaltende Schritt in die erneuerbare Energieversorgung unternommen. Solare Architektur heißt: Gebäude errichten, die keine atomare oder fossile Energie mehr brauchen. Es sind Null-Emissionsgebäude beziehungsweise CO_2-neutrale Gebäude. Die Entwicklung zeigt, daß dies heute schon möglich ist, ohne daß im Falle von Neubauten Mehrkosten entstehen – weil herkömmliche Bauelemente (Kamine, Heizungskeller, Fassaden, Dächer) eingespart werden können. Das Problem ist nur, daß dies die meisten Architekten und Bauplaner noch nicht wissen und auch die dazugehörige Technik nicht kennen, ebensowenig wie das Bauhandwerk oder die politischen Akteure. Selbst an den Hochschulen wird es bisher kaum gelehrt, so daß Studenten zunehmend beginnen, sich hier selbst auszubilden.

Die Zeit ist also in der Tat reif für eine *kulturelle Revolution zum solaren Bauen*. Es ist eine historische Umstellung von

Architektur und Städtebau, die dann nie mehr korrigiert werden muß, weil die natürlichen Energiequellen bleibende sind. Damit kommen wir zu der Lebensqualität vor allem in den Städten, die auch ein neues sozialpsychologisches Klima von Kommunikation und Rücksichtnahme schafft – und die die »Sodom und Gomorrha«-Mentalität in den Beton- und Asphaltwüsten überwinden hilft.

Das *Null-Emissionshaus muß zur Regelbedingung für Neubauten* gemacht werden. Bei Architekten und Handwerkern, bei Städteplanern und in der allgemeinen Öffentlichkeit ist eine Ausbildungs- und Informationsoffensive nötig. Hier liegt ein Schlüsselbereich politischen Handelns mit *multifunktionalen Effekten*: Klimaschutz, gesundes Wohnen, Reduzierung von Atemwegserkrankungen und Allergien, Vermeidung der bisherigen Energiekosten, ökologische Innovationsschübe für Handwerk und Industrie, Förderung regionaler Wirtschaftsaktivitäten. Erst wenn dies bedacht wird, kann man ernsthaft von Bauökonomie sprechen – ein Begriff, den man früher nicht kannte, an den man sich aber mehr als heute hielt.

Dieser Ansatz muß noch durch die Nutzung *biologischer Baumaterialien* und eine intensivierte Forschung und Ausbildung auf diesem Gebiet erweitert werden. Hier geht es um Holz und andere Baustoffe auf pflanzlicher Basis oder um Lehmbauten, die auch teilweise wieder kostengünstigere Möglichkeiten für Do-it-yourself-Bauaktivitäten darstellen. Auch dies würde einen Beitrag dazu leisten, die Nutzung solarer Rohstoffe voranzutreiben und die »graue Energie« für die Herstellung von Baumaterialien wie Beton zu reduzieren.

Ergänzend dazu muß eine umfassende solarenergetische und die Energieeffizienz steigernde Modernisierung des Altbaubestands eingeleitet werden. Das Altbausanierungsprogramm der deutschen Regierung in den 70er Jahren, durch entsprechende Steuerabzüge unterstützt, hat seinerzeit in wenigen Jahren nicht nur alte Bausubstanz erhalten, sondern vielfach das Stadtbild verschönern helfen. Ein solches Programm muß nun für die ökologische

Umrüstung der Gebäude wiederholt werden: ein *ökologisches Altbausanierungsprogramm*, mit einem ebenfalls durchschlagenden Effekt auf das gesamte Bauhandwerk. Es geht hierbei nicht allein um die nachträgliche Installation von Solartechnologie auf den Dächern, sondern um die Chancen einer Reintegration des Gebäudes und der natürlichen Gebäudeumwelt, wie es auf der Europäischen »Rebuild«-Konferenz der Architekten im Juni 1995 in Korfu gezeigt wurde[138].

6. Der ökologische Spuren- und Motorenwechsel

Besteuerung von Flugtreibstoff – Das Luftschiff als Alternative – Pflanzenölmotoren für Schiffs- und Bootsverkehr – Das Auto mit Generatorengas aus Biomasse

Der zweite große und überproportional wachsende Verbrauchssektor für Energie ist der Verkehr. Noch immer ist Flugtreibstoff steuerfrei und kostet nur 30 Pfennig pro Liter, das ist in Deutschland weniger als ein Fünftel der Treibstoffkosten für Automobile! Die Entwicklung des Fünf-Liter-Autos wird von Politikern gefordert – was aber bei weiterem herkömmlichen Treibstoffeinsatz schon deshalb keine Lösung des Problems darstellt, weil der global rapide ansteigende Automobilverkehr – unter anderem durch die »Automobilisierung« Chinas – die treibstoffsparenden Effekte wieder zunichte macht. Fast unbesehen werden die Argumente der Automobilindustrie und der Mineralölindustrie übernommen, daß ökologische Alternativen im Individualverkehr noch nicht möglich seien – obwohl solche mittlerweile fertig entwickelt sind.

In jedem Fall sind die oft genannten Alternativen zwingend nötig: Einschränkung des motorisierten Individualverkehrs in den Städten, Ausbau des öffentlichen Nahverkehrs, Verlagerung des Lastentransports auf die Schiene, Ausbau des Schienenverkehrs und anderes mehr[139]. Dies erfordert einen radikalen Prioritätenwechsel im Verkehrswegebau von der Straße zur Schiene. Die Rüstungskonversion – also die Umwidmung der Rüstungsindustrie zu ziviler Produktion – kann am raschesten durch öffentliche Aufträge für die technische Weiterentwicklung und Beschaffung von Schienenfahrzeugen vorangetrieben werden. Der Schienenverkehr muß gleichzeitig besonders dadurch gefördert werden, daß die dafür eingesetzte Energie von jeglicher Besteuerung freigestellt wird, wie es bisher für den Flugtreibstoff gilt. Dafür muß der Flugtreibstoff endlich besteuert werden, was auf nationaler Ebene auch möglich ist, denn ein Flugzeug muß dort tanken, wo es gelandet ist. Es bleibt die Frage nach ökologischen Alternativen zum jetzigen Flugverkehr und zum motorisierten Individualverkehr – also die nach den ökologischen Alternativen zu den herkömmlichen Treibstoffen und Motoren. Diese Frage muß schon deshalb beantwortet werden, weil es sich beim Auto und beim Flugzeug um die populärsten Verkehrsmittel handelt – das eine wegen der damit verbundenen individuellen Autonomie, das andere wegen der Möglichkeit, weite Räume in kurzer Zeit zu überbrücken und die Neugier auf die Welt zu befriedigen. Auch und gerade dazu müssen ökologische Alternativen zur Verfügung stehen.

Eine *Forschungs- und Entwicklungsinitiative für eine neue Generation von Luftschiffen* ist überfällig: Luftschiffe können mit Biotreibstoff angetrieben werden, brauchen nur ein Drittel des Treibstoffs gegenüber einem herkömmlichen Flugzeug, sind absturzsicherer und brauchen keine teuren zentralen Flughäfen zum Starten und Landen – und tragen zur Regionalisierung der Infrastruktur bei[140]. Unternehmen wir nur deshalb hier keine Anstrengungen, weil dieses Luftverkehrssystem langsamer ist und wir diesen »Nachteil« auf keinen Fall – koste es die Gesellschaft, was es wolle – akzeptieren wollen? Für den Tourismus und die Luftfracht sind Luftschiffe eine überzeugende Alternative – man denke nur an das besondere Flugerlebnis der Mitfliegenden! Wenn das berühmte Unglück des mit Wasserstoff statt mit Helium gefüllten Hindenburg-Luftschiffs, bei dem 37 Menschen umkamen, wirklich das einzige Gegenargument bleibt, dann hätte man angesichts der zahllosen Flugzeugunglücke überall auf der Welt den Flugverkehr längst einstellen müssen! Heute, wo die Menschen aufgrund der Arbeitszeitverkürzungen mehr Zeit haben, auch die Langsamkeit und die damit verbundene Muße wiederzuentdecken, wäre die Wiedereinführung der legendären Luftschiffe – für die es beachtliche technische Neuentwicklungen gibt – ein Schritt in die richtige Richtung. Die zweite große Forschungs- und Entwicklungsanstrengung für den Luftverkehr muß dem mit solarem Wasserstoff angetriebenen Flugzeug gelten, in Verbindung mit einem internationalen Verbot von Flügen über 8 000 Meter, damit verhindert wird, daß sich in der Stratosphäre treibhausfördernde Eiskristalle aus Wasserdampfemissionen bilden.

Der Einsatz von Schiffs- und Bootsmotoren, die nur noch naturbelassenes Pflanzenöl brauchen, ist ebenfalls jetzt schon in breitester Form möglich – und hat positive Auswirkungen auf den Klimaschutz und den Wasserschutz: Ein Tropfen Dieselöl verseucht tausend Liter Trinkwasser, Pflanzenöl ist dagegen gutes Fischfutter. Der politische Ansatz, nur noch Schiffe und Boote neu zuzulassen, die keinen fossilen Kraftstoff mehr brauchen, würde ohne Mehrkosten sofort eine neue Entwicklung in Gang setzen – von pflanzenölbetriebenen Motoren bis zu Freizeitbooten, die nur noch mit Segeln und/oder Solarzellen betrieben werden. Indem der Einsatz von Pflanzenöl in Schiffs- und Bootsmotoren durch eine internationale Vereinbarung steuerfrei bleibt, kann der globale Durchbruch eines ökologisch vertretbaren Schiffsverkehrs eingeleitet werden.

In kürzester Zeit wäre es möglich, die Automotoren auf Gasantrieb umzurüsten, und zwar aus gasifizierter Biomasse zum Beispiel aus Pflanzen- und Holzabfällen und schnell nachwachsenden Bäumen und Gräsern – schließlich gab es solche Generatoren und Automotoren bereits im Zweiten Weltkrieg. Was seinerzeit in Deutschland zur Kriegsverlängerung diente, soll 50 Jahre später nicht möglich sein, um einen wesentlichen Beitrag zur Beendigung des Weltkriegs gegen die Natur zu leisten? Gasifizierte Biomasse erbringt, verglichen mit Pflanzenölmotoren, einen vielfach höheren Energieertrag pro Hektar. Auch dies würde die wirtschaftliche Regionalisierung fördern, weil die Treibstoffe verbrauchsnah erzeugt werden können. Alle diese

Beispiele zeigen, daß wir die Klimabombe, verursacht durch den motorisierten Individualverkehr, schnell entschärfen könnten, wenn die Politik in allgemeinem Interesse statt in Rücksicht auf mächtige Wirtschaftsinteressen handeln würde – und wenn sie sich endlich unabhängig über den Stand der Forschung und Entwicklung informieren würde.

Vor allem trägt dieser archimedische Punkt dazu bei, einen umfassenderen wirtschaftlichen Strukturwandel einzuleiten: Er verlagert die Energieströme, entschärft die Konflikte um Ölressourcen, schafft landwirtschaftliches Einkommen und Arbeitsplätze, modernisiert den Automobil-, Flugzeug- und Schiffbau, schützt das Klima, die Böden und die Gewässer.

Kooperative Wachablösung im Europäischen Haus und globale Entspannung

Die großen außen- und sicherheitspolitischen Kontroversen aus der Zeit des Ost-West-Konflikts liegen hinter uns – ob die um die Ostpolitik oder um die Neutralität, ob um die Forderungen nach multilateraler Abrüstung oder um Raketenstationierungen. Sie haben sich großenteils durch die historische Entwicklung erledigt. Es könnte und müßte also jetzt darum gehen, die großen europäischen Zukunftsaufgaben einer Weltinnenpolitik konstruktiv in Angriff zu nehmen. Doch dem steht nicht nur das im I. Teil beschriebene strukturkonservative Fortschreibungsdenken entgegen, sondern auch das Handlungsverständnis eingeschliffener Außenpolitiker, die Außenpolitik und sozialökonomische Gesellschaftspolitik immer noch trennen – als ginge es in der Außenpolitik um Staaten und nur in der Gesellschaftspolitik um Menschen. Der Beweis dafür ist, daß sich die Außenpolitiker bisher noch kaum um die globalen Probleme bemühen, die die Weltgesellschaft zum Beben bringen. Die Entwicklungspolitik kümmert vor sich hin – und erst wenn das Morden beginnt, wacht man auf und plant Feuerwehreinsätze. Die adäquate Bekämpfung drohender Konflikte um knapper werdende Energieressourcen besteht nicht in Schnellen Eingreiftruppen, sondern in einem globalen Aktionsprogramm für den raschen Übergang zur solaren Energieversorgung. Einen Krieg der Kulturen – im Verhältnis Europas zum nordafrikanischen Raum – vermeiden wir nur durch ein breit angelegtes Aktionsprogramm zur Meerwasserentsalzung, zum Wassersparen und zur Wasserreinhaltung, um die katastrophale Wasserkrise zu überwinden.

Die kooperative Wachablösung der konventionellen Außenpolitik und die globale Entspannung, die wirklich an den Spannungsursachen ansetzt, sind längst überfällig. Wenn wir eine solche Politik konzipieren, kann nicht die erste Frage sein, ob es darüber sofort einen Konsens unter den herkömmlichen Außenpolitikern gibt – auch Entspannungspolitik der 60er und 70er Jahre wäre auf einer Konsensbasis nicht möglich gewesen. Wenn das Konzept kooperativ ist und niemand sich davon bedroht fühlen kann, wird es seinen Weg machen.

Die organisierte Stadtflucht: entwicklungspolitische Wende

Die entwicklungspolitische Wende muß die ländlichen Räume wiederbeleben, damit die Menschen nicht nur dort bleiben, sondern auch wieder dorthin zurückkehren können: ein organisierter Exodus aus den Slums. Natürlich kann dies nicht vom Westen verordnet werden. Politische Bewegungen in den Entwicklungsländern müssen die Initiative selbst ergreifen, indem sie prinzipiell Abstand nehmen von einer Kopie des westlichen Modells. Politische Kräfte im Westen, die dem kategorischen Imperativ folgen und genügend Weitsicht besitzen, müssen diese Initiativen allerdings unterstützen – mit ihrer eigenen Entwicklungspolitik und dadurch, daß sie internationale Institutionen in diese Richtung beeinflussen. *Die Konzentration der Entwicklungspolitik auf die ländlichen Räume* wird – wie wir gesehen haben – die Menschen nicht in vermeintlich rückständigen Strukturen festhalten. Das Gegenteil ist der Fall: In der Land- und Forstwirtschaft bilden die Menschen die Avantgarde der künftigen wirtschaftlichen Basis der Menschheit. Was für die

Entwicklungsländer – zusätzlich zu dem Patentierungsverbot für Gene und zur Abschaffung von Saatgutmonopolen – getan werden kann, sind vorzugsweise *Kredithilfen und eine verbesserte Finanzausstattung von UN-Organisationen*, die vorrangig Institutionen für die Entwicklungsländer sein müssen. Jede politische Institution muß immer zuerst die Schwachen gegen die Starken schützen.

Um eine bessere Finanzausstattung der Vereinten Nationen sicherzustellen, müßte der UNO der Anteil der Flugtreibstoffsteuern aus dem internationalen Flugverkehr zur Verfügung gestellt werden. Es wäre eine UN-Steuer, die der Weltinstitution eine eigenständige Einnahmequelle lieferte – und ihr damit mehr Unabhängigkeit von den Regierungen verschaffte, die als wichtigste Geldgeber häufig politischen Druck ausüben.

Daneben wären aber Finanzhilfen ganz anderer Art für die Dritte Welt nötig – vorzugsweise ein Kleinkreditsystem über Kreditinstitute der Dritten Welt, die landwirtschaftliche Kredite und Kredite für erneuerbare Energien vergeben. Die großen Entwicklungsbanken hätten nur noch die Aufgabe, die korrekte und korruptionsfreie Vergabe dieser Kredite zu kontrollieren. In erster Linie ginge es um zinslose Kleinkredite, um neue Entwicklungen erst einmal auf den Weg zu bringen.

Aus der Energie- und Rohstoffbesteuerung etwa der Industrieländer müssen die Entwicklungsländer einen bestimmten Anteil erhalten. Eine bessere Alternative zu einer solchen Rohstoffbesteuerung im Westen wäre, *den Entwicklungsländern international garantierte höhere Rohstoffpreise zu zahlen*, damit der Minderverbrauch bei uns nicht zu kurzfristigen Einnahmeausfällen in den Rohstoff-Lieferländern führt. Dafür könnte eine UN-Preisaufsichtsbehörde geschaffen werden. Darüber hinaus muß der Export von subventionierten Nahrungsmitteln in die Dritte Welt eingestellt werden.

Der wirkungsvollste Ansatz zur Verbesserung für alle Entwicklungsländer, die mangels einer konvertiblen Währung eine staatlich kontrollierte Devisenbewirtschaftung haben, bestünde darin, daß sie sich wirtschaftlich von den kostspieligen herkömmlichen Energieimporten befreien und auf die Nutzung ihrer eigenen erneuerbaren Energieressourcen umsteigen. Sie müßten die Investitionen für eine unabhängige Energieversorgung aus den Devisen finanzieren, die sie aufgrund der damit mehr und mehr entfallenden Energieimporte einsparen. Jeder einzelne dieser Investitionsschritte ist ein Schritt zu wirtschaftlicher Unabhängigkeit und Überlebensfähigkeit.

OSZE und eigenständige EU-Sicherheit als Alternative zur NATO

Die Fortschreibung der NATO in ihrer bisherigen Form verhindert die Umlenkung von Ressourcen auf eine »erweiterte Sicherheitspolitik« – das heißt den Versuch, mit *nichtmilitärischen* Mitteln die internationale soziale Stabilität zu verbessern. Das offizielle Gegenargument, daß die NATO das »Sicherheitsgefühl« befriedige, trägt alleine nicht. Das Selbstverständnis der NATO als einer auf unbegrenzte Dauer angelegten Institution – eine Rolle, die eigentlich nur Staaten der UNO als Institution der Weltgemeinschaft zusteht –, verrät einen gravierenden Mangel an historischer Dimension und politischer Weitsicht. Es kann für die Menschen in den Ländern der EU nicht sinnvoll sein, auf Dauer unter dem militärischen Oberkommando der USA zu stehen – obwohl die Europäische Union mehr Einwohner zählt als die USA und wirtschaftlich stärker ist. Wie will man reagieren, wenn sich der Schwerpunkt der amerikanischen Außenpolitik auf den pazifischen Raum konzentriert und Verteilungskonflikte sowie politische Interessenkonflikte zwischen Europa und den USA zunehmen? Noch immer ist die Kernfrage politischer Souveränität, daß man in Sicherheitsfragen selbst entscheiden kann. Sollen 400 Millionen europäische Bürger sich auf Dauer von 26 % der amerikanischen Wähler bestimmen lassen – derjenigen Wählerzahl, die bei einer um die 50 % liegenden Wahlbeteiligung in den USA für eine Mehrheit ausreicht? Die Forderung nach einer sicherheitspolitischen Selbstbestimmung Europas ist nicht »antiamerikanisch«, sondern eine politische Selbstverständlichkeit. Völlig unangemessen und nicht hinnehmbar ist es, daß die NATO und die EU existentiell dadurch miteinander verkoppelt werden sollen, daß eine EU-Erweiterung auch eine NATO-Erweiterung nach sich ziehen müsse (oder umgekehrt). Es ist untragbar, daß eine eigenständige europäische Sicherheitspolitik schon deshalb nicht erwogen wird, weil die USA darin eine Konkurrenz zur NATO als ihrem vorrangigen Einflußbereich sehen. Dabei liegt die Alternative zur NATO-Osterweiterung und zur NATO selbst auf der Hand:

Die Europäische Union muß mit militärisch integrierten Strukturen auch eine Sicherheitsunion werden und so die NATO ablösen und die WEU überflüssig machen. Das gemeinsame Bindeglied aller ist die UNO. Daß man die sicherheitspolitischen Interessen Westeuropas und der USA von denen aller anderen auf Dauer trennt, beruht auf dem Fehlschluß, Europa habe prinzipiell und für immer stets mehr Interessen- und Wertegemeinsamkeiten mit den USA als mit allen anderen Staaten. Daß die EU-Mitgliedsländer einen sicherheitspolitischen Souveränitätsverlust durch eine EU-Sicherheitsgemeinschaft nicht hinnehmen würden, ist ebenfalls ein schwacher Einwand: Ihr Souveränitätsverlust wäre nicht größer als der in der NATO, dafür würde es insgesamt einen europäischen Souveränitätsgewinn für alle geben. Es ist auch kein Gegenargument, daß sich die europäischen Staaten als uneinig gebärden würden und in Konfliktfällen auf die führende Hand der USA angewiesen seien: Eine eigenständige Verantwortlichkeit kann nur entwickelt werden, wenn man selbst verantwortlich ist. Daß die französische und die britische Atombewaffnung einer EU-Sicherheitsgemeinschaft im Wege stünden, kann man auch anders sehen: Frankreich und Großbritannien sind auch in der NATO nicht gezwungen worden – und genausowenig sollte man sie seitens der EU darum bitten –, diese Potentiale in die integrierten Streitkräfte- und Kommandostrukturen einzubringen. Je mehr sie aber ihre Rolle in der Europäischen Union sehen, desto eher ist denkbar, daß sie selbst ihre Spezialrolle als Atommacht ablegen.

Die Pläne zur NATO-Osterweiterung müssen aufgegeben werden. Die Organisation für Sicherheit und Zusammenarbeit in Europa (OSZE) – ausgebaut zu einer wirkungsvollen gesamteuropäischen Sicherheitsinstitution, mit eigenem Sicherheitsrat und qualifizierten Mehrheitsentscheidungen – ist die einzige konsistente Möglichkeit einer gesamteuropäischen Sicherheitsorganisation, die keinen europäischen Staat diskriminiert und Rußland und die anderen GUS-Staaten tatsächlich partnerschaftlich und verantwortlich integrieren kann. Wäre dieser Frage seit 1991 so viel Aufmerksamkeit gewidmet worden wie der NATO-Osterweiterung, so würde die OSZE auch die Sicherheitsbedürfnisse derjenigen Staaten befriedigen können, die jetzt in die NATO streben. Sie streben ja nicht in die NATO um der NATO willen, sondern weil sie das berechtigte Anliegen gleicher Sicherheit haben. Ändert der Westen Europas seinen gesamteuropäischen Sicherheitsrahmen, so verändern sich auch die konkreten Wünsche der jetzigen NATO-Bewerber. Die Frage, wer legitimiert ist, bei blutigen Konflikten in Europa mit militärpolizeilicher Gewalt zu intervenieren, wäre dann nicht mehr strittig.

Das einzige Alternativkonzept zu diesem OSZE-Rahmen bestünde darin, die NATO so umzubauen, daß sie die Aufgabe einer gesamteuropäischen Sicherheitsorganisation übernehmen könnte. Dann müßte sie jedoch sofort bereit sein, auch Rußland als Mitglied aufzunehmen, ihre bisherige militärische Integration und die atomare Strategie aufzugeben und sich von einer Militärallianz zu einer kollektiven Sicherheitsorganisation umzuverwandeln, die dann auch nicht mehr unter amerikanischer Führung stehen kann. Niemand kann im Ernst darauf aus sein, daß die USA die offiziell institutionalisierte Führungsmacht einer gesamteuropäischen Sicherheitsorganisation sein dürften oder könnten. Eine NATO, die sich in einer solchen Weise umbaut, wäre dann etwa dasselbe wie eine OSZE. Es gibt also keinen rationalen Grund, nicht auf eine OSZE-Institution zu setzen, die psychologisch für alle ein definitives Ende der Strukturen des Ost-West-Konflikts und ein sicherheitspolitischer Neubeginn wäre.

Vollständige Atomabrüstung

Unabhängig davon ist es nötig, die vollständige atomare Abrüstung wieder zu einem zentralen Punkt zu machen. Was ich hierzu 1986 in »Die Befreiung von der Bombe« geschrieben habe, ist vollkommen unverändert auch heute noch meine Auffassung: Die atomaren Abschreckungsstrategien und die entsprechenden Potentiale liegen wie ein »Krake über der Politik« und stehen einer politischen Neuorientierung der internationalen Politik im Wege[141]. Das Argument, Atomwaffen ließen sich nicht mehr aus der Welt schaffen, weil das Wissen um ihre Konstruktion nicht mehr gelöscht werden könne, ist fadenscheinig: 1993 wurde der Vertrag zum weltweiten Verbot chemischer Waffen unterzeichnet einschließlich der dazu erforderlichen Kontrollabkommen, obwohl eine Verletzung dieses Vertrags – aufgrund zahlreicher Substanzen, mit denen man Chemiewaffen herstellen kann – viel schwieriger kontrollierbar ist und solche Waffen viel leichter heimlich hergestellt werden können als Atomwaffen. Es zeugt von politischer Kleinmütigkeit und Blindheit, daß der globale atomare Abrüstungsplan Gorbatschows von 1986 – der eine vollständige Atomabrüstung bis zum Jahr 2000 vorgeschlagen hat – zuwenig beachtet wurde. Noch kleinmütiger und blinder ist es, daß es auch nach 1991 noch keine Bemühungen darum gibt.

Eine föderalistische und demokratische Europäische Union

Auch die Europäische Union muß bei ihren Erweiterungsplänen darauf achten, daß es eine soziologische Grenze gibt, die einer weiteren politischen Integration im Wege steht. Der amerikanische Staatenbund konnte als integriertes Gebilde entstehen und bestehen, weil es den Konsens über eine gemeinsame Sprache gibt; gemeinsame demokratische Bundesinstitutionen; einen direkt gewählten Präsidenten, was sehr integrierend wirkt; und einen Föderalismus mit Bundesstaaten, die in wirtschaftlichen Fragen über mehr eigene politische Gestaltungsmöglichkeiten verfügen, als sie die EU-Mitgliedsländer noch haben. Im Vergleich dazu sind in der EU nur demokratisch kontrollierte Gemeinschaftsinstitutionen im Rahmen eines europäischen Föderalismus möglich, um die Menschen zu integrieren. Ein EU-Parlament, das nach der Aufnahme der ostmitteleuropäischen Staaten aus über 700 Mitgliedern mit 16 Sprachen bestünde, wird als Parlament kaum wirkungsvoll arbeiten können. Andererseits hätte die Verkleinerung des Parlaments einen Repräsentationsverlust zur Folge, solange es keine zweite parlamentarische Körperschaft gibt. Deshalb

– muß alles versucht werden, der EU eine wirklich *föderalistische Verfassung* zu geben, in der die Kompetenzen der Gemeinschaftsinstitutionen auf die gemeinschaftsnotwendigen Aufgaben reduziert werden. Man muß das ausschließliche Binnenmarktdogma fallenlassen und Spielräume für regionalisierte Märkte auf dem Agrarsektor und für eine eigenständige regionale Strukturpolitik eröffnen. Die europäischen Gesetze sollten auf Rahmengesetze beschränkt werden, über die ein Land nach eigenem Ermessen hinausgehen kann. Die föderalistische Verfassung der Europäischen Union könnte sich teilweise an den Erfahrungen des Vielvölker- und Vielsprachen-Föderalismus orientieren, die in der 1918 zu Ende gegangenen Habsburg-Monarchie gesammelt wurden. Dieser Föderalismus war ein durchaus durchdachtes Gebilde, wie ein Buch des britischen Historikers Alan Sked gerade herausgearbeitet hat[142]. Sein entscheidender Mangel bestand allerdings im Fehlen von demokratischen und sozialen Strukturen. Eine solche Föderation ist auch die einzige Denkmöglichkeit dafür, daß die Europäische Union noch um weitere Staaten außerhalb der GUS erweitert werden kann. Die berühmte Frage, ob es eine Erweiterung oder Vertiefung der Integration geben solle, bedarf einer anderen Antwort: Es geht um Demokratisierung und Dezentralisierung der Europäischen Union. Wem diese Integration nicht tief genug ist, der riskiert sie insgesamt.
– muß das Europäische Parlament volle parlamentarische Rechte erkämpfen. Dies muß verbunden werden mit der Bildung einer zweiten Kammer – einem *Europäischen Senat*, dessen Mitglieder aus der Mitte der nationalen Parlamente gewählt werden, damit sie mit der nationalen Gesetzgebung verkoppelt sind. Parlamentarische Rechte für das Europa-Parlament wird es nie geben, wenn dieses weiter darauf wartet, bis ihm solche Rechte von einer Regierungskonferenz ver-

liehen werden. Es gibt kein Beispiel – außer der Deutschland nach dem Zweiten Weltkrieg geschenkten Demokratie –, daß eine parlamentarische Demokratie ohne politischen Kampf durchgesetzt wurde. Dieser Kampf bleibt dem Europa-Parlament nicht erspart. Es müßte deshalb jede weitere EU-Reform blockieren, solange nicht endlich die parlamentarische Demokratisierung erfolgt ist. Mehr noch: Es könnte sich ein Beispiel am preußischen Landtag nach 1861 nehmen, der in einer viel weniger demokratiefreundlichen Öffentlichkeit um parlamentarische Rechte zu kämpfen hatte. Bismarck wollte die Heeresreform durchführen, aber die Mehrheit des Parlaments war dagegen. Da der Landtag aber nach der Verfassung – ähnlich wie das Europa-Parlament heute – kein Recht hatte, über das Einzelbudget abzustimmen, sondern nur über das Gesamtbudget, verweigerte er die Zustimmung zum Gesamtbudget. Dies führte zu einem jahrelangen Verfassungskonflikt, an dessen Ende mehr parlamentarische Rechte standen. Dies sollte heute in einem aus nationalen demokratischen Verfassungsordnungen bestehenden Europa nicht mehr möglich sein?

Eine föderierte Union der GUS-Staaten

Wir müssen versuchen, die *GUS-Staaten demokratisch und föderalistisch zu einer politischen und wirtschaftlichen Union mit gemeinsamen Institutionen zu reintegrieren.* Die Europäische Union darf in dieser Frage nicht indifferent bleiben. Darüber hinaus müssen wir sofort ein umfassendes wirtschaftliches Sanierungsprogramm für die ehemalige Sowjetunion starten mit Hilfe einer eigens dafür zu schaffenden Organisation, die die Wirtschaft der GUS-Staaten einbezieht mit dem Ziel, die dortigen Öl- und Gaspipelines zu reparieren, ein alternatives Kraftwerkprogramm zu entwickeln und ein dichtes Netzwerk aktiver Partnerschaften zwischen Städten und Regionen der EU und der GUS-Staaten zu schaffen. Wenn wir dafür Mittel bereitstellen und verwaltungstechnische Hilfen geben, wird eine breite wechselseitige Kooperation und Kommunikation entstehen. Die Zukunft Europas liegt in der Stabilisierung der GUS-Staaten.

Eine neue Konföderation für Jugoslawien

Der verhängnisvolle Fehler, den verfallenden jugoslawischen Bund aufzugeben und die Bundesstaaten völkerrechtlich anzuerkennen – ein Fehler, vor dem ja nicht wenige vor Beginn der Anerkennungsserie eindringlich gewarnt hatten[143]–, wird weiter heillose Konsequenzen haben, wenn er nicht radikal mit einer zukunftsfähigen Lösung korrigiert wird. Sie kann nur darin gesehen werden, zu dem Konzept zurückzufinden, das 1991 leichtfertig versäumt wurde: eine Konföderation der ehemals jugoslawischen Staaten – gegebenenfalls mit Ausnahme Sloweniens, das der einzige unter den jugoslawischen Staaten ist, in dem die Bevölkerung mit dem Staatsgebiet identisch ist und das ohne größere Mühe noch in die Europäische Union integriert werden könnte. Nur in einer Konföderation ist es erreichbar, daß unter den dort gegebenen Verhältnissen die Menschen mit einer politischen Rahmenordnung einverstanden sind, die als Kroaten nicht in Kroatien und als Serben nicht in Serbien, sondern in Bosnien-Herzegowina oder in Mazedonien leben. Der Einwand, nach den Blutbädern und Vertreibungen habe sich zuviel Haß gegeneinander angesammelt, weshalb ein Konföderationsversuch heute illusorisch sei, sticht nicht: Auch nach den Gemetzeln im Zweiten Weltkrieg gelang es den Menschen in Jugoslawien, jahrzehntelang friedlich zusammenzuleben – und auch die Idee der Europäischen Integration nach dem Zweiten Weltkrieg war nicht illusorisch. Die Alternative zu einem solchen Versuch ist, daß Serbien und Kroatien mit kriegerischen Mitteln eine territoriale Neuordnung versuchen, die unendliche weitere Konflikte hervorbringt – oder daß man von außen mit Landstreitkräften eingreift und daraus ein europäischer Krieg in Jugoslawien werden könnte, womit die Frage immer noch nicht beantwortet wäre, was denn – nach militärisch erzwungener Einstellung von Mord und Vertreibung – anschließend geschehen soll.

Eine Konferenz für Sicherheit und Zusammenarbeit im Mittelmeerraum

Im Mittelmeerraum leben gegenwärtig 360 Millionen Menschen, im Jahr 2025 werden es wahrscheinlich 560 Millionen sein, davon zwei Drittel in den nichteuropäischen Staaten. Dieser Raum ist ein Schmelztiegel für religiöse, wirtschaftliche und ökologische Konflikte. Nirgendwo ist eine internationale Entspannung dringlicher, und nirgendwo kann sie beispielhafter versucht werden. Dies wird aber kaum möglich sein ohne einen kooperativen, gleichberechtigten politischen Rahmen – also ohne eine *Ständige Konferenz für Sicherheit und Zusammenarbeit im Mittelmeerraum*. Ein Kernelement dafür müßte eine Abrüstungskonferenz im Mittelmeerraum sein und deren Kernstück wiederum eine atomwaffenfreie Zone im Mittelmeerraum[144].

Lotsen, Kreuzer und Begleitschiffe

Alternativen sind möglich, aber sie bedürfen eines langen Atems. Wir müssen uns von der Wahnvorstellung der heutigen Politik lösen, daß nur noch das versucht – ja sogar gedacht – wird, was allen unmittelbar einleuchtet und sofort durchsetzbar scheint. Mit kurzem Atem kann man den historischen Herausforderungen gegenüber nur kapitulieren. Politische Alternativen müssen eine vom Gleichheitsgedanken bestimmte, allgemein tragfähige und die soziale Moral ansprechende Idee verkörpern, damit sich die Menschen auch auf längere Sicht darauf einstellen und damit identifizieren können. Man muß sie als politischen Prozeß verstehen, der dadurch angestoßen wird, daß man die Zielperspektive konsequent vertritt. Aber ohne die Bereitschaft, politische Konflikte auch auszutragen, können die Alternativen nicht realisiert werden. Konflikte sind kein Selbstzweck. Die tatsächlichen Gegensätze müssen aufgedeckt werden, versteckte Absichten enttarnt, die Verantwortlichen für Fehlentwicklungen und Unterlassungen identifiziert werden. Wenn man so vorgeht, werden die

Kräfte, die in der Gesellschaft eine solche Alternative tragen können, wieder aufleben, neuen Mut fassen und neue Mobilisierungschancen gewinnen, da die Menschen dann wieder wissen, wofür sie kämpfen und daß sie dabei nicht alleine stehen.

Die Fähigkeit zur demokratischen Mobilisierung von neuen Trägern hängt gleichzeitig davon ab, daß die Alternative die Anstrengung auch inhaltlich lohnt: Sie muß der Größe der Gefahren und der Veränderungsmöglichkeiten entsprechen. Für Klein-Klein-Konzepte, für Minimalreformen entsteht keine kraftvolle und anhaltende Bewegung in der Gesellschaft. Der Begriff der Reform ist entwertet, denn mittlerweile ist schon die Veränderung einer Postgebührenordnung eine Reform. Der italienische linke Politiker und politische Theoretiker Lucio Magri unterscheidet zwischen »Alternanz oder Alternative« – also der Modifikation eines Zustands, seiner geringfügigen Verbesserung (deren Bedeutung hier nicht geschmälert werden soll) im Vergleich zu einem großen strategischen Veränderungsentwurf.

Aktives politisches Engagement wird immer unterschiedlich intensiv sein und auch unterschiedliche »Betreiber« haben: Lotsen, Kreuzer und Begleitschiffe. »Lotsen« sind diejenigen, die das Eis brechen. Damit ist jeder einzelne angesprochen, der einen individuellen Handlungsspielraum hat. Auf Veränderungen kann man nicht warten, man muß sie in Angriff nehmen und die oft selbst auferlegten Handlungsgrenzen überspringen. Wer verantwortlich mitdenkt, muß heute in seinem persönlich möglichen Rahmen gesellschaftlich aktiv werden. Was einzelne bewirken können, zeigen zahllose Initiativen, die zu Selbsthilfeorganisationen führten – betrachten wir nur die Umweltschutzorganisationen oder die Verbraucherorganisationen gegen Milch aus genmanipulierten Kühen. Jede alternative Überlegung beginnt in wenigen Köpfen, und wenn sie richtig liegen, können sie – manchmal viel schneller als erwartet – den Anstoß dafür geben, daß sich eine neue Mehrheit für eine politische Alternative entwickelt. Solche aktiven Minderheiten, die etwas moralisch und sachlich Verallgemeinerungsfähiges vertreten, sind die Würze der demokratischen Gesellschaft.

Jeder einzelne hat die Chance, wie es Irm Pontenagel ausdrückt, »sich einen individuellen Anstoß zu geben und vom

Saulus zum Paulus zu wandeln und damit den Verhaltenstrend allzu vieler bei ihrem ›Marsch durch die Institutionen‹ umzukehren, auf dem sie vom Paulus zum Saulus wurden«[145]. Gründe für diesen Schritt gibt es so tief und zahlreich wie nie zuvor. Dies gilt auch für Akteure in politischen Institutionen, allen voran für Parlamentarier, die einen sehr viel größeren Handlungsspielraum haben, als sie meist praktizieren. Politische Einsätze für einen sozialökologischen Generationenvertrag als kategorischer Imperativ sind gefordert. Immer noch kann eine humane Idee gegen den Millionenaufwand für die Werbung egoistischer Interessen bestehen, wenn diese Idee erst einmal das Eis des Zweifels, des Schweigens und der Meinungsmanipulation durchbrochen hat.

Dabei ist es leichter, sich *gegen* eine Gefahr und deren Urheber zu wenden, als sich *für* etwas zu verbünden, das eine grundlegende Alternative auf breiter gesellschaftlicher Front sein könnte. Spontan entstehende Bewegungen sind vergänglich; damit die Arbeit für eine Alternative Bestand hat, bedarf es der programmatisch formierten und breit angelegten politischen Organisierung. Die Bedeutung von Initiativen, die nach der Maxime des kategorischen Imperativs handeln, nimmt mit der fortschreitenden Betriebsstörung und Marginalisierung der politischen Institutionen und der Parteien zu. Aktiver ziviler Widerstand muß und wird sich dann ausbreiten. Er ist nicht nur legitim, sondern auch elementar notwendig – so notwendig, wie es freiheitskämpferischer Widerstand immer war, der die demokratischen und sozialen Bewegungen der Neuzeit begründete. Aber die Frage bleibt, durch wen neues allgemeines Recht gesetzt wird, wo die gesamtgesellschaftliche Alternative münden soll.

Es geht also nicht ohne »Kreuzer« – Parteien, die die politische Machtfrage stellen wollen und müssen, um politische Institutionen demokratisch bestimmen und um neues Recht allgemeinverbindlich setzen zu können. Solche Kreuzer werden zu Geisterschiffen, wenn sie Macht demonstrieren, ohne ein rettendes Ziel zu haben. Sie sind nicht mehr einsatzfähig, wenn der Motor nur noch stottert, wenn sie ihren eigenen Standort nicht mehr kennen, ihre Deckoffiziere sich nur noch in den Kasinos aufhalten und deshalb ihre Mannschaften die Moral verlieren. Von den großen linken Parteien in den westlichen Demokratien, die wegen ihrer Grundwerte für eine gesellschaftspolitische Alternative zu neuen Ufern prädestiniert sein müßten, ist heute keine mehr voll intakt. Tiefe Verunsicherung hat um sich gegriffen, und viele Leute gehen von Bord. Diejenigen, die an Bord geblieben sind, streiten sich über die Fahrtrichtung. Die »Begleitschiffe« aus der Gesellschaft – gesellschaftliche Organisationen und materielle Interessen, die sich lange mit der bisherigen Fahrtrichtung identifizierten und den Kreuzern angeschlossen hatten – drehen ab, irren ziellos umher oder gehen irgendwo vor Anker, wo sie scheinbar bequem verweilen können.

Mit einer neuen Richtung auf ein erstrebenswertes Ziel hin entsteht neue Motivation. Doch stellt sich für die verbliebene Besatzung und die noch verbliebenen Begleitschiffe auch die Frage, ob sie das neu geortete Ziel noch akzeptieren und die Kraft und die Ausdauer für die lange Wegstrecke dahin haben. Schon um Ressourcen zu schonen und keine Zeit zu vergeuden, müssen wir versuchen, die noch reparaturfähigen Kreuzer wieder flott zu machen. Das wird kaum bei allen möglich sein. Für einen neuen Kurs braucht man eine frische Mannschaft, Menschen, die noch jung und neugierig sind, und zahlreiche Begleitschiffe, die sich zum erstenmal anschließen und den neuen Kurs mittragen – und: Die Partei der Alternative muß bereit sein, für den notwendigen neuen Kurs auf unwillige Besatzungsmitglieder und auf abwrackreife Begleitschiffe zu verzichten.

Schaffen wir es, diese Zielklarheit zu erreichen, dann kann daraus eine neue Flotte für eine hoffnungsvolle Alternative werden. Sind die Kreuzer aber definitiv manövrierunfähig, dann müssen die, die nicht aufgeben wollen, neue bauen. Tut dies keiner mehr, weil nicht mehr genug Personal dafür zu gewinnen und kein Material zu finden ist, wird es zu Ende gehen mit der humanen Gesellschaft. Es wird dann nämlich keine Politik mehr geben, die noch genug Kraft gegen die reaktionären Flotten, die Treibjagden gegen die Gesellschaft veranstalten, aufbringen könnte.

Anmerkungen

1 Francis Fukuyama: Das Ende der Geschichte. München 1992, S. 11
2 Perry Anderson: Zum Ende der Geschichte. Berlin 1993, S. 103
3 Christian Meier: Res publica amissa. Eine Studie zur Verfassung und Geschichte der späten römischen Republik. Frankfurt a. M. 1980, S. IXff.
4 Jürgen Habermas: Legitimationsprobleme im Spätkapitalimus. Frankfurt a. M. 1973, S. 11
5 C. B. Macpherson: Drei Formen der Demokratie. Frankfurt a. M. 1967
6 Wolfgang Sachs (Hrsg.): Wie der Westen so auf Erden. Ein polemisches Handbuch zur Entwicklungspolitik. Hamburg 1993, S. 12
7 Michail Gorbatschow: Erinnerungen. Berlin 1995, S. 1122
8 Friedensgutachten 1995. Hrsg. v. R. Mutz, B. Schoch u. F. Solms. Münster 1995, S. 144ff.
9 Jurij A. Kwizinskij: Vor dem Sturm. Berlin 1993, S. 451
10 Ronald D. Asmus, Richard L. Kugler u. F. Stephen Larrabee (RAND Corporation): NATO Expansion: The Next Steps. In: Survival, Bd. 37, Nr. 1, Frühjahr 1995
11 Hermann Scheer: Transformation der NATO – Deformation der UNO? In: Die Neue Gesellschaft. Frankfurter Hefte, Juni 1994, S. 552–555
12 Max Stirner: Der Einzige und sein Eigentum. Leipzig 1892. S. 423, 195 u. 370
13 Rudi Dutschke: Die Widersprüche des Spätkapitalismus, die antiautoritären Studenten und ihr Verhältnis zur Dritten Welt. In: U. Bergmann, R. Dutschke, W. Lefèvre u. B. Rabehl: Rebellion der Studenten oder die neue Opposition. Reinbek 1968, S. 90
14 Bernd Guggenberger: Die Neubestimmung des subjektiven Faktors im Neomarxismus. Freiburg 1973, S. 244ff., 250f.
15 Wilhelm Reich: Was ist Klassenbewußtsein? Ein Beitrag zur Diskussion über die Neuformierung der Arbeiterbewegung (1934 veröffentlicht unter dem Pseudonym Ernst Parell). Nachdruck Amsterdam 1968. – Ders.: Die Funktion des Orgasmus. Zur Psychopathologie und zur Soziologie des Geschlechtslebens. Amsterdam 1965, S. 161ff.
16 Zitiert nach Hans G Helms: Die Ideologie der anonymen Gesellschaft. Köln 1966, S. 16
17 Helms, ebd., S. 376
18 Zitiert nach Helms, ebd., S. 361
19 Stirner, a.a.O. (Anm. 12), S. 297
20 Daniel Cohn-Bendit: Wir haben sie so geliebt, die Revolution. Frankfurt a. M. 1987, S. 22–33
21 Samuel Brittan: Die Ökonomie der Freiheit. Frankfurt a. M. 1976, S. 46

22 Roland Huntford: Wohlfahrtsdiktatur. Das schwedische Modell. Frankfurt a. M. 1971
23 Robert Kuttner: Revolt of the Haves. New York 1980
24 F. A. v. Hayek: Der Weg zur Knechtschaft. Zürich 1943. – Milton Friedman: Kapitalismus und Freiheit. Stuttgart 1971
25 Peter L. Berger: The Capitalist Revolution. Fifty Propositions about Prosperity, Equality and Liberty. New York 1986
26 Robert Nozick: Anarchie Staat Utopie. München 1978, S. 44f.
27 Robert Nozick: Vom richtigen, guten und glücklichen Leben. München 1993, S. 360
28 Robert N. Bellah und andere: Gewohnheiten des Herzens. Individualismus und Gemeinsinn in der amerikanischen Gesellschaft. Köln 1987, S. 314f.
29 Christopher Lasch: The Culture of Narcissism. American Life in an Age of Diminishing Expectations. New York/London 1979
30 Bellah u.a., a.a.O. (Anm. 28), S. 315–322
31 Jakob von Uexküll: Den Opfern eine Stimme verschaffen. Rede vor dem Internationalen Klimatribunal, Berlin, 2. April 1995
32 12 Thesen zur »Formierten Gesellschaft«. In: Gesellschafts-politische Kommentare, Nr. 13/14, 1965, S. 157ff.
33 H. Heidermann (Hrsg.): Langzeitprogramm. Bonn 1972, S. 18
34 Erhard Eppler: Ende oder Wende. Von der Machbarkeit des Notwendigen. Stuttgart 1975
35 Egon Matzner: Notizen zur Gesellschaftsreform. Aufruf zu einem zeitgemäßen Humanismus. Wien 1976, S. 33ff.
36 Paul Krugman: Peddling Prosperity. New York 1994, S. 15–17
37 John Naisbett: Global Paradox. New York 1994, S. 273
38 Contract with America. New York 1994
39 Für alle hier aufgeführten Zitate siehe die Zitatensammlungen: NewtWit! The Wit and Wisdom of Newt Gingrich. New York 1995. – Amy D. u. Peter W. Bernstein (Hrsg.): Quotations from Speaker Newt. The Little Red, White and Blue Book of the Republican Revolution. New York 1995
40 Paolo Cecchini: Europe '92. Der Vorteil des Binnenmarkts. Baden-Baden 1988, S. 122 u. 134
41 Task Force Environment and the Internal Market. Bonn 1990
42 Luciana Castellina: Gironi Danteschi intorno alla Bundesbank. In: Democrazia e Diritto, 1992, Nr. 1
43 Robert B. Reich: Die Neue Weltwirtschaft. Das Ende der nationalen Ökonomie. Frankfurt a. M. 1993, S. 16
44 Wolf-Dieter Narr / Alexander Schubert: Weltökonomie – Die Misere der Politik. Frankfurt a. M. 1994, S. 127
45 Belinda Coote: The Trade Trap. Poverty and the Global Commodity Markets. Oxford 1992, S. 139–155
46 Narr/Schubert, a.a.O. (Anm. 44), S. 136
47 Elmar Altvater: Sachzwang Weltmarkt. Hamburg 1987, S. 93
48 Samir Amin: Die neue kapitalistische Globalisierung. Die Herrschaft des Chaos. In: Starnberger Forschungsberichte 1994, Nr. 1, S. 14
49 Herman E. Daly: Die Gefahren des Freihandels. In: Spektrum der Wissenschaft, Januar 1994, S. 40–46

50 Deutscher Bundestag, 237. Sitzung vom 29. Juni 1995, Anlage 6 (Nachtrag): Erklärung zu dem Übereinkommen vom 15. April 1994 zur Errichtung der Welthandelsorganisation, S. 20918a–c
51 Senator Dorgan: Congressional Record (CR Page S-13379), 27.9. 1994
52 Senator Simon: Congressional Record (CR Page S-13943), 3.10. 1995
53 Bernd-Artin Wessels: Das Bananendiktat. Frankfurt/New York 1995
54 Horst Afheldt: Wohlstand für Niemand? Die Marktwirtschaft entläßt ihre Kinder. München 1994
55 Achim Lerch: Property Rights und biologische Vielfalt. In: Zeitschrift für Umweltpolitik & Umwelt 1994, Nr. 3, S. 289ff.
56 James Goldsmith: The Trap. London 1994, S. 31
57 José Lutzenberger, Gülle – Biogas – Pflanzengesundheit (Manuskript 1987), S. 4
58 Daly, a.a.O. (Anm. 49), S. 40
59 The Group of Lisbon: The Limits to Competition. Gulbenkion Foundation, S. 127
60 Paul Krugman: Competitiveness. A Dangerous Obsession. In: Foreign Affairs, Bd. 73, Nr. 2, S. 28–44
61 Wouter van Dieren: Mit der Natur rechnen. Der neue Club-of-Rome-Bericht. Berlin 1995
62 Alain Minc: Das neue Mittelalter. Hamburg 1994, S. 91 u. 221
63 Samuel P. Huntington: The Clash of Civilisations. In: Foreign Affairs 1993, Nr. 3, S. 22–49
64 Hermann Scheer: Europa und der islamische »Fundamentalismus«. In: Leviathan 1991, S. 21ff. – Bassam Tibi: Die fundamentalistische Herausforderung. Der Islam und die Weltpolitik. München 1993
65 Ingomar Hauchler: Thesen zur Weltentwicklung. In: Globale Trends 1995. Hrsg. v. Ingomar Hauchler. Frankfurt a. M. 1995
66 Frank Niess: Eine Welt oder keine. Vom Nationalismus zur globalen Politik. München 1994, S. 19
67 Gunter Hofmann / Werner A. Perger: Die Kontroverse. Weizsäckers Parteienkritik in der Diskussion. Frankfurt a. M. 1992, S. 17, 80f. u. 162
68 Siehe zum Beispiel Anthony Downs: An Economic Theory of Democracy. New York 1957
69 Hermann Scheer: Parteien kontra Bürger? Die Zukunft der Parteiendemokratie. München 1979
70 Ulrich Beck: Die Erfindung des Politischen. Frankfurt a. M. 1993, S. 224
71 Antonio Gramsci: Gefängnis-Hefte. Band 3, Heft 4, § 69. Hamburg 1992
72 Deutscher Bundestag, 126. Sitzung vom 2. Dezember 1992, S. 10868
73 Fritz W. Scharpf: Die Politikverflechtungsfalle. Europäische Integration und deutscher Föderalismus im Vergleich. In: Politische Vierteljahrsschrift 1985, S. 323ff.
74 Leopold Kohr: Die »Überentwickelten« oder die Gefahr der Größe. Düsseldorf/Wien 1962
75 Jürgen Habermas / Niklas Luhmann: Theorie der Gesellschaft oder Sozialtechnologie – Was leistet die Systemforschung? Frankfurt a. M. 1971, S. 16
76 Hermann Scheer: Mittendrin. Bericht zur Lage von Sozialdemokratie und Republik. Köln 1982, S. 192ff.
77 Habermas/Luhmann, a.a.O. (Anm. 75), S. 295

78 Habermas/Luhmann, ebd., S. 265
79 Martin Greiffenhagen: Überlegungen zum Reformbegriff. In: ders. (Hrsg.): Zur Theorie der Reform. Karlsruhe 1979, S. 7ff.
80 Ted Honderich: Das Elend des Konservativismus. Hamburg 1994, S. 370ff.
81 Ralf Dahrendorf: Das Elend der Sozialdemokratie. In: Merkur 1987, Nr. 12
82 Kurt H. Biedenkopf: Fortschritt in Freiheit. München 1974, S. 103 u. 95f.
83 Fritz W. Scharpf: Sozialdemokratische Krisenpolitik in Europa. Frankfurt/New York 1987, S. 315ff.
84 Gunnar Adler-Karlsson: Funktionaler Sozialismus. Ein schwedisches Glaubensbekenntnis zur modernen Demokratie. Zug 1973
85 Günther Nenning: Realisten oder Verräter? Die Zukunft der Sozialdemokratie. München 1976, S. 11
86 Peter Glotz: Volksparteien – Trichter oder Schwamm? In: Vorwärts 1989, Nr. 8
87 Johano Strasser (Hrsg.): Die Wende ist machbar. München 1994, S. 25
88 The Commission on Social Justice / Institute for Public Policy Research: Social Justice – Strategies for National Renewal. London 1994
89 Erhard Eppler: Plattform für eine neue Mehrheit. Ein Kommentar zum Berliner Programm der SPD. Bonn 1990
90 Bernhard Verbeek: Die Anthropologie der Umweltzerstörung. Darmstadt 1994, S. 278
91 Charles T. Rubin: The Green Crusade. New York 1994, S. 24
92 Klaus Bosselmann: Im Namen der Natur. Bern/München/Wien 1992
93 Hans Immler: Welche Wirtschaft braucht die Natur? Frankfurt a. M. 1993, S. 41
94 Frederic Vester: Leitmotiv vernetztes Denken. München ^{4}1993, S. 17
95 Immler, a.a.O. (Anm. 93), S. 37
96 Immler, ebd., S. 37 u. 41
97 Nicholas Georgescu-Roegen: The Entropy Law and the Economic Process in Retrospect. Schriftenreihe des IÖW, Nr. 5, Berlin 1987, S. 8
98 Hermann Fischer / Hanswerner Mackwith: Erneuerbare Rohstoffe, Solare Materialien – das zweite Schlüsselelement einer solaren Alternative. In: Das Solarzeitalter 1995, Nr. 2
99 George F. Wald: Ten Theses on Power from the Sun. In: The Yearbook of Renewable Energies 1995
100 Vester, a.a.O. (Anm. 94), S. 16
101 Enquete-Kommission »Schutz des Menschen und der Umwelt« des Deutschen Bundestages (Hrsg.): Verantwortung für die Zukunft. Wege zum nachhaltigen Umgang mit Stoff- und Materialströmen. Bonn 1993
102 Ernst-Ulrich von Weizsäcker und andere: Faktor Vier. Doppelter Wohlstand – halbierter Naturverbrauch. München 1995
103 Friedrich Schmidt-Bleek: Wieviel Umwelt braucht der Mensch? MIPS – das Maß für ökologisches Wirtschaften. Berlin 1993
104 Georgescu-Roegen, a.a.O. (Anm. 97), S. 20
105 Wolfgang Palz / Henri Zibetta: Energy Pay-Back Time of Photovoltaic Modules. In: The Yearbook of Renewable Energies 1992, S. 182ff. – J. Schmid / H. P. Klein: Performance of European Wind Turbines. A Statistical Evaluation from the European Wind Turbin Databasis EUROWIN. London/New York 1991, S. 129ff.
106 Lutzenberger, a.a.O. (Anm. 57)

107 R. A. Houghton / G. M. Woodwell: Globale Veränderungen des Klimas. In: Spektrum der Wissenschaft, Juni 1989

108 Wolfgang Ständer: Sinnerfüllte Zukunft. Das C_4-Schilfgras: Der Industrie- und Energierohstoff des nächsten Jahrtausends (unveröffentlicht)

109 Jeremy Woods / David O. Hall: Bioenergy for Development. FAO Environment and Energy Paper Nr. 13, FAO 1994

110 Harry Lehmann / Thorsten Reetz: Sustainable Land Use in the European Union. Wuppertal Paper Nr. 26, Wuppertal 1995

111 François Quesnay: Allgemeine Grundsätze der wirtschaftlichen Regierungen eines ackerbautreibenden Reiches. Jena 1921

112 Claude Raffestin: Die ländlichen Wurzeln der Europäischen Kultur und die Herausforderung für das 21. Jahrhundert. Vortrag auf dem Zweiten Europäischen Forum der Landwirtschaft der Parlamentarischen Versammlung des Europarats, Regensdorf (Schweiz), 25.–27. Oktober 1992

113 Mercedes Bresso: Pensiero economico e ambiente. Turin 1982, S. 183

114 Elmar Altvater: Die Armut der Nationen. Berlin 1987

115 Donald Worster: The Wealth of Nature. New York/Oxford 1993

116 William Ashworth: The Economy of Nature. Rethinking the Connections Between Ecology and Economics. Boston/New York 1995

117 Carl Amery: Die Botschaft des Jahrtausends. München 1994

118 Norberto Bobbio: Rechts und Links. Berlin 1994, S. 71 u. 74–76

119 Immanuel Kant: Grundlegung zur Metaphysik der Sitten, BA 52. In: Wilhelm Weischedel (Hrsg.): Immanuel Kant – Werke in sechs Bänden. Wiesbaden/Frankfurt 1956–64, Band IV, S. 51

120 Ashworth, a.a.O. (Anm. 116)

121 Heiner Geissler: Gefährlicher Sieg. Die Bundestagswahl 1994 und ihre Folgen. Köln 1995, S. 231

122 David Helvarg: The War against the Greens. San Francisco 1994

123 Siehe Wolfgang E. Burhenne: Internationales Umweltrecht. In: Jürgen Salzwedel (Hrsg.): Grundzüge des Umweltrechts. Berlin 1982, S. 659–672

124 Afheldt, a.a.O. (Anm. 54), S. 217

125 Goldsmith, a.a.O. (Anm. 56), S. 35ff.

126 Alfred Rest: Need for an International Court for the Environment. In: Environmental Policy and Law 1994, S. 173ff.

127 Philip Rosenthal: Originale unserer Zeit – gestaltete Umwelt. In: Margit Wermter (Hrsg.): Wirtschaft vor dem Abgrund? Zürich 1993, S. 79–84

128 Christa Müller: Beschäftigungsgesellschaften. Bonn 1992, S. 132

129 Scharpf, a.a.O. (Anm. 83)

130 Hermann Scheer: Öffentlichkeit des Verwaltungshandelns als Element der sozialen Demokratie. In: Die Neue Gesellschaft 1981, Nr. 2, S. 126ff.

131 Lutzenberger, a.a.O. (Anm. 57)

132 Fritz Machlup: Die wirtschaftlichen Grundlagen des Patentrechts (3. Teil). In: GRUR 1961, Nr. 11, S. 537

133 Pat Mooney / Cary Fowler: Die Saat des Hungers. Wie wir die Grundlagen unserer Ernährung vernichten. Reinbek 1991, S.159ff.

134 Helmut Tributsch: Wohnen mit der Sonne. In: Das Solarzeitalter 1991, Nr. 2, S. 22–30

135 Le Corbusier: Die »Charte d'Athènes«. Reinbek 1962, S. 53ff.

136 Stefan Behling (unveröffentlicht)

137 Sir Norman Foster / Hermann Scheer (Hrsg.): Solar Energy in Architecture

and Urban Planning. Proceedings of the Third European Conference on Architecture. Florenz, 17.–21.5. 1993. Brüssel/Luxemburg 1993, S. 18
138 REBUILD: Rebuilding the European City. Integration of Renewable Energies in Established Urban Structures. European Conference Organized by the Rebuild Network in the Framework of the Recite Programme of D.G. XVI, Regional Policies of the European Commission, 29.6.–1.7. 1995, Korfu
139 Frederic Vester: Ausfahrt Zukunft. Strategien für den Verkehr für morgen. München [5]1990
140 Hans-Jürgen Hugenschmidt: 1. Internationale Airship Conference in Stuttgart. In: Das Solarzeitalter 1993, Nr. 3. – Thomas Krähling: Aeronox-Day. In: Das Solarzeitalter 1995, Nr. 3
141 Hermann Scheer: Die Befreiung von der Bombe. Köln 1986, S. 8
142 Alan Sked: Der Fall des Hauses Habsburg. Der unzeitige Tod eines Kaiserreichs. Berlin 1993
143 Erler/Glotz/Scheer/Verheugen: Anerkennung von Kroatien ist ein falscher Weg. Stellungnahme. Pressemitteilungen der SPD-Bundestagsfraktion vom 8. Oktober 1991
144 Hermann Scheer: Abrüstung in der Mittelmeerregion statt Schnelle Eingreiftruppen. Ein Konzept für neue gesamteuropäische Sicherheit. Memorandum. Bonn 1992
145 Irm Pontenagel: Die Umkehrung des Paulus-Saulus-Syndroms. In: Das Solarzeitalter 1995, Nr. 3